I0625408

ARCHIVOS DEL PRESIDENTE JOSÉ AZCONA

Notas de Prensa. Noviembre-Diciembre de 1987

MERENDÓN

COLECCIÓN

ARCHIVOS DEL PRESIDENTE JOSÉ AZCONA
(Notas de prensa, noviembre-diciembre de 1987)

©Colección MERENDÓN
Supervisión Editorial: Óscar Flores López
Diseño de portada: Andrea Rodríguez-Lilyana Gálvez
Administración: Tesla Rodas y Jéssica Cordero
Director Ejecutivo: José Azcona Bocock

Primera Edición
Tegucigalpa, Honduras—Julio de 2024

ALTO AL FUEGO EN EL PARTIDO LIBERAL Y EL ENIGMÁTICO ENVIADO DEL PRESIDENTE REAGAN

Estos volúmenes del archivo **José Azcona Hoyo** de la Colección Merendón nacen de los documentos que dejó mi papá al fallecer. Hubiese sido su voluntad que la información fuese compartida con todas las personas que deseen acceder a la misma.

La colección incluye un registro de publicaciones periódicas contemporáneas con los hechos, informes de gobierno y otros documentos anexos. Esta edición abarca los archivos de prensa de los diarios La Tribuna, El Heraldo, La Prensa y Tiempo de noviembre y diciembre de 1987.

El cuidado y divulgación de documentos históricos tiene dos componentes importantes. El primero, y condición necesaria para el segundo, es la conservación de la información para su posterior uso. La función primaria se ha logrado durante las décadas que este archivo ha estado bajo custodia de mi madre, Miriam Bocock de Azcona, y se espera lograr darle un hogar definitivo permanente.

La segunda función se cumple con la publicación de este archivo. El mismo se ha organizado, capturado digitalmente, convertido a texto, editado y publicado de una manera sistemática.

La intención es que el mismo sea accesible, a un costo económico, para quienes deseen conocer mejor este importante periodo de la historia de Honduras.

Adicionalmente, que sirva de fuente para investigadores que se interesen en los temas cubiertos por el mismo. Un complemento importante es que se pretende tener estas obras en una edición disponible de forma permanente, para garantizar el acceso al mismo a futuro.

Hemos cuidado de hacer edición para garantizar: que no haya errores y facilidad de búsqueda. La intención no es distorsionar el archivo para favorecer o perjudicar imágenes, sino conservarlo y compartirlo en forma íntegra.

La edición que hoy publicamos contiene, entre otros temas, las visitas oficiales a Tegucigalpa de los presidentes Julio M. Sanguinetti (Uruguay) y Allan García (Perú); y la de Morris Busby, súper embajador del presidente estadounidense Ronald Reagan para Centro América, región convulsionada por luchas internas y el estira y encoge de las potencias que dominan la Guerra Fría.

En ese sentido, el mandatario reiteró que "el país se encuentra en una situación difícil desde hace más de seis años, pero mi gobierno está firme para cumplir lo plasmado en el Acuerdo de Paz Esquipulas II, y en ese sentido no habrá contrainsurgencia en territorio hondureño".

"Honduras repudia toda injerencia extranjera en nuestros asuntos internos y respeta la integridad territorial y política de sus vecinos", dirá durante su reunión con el presidente Sanguinetti.

Mientras tanto, las distintas corrientes dentro del Partido Liberal liman asperezas de cara a su Convención. Los precandidatos se reúnen con el presidente Azcona, quien se ha mantenido al margen de darle la "bendición" a alguno de ellos.

JOSÉ S. AZCONA B.

AZCONA DESISTE DE CONVOCAR NUEVA CUMBRE PRESIDENCIAL

El presidente José Azcona Hoyo ha decidido no convocar a la reunión "cumbre" de mandatarios centroamericanos, antes de la prevista para enero de 1988, en el marco del plan de paz "Esquipulas II" firmado en Guatemala el pasado siete de agosto.

El anuncio en ese sentido lo hizo ayer el propio mandatario hondureño, luego de celebrar una ceremonia en Casa de Gobierno donde entregó los premios nacionales de Arte, Ciencia y Literatura.

Azcona Hoyo anunció el pasado cinco de noviembre de decisión de convocar a una cumbre a sus homólogos del área, si antes de que concluyera el presente mes no observaba signos positivos en los avances del plan pacificador.

Al parecer, el gobernante hondureño desistió de convocar unilateralmente a un encuentro entre presidentes del istmo antes de enero próximo, debido a las conversaciones que sostuvo con su homólogo de Guatemala Vinicio Cerezo el pasado 12 de noviembre en Tegucigalpa y de pláticas telefónicas que han mantenido con el presidente de Costa Rica Oscar Arias.

El titular del Poder Ejecutivo se refirió además a la visita que le harán los mandatarios de Perú y Uruguay, Allan García y Julio María Sanguinetti, respectivamente con quienes dijo "vamos a obtener bastante información".

Azcona Hoyo indicó que expondrá a los dos presidentes suramericanos "nuestros puntos de vista y la preocupación que tenemos de que hay que impulsar el proceso de Esquipulas para beneficio de todos, pero que no solamente Honduras cumpla con su parte; esperamos que todos lo hagan", precisó.

*El presidente José Azcona Hoyo comparte con los tres compatriotas
Que obtuvieron los premios nacionales de Arte, Ciencia y Literatura. La ceremonia se celebró
ayer en el salón Rosado de la Casa de Gobierno (Foto Alejandro Serrano).*

3

El gobernante Hondureño considero que el plan firmado en Guatemala se está cumpliendo "lentamente", pero agregó que lo importante es que cada país ponga de su parte en la búsqueda de la paz.

El presidente de Uruguay llegará a Tegucigalpa mañana martes, mientras que el mandatario social demócrata de Perú lo hará el próximo 1 de diciembre, luego de concluir una cumbre de presidentes latinoamericanos en Acapulco, México.

SOLO VISITARÁ ESPAÑA

Por otra parte, Azcona Hoyo informó que durante su visita a Europa en abril próximo sólo sólo visitará España y no Italia y Alemania como lo informaran en su oportunidad los voceros de Casa Presidencial.

Precisó que realizar un periplo por tres países significa estar fuera de honduras entre 15 y 20 días y después resaltó que él no puede darse el "lujo" de ausentarse por tanto tiempo.

Con relación a su anunciado viaje a Suramérica, Azcona Hoyo dijo que el mismo podría realizarse a mediados del año próximo, incluyendo Uruguay, Perú y Ecuador, en reciprocidad a las visitas que les harán los mandatarios de los primeros países, puesto que el de Ecuador ya lo hizo.

De igual manera el número uno de Casa Presidencial confirmó su visita "no oficial" a Costa Rica, Oscar Arias, para ir a descansar un par de días y para que dialoguemos.

La Prensa 22/11/87

Azcona:
ACEPTO LO ORDENADO POR EL CONGRESO

TEGUCIGALPA.- El presidente José Azcona Hoyo, aseveró que no es juez ni tampoco busca culpable sobre el caso de Temístocles Ramírez, quien reclama una indemnización de veintiséis millones de lempiras por la expropiación de las tierras de las cuales funcionó el CREM.

En resolución emitida antenoche por el Congreso Nacional se autoriza al mandatario a negociar directamente con la compañía Ganadera Trujillo, la solicitud millonaria arriba citada.

En el mismo documento presentado ante la cámara ordena a la Procuraduría General de la República, proceder judicialmente contra quienes violaron la Constitución y dieron lugar a que se presentara este problema.

Para el presidente de la República en dicha concesión a la Ganadera Trujillo no hubo corrupción, si no atropello, por lo que en su oportunidad no debió ser inscrita.

Reveló Azcona que si este problema no se resuelve en la presente administración será una herencia para los gobiernos venideros, situación que no conviene a los intereses de Honduras.

Tras asegurar que acatará lo que emane del Congreso recordó haber hablado claro sobre las conveniencia de aceptar un informe presentado por un investigador independiente nombrado por el Departamento de Estado y así llegar a un arreglo para que termine de una vez.

FUERA CONTRAS

Desmintió informaciones de los periódicos norteamericanos en el sentido que en el seno de las Fuerzas Armadas existen diferencias por el respaldo a la contrarrevolución.

Reiteró que el país se encuentra en una situación difícil desde hace más de seis años, pero su gobierno está firme para cumplir lo plasmado en el acuerdo de paz Esquipulas II, en el sentido de que no habrá contrainsurgencia en territorio hondureño.

LEAL A SU GABINETE

Sobre la insistencia de la dirigencia del Consejo Hondureño de la Empresa Privada (COHEP) de que debe cambiar el gabinete, dijo que él mismo le es leal y es él quien determinará sobre el particular.

No es sádico ni masoquista para perjudicar a sus propios colaboradores, dijo finalmente.

LA TRIBUNA 23 de noviembre de 1987

Presidente entre los Premios Nacionales
DEBEMOS HACER PREVALECER CON NUESTRO ESFUERZO LA LIBERTAD, JUSTICIA Y PAZ

TEGUCIGALPA.- Con media hora de retraso se inició ayer en el salón Rosado de la Casa De Gobierno, la ceremonia en la que el presidente Azcona Hoyo entregó los premios de Arte, Ciencia y Literatura, en presencia de miembros del cuerpo diplomático y consular, del Gabinete de gobierno, de la Universidad Nacional Autónoma e invitados especiales.

Este año los compatriotas galardonados fueron Felipe Elvir rojas, que recibió el Premio Nacional de Literatura "Ramón Rosa", en reconocimiento a su obra poética; el doctor Cirilo Nelson, el Premio Nacional de Ciencias "José Cecilio del Valle", y Belisario Romero Álvarez, el Premio Nacional de Arte "Pablo Zelaya Sierra".

El presidente ponderó la importancia del quehacer intelectual en cualquier campo de la creatividad humana, especialmente en un país en vías de desarrollo como el nuestro, todo lo cual, indicó, debe ir aparejado a la búsqueda de soluciones que favorezcan el bienestar de la población, hasta colocarla en la situación de dignidad a que tiene derecho con toda justicia.

Es la segunda vez que el mandatario hace entrega de esos premios en la fecha en la que se conmemora el aniversario del nacimiento del Sabio José Cecilio del Valle.

Azcona reconoció que se trabajó hace posible contribuir a darle al país una "imagen de autonomía en el campo intelectual". Alabó el trabajo de los galardonados en sus respectivos campos, y agregó que es satisfactorio haber hecho un alto en el camino para estimularlos.

"Esto es vivificante si consideramos el entorno de violencia, incertidumbre y de conflictos que nos rodean; cuando en países centroamericanos existen confrontaciones internas y derrame de sangre fratricida y la población se debate entre el temor y la angustia, en nuestro país la historia se desenvuelve de manera distinta", enfatizó.

Agregó que la política de puertas abiertas a todas las inquietudes, propiciada por su gobierno, permite que los hondureños entremos a una etapa de completa madurez cívica, cuyos efectos más visibles son la tranquilidad pública y la paz social que disfrutamos.

Refirió que el homenaje hecho a los tres hondureños es una prueba evidente de que aún tenemos espacio para el desarrollo y la cultura y recursos humanos para elevarnos en el concierto de las naciones, así como el patrimonio necesario para ser dignos, libres y felices.

"Es necesario que los hondureños todos, hombres y mujeres, participemos sin reservas en el esfuerzo por hacer que sobrevivan y prevalezcan los principios que le dieron vida a la república, principios que son de libertad, de justicia, paz y de fe en nuestro propio valer como instrumento adecuado para lograr nuestra aspiraciones que son de progreso y bienestar", acotó.

PALABRAS DE GALARDONADOS

En la oportunidad que hablaron Romero Álvarez y Elvir Rojas, manifestando el primero que muchos esfuerzos han quedado en el camino, aunque resulta estimulante.

La escuela Francisco R. Diaz Zelaya y la Academia Nacional de Teatro, necesitan la atención gubernamental y no hay que descuidarlas porque representan el jardín de futuros frutos que nosotros prometemos cuidar como jardineros", expresó el conocido compositor y cantante.

Elvir Rojas agradeció al jurado calificador por haberle conferido junto a sus dos compañeros, las distinciones, admitiendo que las manifestaciones del arte solo son propicias dentro de un régimen de libertad. "En otros países, donde eso no se practica, sólo hay campo para el silencio, porque los tiranos temen a la palabra como los murciélagos a la luz", manifestó.

Al igual que Belisario Romero pidió al gobierno ayuda para impulsar las artes.

El presidente Azcona y su esposa con los ganadores de los premios de Arte, Ciencia y Literatura. Abajo, entrega la presea al doctor Cirilo Nelson.

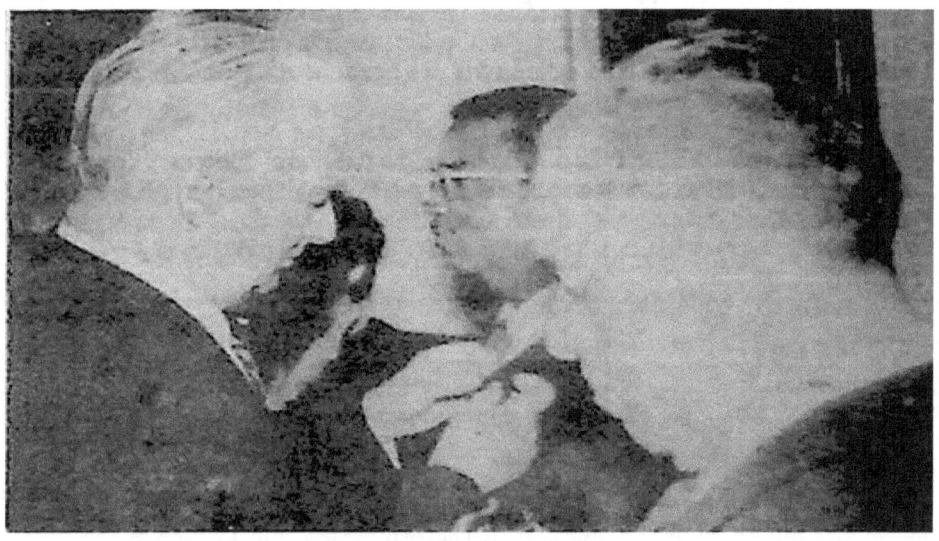

DIARIO TIEMPO. NOVIEMBRE 23-87

PRESIDENTE ENTREGA PREMIOS CIENCIA, LITERATURA Y ARTE

El fin de semana anterior se entregaron los premios nacionales de Ciencia, Arte y Literatura a Cirilo Nelson, Belisario Romero y a Felipe Elvir Rojas, respectivamente, durante una ceremonia en Casa Presidencial.

TEGUCIGALPA.- Los premios de Ciencia, literatura y Arte conferidos anualmente a tres hondureños destacados en esos campos, fueron impuestos la mañana de ayer en Casa de gobierno por el presidente José Azcona Hoyo.

En una ceremonia especial, el doctor Cirilo Nelson recibió el premio nacional de Ciencia "José Cecilio del Valle", el abogado Felipe Elvir Rojas el de Literatura "Ramón Rosa" y el artista José Belisario Romero Álvarez se hizo acreedor del premio de Arte "pablo Zelaya Sierra".

El mandatario en su discurso dijo sentirse honrado de imponer un merecido galardón. a tres hondureños que han dedicado tiempo u esfuerzo al trabajo creador, con lo cual están contribuyendo en gran medida a darle al país una imagen de autonomía en el campo intelectual.

Afirmo que en Honduras hay un ámbito propicio para el estudio, el trabajo, la investigación y la promoción de diversas iniciativas que deriva del talento, la imaginación y el esfuerzo.

"Mientras en hermanos países centroamericanos hay confrontaciones internas, derramamientos de sangre fratricida y la población se debate entre el temor y la angustia, en nuestro país la historia de desenvuelve de manera distinta porque nos entendemos dialogando y negociando", resaltó.

Destacó que en el país se ha hecho de la comprensión un instrumento para el análisis de los problemas, y un mecanismo para buscar las soluciones más adecuadas a las necesidades tanto cotidianas como seculares.

El presidente José Azcona Hoyo brinda con sus galardonados

El titular del Poder Ejecutivo entrega el respectivo
pergamino a los profesionales premiados

Los acreedores de los premios Ciencias y Literatura
Y Arte, otorgados anualmente en la fecha del natalicio
Del Sabio José Cecilio del Valle, son felicitados por los
Asistentes en la ceremonia.

Azcona Hoyo aseguró que "todos los hondureños hemos entrado en una etapa de madurez cívica, cuyos efectos más visibles son la tranquilidad pública y la paz social que disfrutamos sin cortapisas de ninguna naturaleza y sin limitaciones que aquellas que la ley nos imponen para establecer la convivencia pacífica de los ciudadanos".

Por su parte Romero Álvarez, ganador del premio nacional de Arte :Pablo Zelaya Sierra", al hacer uso de la palabra reveló que "jamás pensé que aquellas inquietudes innatas en mi persona practicadas a través de mi vida, llegaran a ser reconocidas'.

Aprovechó la oportunidad para exhortar a las autoridades gubernamentales no descuidar la atención a las escuelas de arte y música que existen en el país, porque en dichos centros se forjan los futuros artistas nacionales.

Luego el abogado Elvir Rojas, a quien se le otorgó el premio de Literatura "Ramón Rosa" dijo que en Honduras ya fue suprimida la etapa del silencio.

"En Honduras la libertad no es coartada como en otros países, en donde los tiranos temen a la palabra como los murciélagos a la luz, ejemplificó.

También pidió al gobierno la creación de una editora con el propósito de divulgar las obras de autores hondureños, ya que en el país es una hazaña publicar un libro.

Cirilo Nelson es catedrático de la Universidad Nacional Autónoma de Honduras (UNAH), investigador de la biología y Botánica, escribiendo a la vez varios libros sobre estas materias.

Felipe Elvir Rojas es autor de varias obras literarias en el género de la poesía, además ha desempeñado algunos cargos en la administración pública.

José Belisario Romero Álvarez es fundador de Voces Universitarias, destacándose en el campo de la música como compositor, escritor e intérprete.

Al acto asistieron miembros del gabinete de gobierno, representantes diplomáticos acreditados en el país. Autoridades públicas, privadas y educativas, así como amigos y familiares de los galardonados. (FG).

El presidente Azcona al momento de entregar los premios nacionales
De Ciencias, Literatura y arte a Cirilo Nelson (a la Izq), Felipe Elvir Rojas
(centro) y Belisario Romero(ala derecha) observa la Ministra de Educación.

El presidente Azcona Hoyo en el momento que impone la medalla al artista José Belisario Romero Alvarez, acreedor del premio de Arte "Pablo Zelaya Sierra".

El abogado Felipe Elvir Rojas, ganador del premio de Literatura recibe su presea de manos del Presidente de la República.

"LA TRIBUNA". MARTES 24 DE NOVIEMBRE.

A DOS AÑOS DE LA TERCER VICTORIA ELECTORAL, ROCA SALUDA AL PRESIDENTE AZCONA

Los amigos liberales de Rodrigo CASTILLO AGUILAR (ROCA) al cumplirse en esta fecha el segundo aniversario de la tercera victoria electoral del Partido Liberal de Honduras saludan al Excelentísimo señor presidente constitucional José Simón Azcona por su gestión administrativa en beneficio del pueblo hondureño.

Señor presidente Azcona, los liberales de oriente y particularmente los amigos de ROCA agradecemos profundamente los esfuerzos de su gobierno en la realización de obras para esta zona.

Nuestro apoyo es solidario y confiamos que su gobierno seguirá la ruta del progreso dejando muy en alto los postulados democráticos del Partido Liberal.

Por la Cuarta victoria en 1989 ROCA continuará luchando por la unificación total del Partido Liberal. ¡FELICIDADES SEÑOR PRESIDENTE!

Rodrigo Castillo

AZCONA ANUENTE A SOLUCIONAR PROBLEMA DE COLONIA EL SITIO

TEGUCIGALPA.- Los diputados Miguel Andonie Fernández y Samuel Bográn Prieto, miembros de la Comisión de Vivienda del Congreso Nacional, se reunieron ayer con el presidente José Azcona Hoyo, para analizar la posibilidad de encontrarle solución en forma inmediata al problema de los pobladores de la colonia El Sitio.

El diputado Bográn Prieto dijo que el presidente Azcona está "muy anuente a prestar su concurso para solucionar definitivamente el problema de la colonia el sitio, para los cual se convocará a una reunión interinstitucional".

Azcona está interesado en que SECOPT, SANAA, ENEE, INVA y la Corporación Municipal de Tegucigalpa, participen en la reubicación de los pobladores de El Sitio al terreno donado por el diputado Andonie Fernández, ubicado entre las colonias San Miguel y Suyapa.

Según el diputado Bográn, los colonos de El Sitio han aceptado ser reubicados en el terreno donado por Andonie Fernández, pero para establecer el número de familias que serán reubicadas, la Comisión Interinstitucional levantará una nueva encuesta.

Hasta el momento se desconoce cuánto invertiría el gobierno en la construcción de la nueva colonia y si la compañía que construyó la colonia El sitio será obligada a reembolsar los fondos que invirtieron los pobladores de esa colonia. (TDG)

Azcona Hoyo

"TIEMPO". 24 DE NOVIEMBRE DE 1987

PRESIDENTE DE URUGUAY ARRIBA HOY A TEGUCIGALPA

TEGUCIGALPA.- El presidente de Uruguay, Julio Marías Sanguinetti, llegará hoy al país en su tercera escala de su gira por Centroamérica.

El gobernante suramericano aterrizará a la una con diez minutos de la tardes y viene acompañado de once funcionarios de su gabinete de gobierno, además de un grupo de periodistas, informó el embajador uruguayo en Tegucigalpa, Alfredo Menini Terra.

Acompañan al presidente uruguayo las siguientes personas: Enrique Iglesias, Ministro de Relaciones Exteriores; Walter Nessi, prosecretario de la presidencia de la república; Alfredo Lafone, Director de asuntos de América central, México y el Caribe y el capitán de navio Ricardo Medina, que desempeña las funciones de edecán.

Además, vienen el subdirector de prensa y difusión de la presidencia de la república, Romeo Otero; el secretario privado del presidente, Ernesto Laguardia, el jefe de seguridad presidencial José Valmaggia, los asesores presidenciales Adolfo Sattoruso y Germán Barcala y el médico personal del gobernante, Juan Carlos Castiglioni.

De acuerdo al programa de recibimiento y al itinerario del mandatario uruguayo en nuestro país, a la una con 20 minutos, se iniciará la ceremonia de bienvenida presidida por el ingeniero Azcona, previo los honores de Jefe de Estado.

Posteriormente los mandatarios se trasladarán a la casa presidencial donde almorzarán y hablarán sobre la situación centroamericana y los avances del proceso de paz firmado en Guatemala.

A las 15 horas el dignatario suramericano se trasladará al hotel y una hora después colocará una ofrenda floral al monumento del general Francisco Morazán, en el Parque Central.

A las cinco de la tarde Sanguinetti y su comitiva visitará el Congreso Nacional en visita oficial a ese poder del Estado.

Para mañana a las ocho de la noche se tiene prevista una recepción oficial por el presidente Azcona Hoyo, en la casa de gobierno donde se impondrá al visitante la máxima condecoración que otorga el gobierno hondureño: la "orden del general Francisco Morazán, grado de gran cruz placa de oro".

Para el miércoles a las ocho de la mañana el presidente de Uruguay se reunirá con los miembros de la Comisión Nacional de Reconciliación que preside el arzobispo de Tegucigalpa Monseñor Héctor Enrique Santos.

Una hora después colocará una ofrenda floral ante el busto del General José G. Artigas en la avenida La Paz.

A las nueve con 45 minutos Sanguinetti nuevamente se reunirá con el ingeniero Azcona en el que también participarán sus ministros de relaciones Exteriores.

El presidente uruguayo abandonará territorio hondureño a las once con 15 minutos del miércoles, dirigiéndose al El Salvador para continuar su gira por esta región.

Después de visitar los países centroamericanos Sanguinetti viajará a México para participar en la reunión que ahí tienen programado junto con los demás presidentes del grupo de apoyo y el de contadora.

L A PRENSA" 24 DE NOVIEMBRE DE 1987

EL 30 DE NOVIEMBRE VIAJA JOSÉ AZCONA COSTA RICA

San José (ACANEFE).- El presidente de Costa Rica, Oscar Arias recibirá esta semana la visita de su colega de Honduras y luego viajará a El Salvador y Guatemala para entrevistarse con los gobernantes de esos países.

Tras el periplo, Arias viajará a Noruega en donde le entregaran el premio Nobel de la paz 1987, el 10 de diciembre.

En la agenda presidencial no está prevista una reunión con el mandatario de Nicaragua, Daniel Ortega, porque según el ministro de la presidencia, Rodrigo Arias, los dos conocen muy bien sus puntos de vista sobre el proceso de pacificación del área.

José Azcona visitará Costa Rica entre el 30 de noviembre y el 2 de diciembre, con el propósito de evaluar el cumplimiento de los compromisos de "Esquipulas II", aprobados por los cinco presidentes de la región el 7 de agosto pasado.

El presidente Óscar Arias partirá hacia Oslo el 6 de diciembre, con escalas en San Salvador y Guatemala para entrevistarse con José Napoleón Duarte y Vinicio Cerezo, respectivamente.

De acuerdo con informes de la casa presidencial, Arias se propone repasar con sus colegas la situación de la región, sobre todo los problemas en proceso de solución y los que aún están pendientes para llevar a Europa una opinión contrastada de la realidad de América Central.

El lunes 7 de diciembre llegará Arias a Nueva York, donde dará una conferencia en el centro de Democracia y el asistirá a un acto religioso en la catedral de San Patricio.

La Salida hacia y Europa está señalada para el día 8, con una escala en Londres antes de llegar a Oslo, de dónde continuará viaje a otros países nórdicos tras recibir el Nobel de la paz.

La cancillería costarricense anuncio qué Arias ha recibido invitaciones oficiales de los gobiernos de Suecia, Dinamarca y Finlandia, y que atenderá entre el 11 y el 15 del próximo mes.

En esta gira acompañan al mandatario el canciller Rodrigo Madrigal Nieto, y el ministro de la presidencia, Rodrigo Arias.

"EL HERALDO" 24 DE NOVIEMBRE DE 1987

HOY LLEGA SANGUINETTI

El presidente de Uruguay Julio María Sanguinetti, arribará hoy, a la una de la tarde al aeropuerto de Toncontín, donde será recibido por el presidente José Azcona Hoyo y se le hará la ceremonia de bienvenida.

El presidente Sanguinetti realiza una gira por los países Centroamericanos para dialogar con los gobernantes sobre el avance del acuerdo de paz de Esquipulas II, Dado que su país es miembro del grupo de apoyo.

Según el programa a desarrollarse, Sanguinetti almorzará hoy con Azcona en la casa presidencial, y después de colocar una ofrenda floral al monumento del General Francisco Morazán, a las cinco de la tarde se hará presente en el Congreso Nacional para participar en una sesión solemne, y media hora después se reunirán nuevamente con el presidente Azcona.

JULIO M. SANGUINETTI

A las ocho de la noche, Azcona Hoyo le impondrá al presidente uruguayo la máxima condecoración de Honduras la "Orden del General Francisco Morazán, Grado de Gran Cruz, placa de oro".

Mañana a las 8:00 a.m. El presidente Sanguinetti se reunirá con los miembros de la Comisión Nacional de Reconciliación; a las 9:45 sostendrá una nueva reunión con el presidente Azcona, en la cual participarán también los cancilleres de ambos países, y a las 10:15 dará una conferencia de prensa en la Casa Presidencial, de donde 20 minutos después saldrá para el aeropuerto de Toncontín para partir del país. (TDG).

SANGUINETTI ABORDARÁ HOY CON LAS CON EL PROCESO PACIFICADOR

El presidente de la república Oriental del Uruguay, Julio María Sanguinetti, iniciará hoy su primera visita oficial a Honduras, donde permanecerá por espacio de dos días en los que se sostendrá varias entrevistas con su colega José Azcona Hoyo.

El arribo de Sanguinetti quién llega acompañado del canciller uruguayo, Enrique Iglesias, y de una numerosa comitiva está previsto para antes del mediodía, según confirmaron ayer sus voceros oficiales.

Sanguinetti sostendrá tres reuniones con Azcona Hoyo, con quién abordará la situación centroamericana y los esfuerzos que despliegan los países de la región y otros de América Latina para alcanzar una paz firme y duradera.

Uruguay es miembro del Grupo de apoyo Contadora, la instancia que conforman México, Venezuela, Colombia y Panamá para procurar la paz en la región centroamericana.

Los restantes miembros del grupo de apoyo son Brasil, Argentina y Perú el presidente uruguayo sostendrá también conversaciones con la Junta Directiva del Congreso Nacional y la Comisión Nacional de Reconciliación, que preside el arzobispo capitalino, Monseñor Héctor Enrique Santos.

Además será condecorado esta noche en la orden "General Francisco Morazán" en el grado de Gran Cruz placa de oro.

DATOS SOBRE URUGUAY

La República Oriental del Uruguay ocupa una superficie de 177 mil, 508 kilómetros (60 mil más que Honduras) y cuenta con alrededor de cuatro millones de habitantes. Su capital es Montevideo y su índice de alfabetización es cercano al 90 por ciento de la población.

Uruguay surgió a la vida independiente en 1828 y, a pesar de haber sido gobernada constitucionalmente durante casi un siglo, a partir de los años 70 sufrió un dominio militar más o menos encubierto debido a la lucha librada por su ejército contra el movimiento guerrillero Tupamaro.

El retorno del poder efectivo a los civiles se inició en 1981 cuando se presentó un nuevo plan de redemocratización que permitió, en 1983, la redacción de la nueva Constitución por la Asamblea Constituyente y la posterior elección de Sanguinetti como presidente.

J. Maradiaga
AZCONA INTERESADO EN SU APROBACIÓN

"El presidente de la república José Azcona está interesado en que el Congreso Nacional discuta y apruebe el nuevo Arancel Aduanero", reveló el vicepresidente del Congreso Nacional, Jorge Roberto Maradiaga.

El diputado liberal aseguró que así como el mandatario otros sectores del gobierno están de acuerdo en que al discutirse el nuevo arancel se incluya una cláusula flexibilizante y otra de salvaguarda en el decreto, para evitar problemas futuros. Madariaga afirmó que el Congreso Nacional "debe aprobar inmediatamente el nuevo sistema arancelario, porque entre más tiempo se tenga en cartera más grande será el problema".

Si el COHEP, en carta suscrita por su presidente Jorge Gómez Andino y dirigida al presidente del Congreso Nacional, afirma que ese organismo empresarial ha concluido el trabajo que debía realizar en torno al proyecto, no veo porque deba atrasarse su discusión, recalcó.

Al respecto, Maradiaga afirmó que "yo creo que no debe haber más demora puesto que el COHEP durante 2 años trabajo en la elaboración del nuevo arancel y sostuvo consultas, análisis, estudios y discusiones con cada uno de los sectores que resultarían afectados con la nueva ley, y sus puntos de vista fueron acogidos por las comisiones del Congreso".

"LA TRIBUNA" 24/11/87

Raviber:
AZCONA ESTÁ EQUIVOCADO

El aspirante presidencial Ramón Villeda Bermúdez afirmó que el presidente Azcona por sus conocimientos de ingeniería "le da un pragmatismo matemático en su análisis político, y por eso considera que reduciendo el número de precandidatos se reducen los problemas".

Sin embargo añadió, creo que ese criterio no es aplicable, porque lo fundamental en política es la manifestación libre del pueblo. Empero, RAVIBER consideró que se pueda dar un problema "si continuamos con la polarización amplia en el liberalismo que no permite que haya un candidato fuerte dentro del partido".

No obstante arguyó, creo que sí se le producirá más daño al partido si estuviese la reducción de candidatos mediante el uso de la fuerza o el favor hacia algún candidato de los estratos de cualquier dependencia del estado. Lo que hay que propiciar es el diálogo entre movimientos, añadió, y creo que el presidente Azcona, qué es quién tiene el mayor poder de convocatoria, debería propiciar ese acercamiento para bien del partido.

RAVIBER analizando lo dicho por el democristiano Alfredo Landaverde afirmó que "desconozco las cualidades del pitonizo de Landaverde. Pero creo que no deja de tener razón al advertir que la división en que está sumido el Partido Liberal puede propiciar su próxima derrota".

Debemos tomar en cuenta es advertencia y luchar por la unidad liberal, aseguro.

En cuanto lo dicho por Carlos Montoya en el sentido de que cuenta con el apoyo del presidente Azcona, RAVIBER afirmó que "eso más que un ventajismo político dejo entrever una viveza política de Montoya, porque él ha sido quién ha afirmado contar con ese apoyo y sería muy distinto si la declaración la hubiese hecho el presidente Azcona.

"LA TRIBUNA" 24 DE NOVIEMBRE DE 1987

AZCONA DEBE HACERLE JUEGO A CALLEJAS, DICE LANDAVERDE

El partido Demócrata Cristiano de Honduras no tomará parte en el problema de cambio de magistrados de la Corte Suprema de Justicia, afirmó el diputado Alfredo Landaverde.

Nosotros, dijo, no tenemos nada que hacer en el juego de los partidos nacional y liberal. La democracia cristiana es un partido pequeño cuya fuerza no es decisiva en esta situación y por eso no podemos hacerle juego ni a liberales ni a nacionalistas en cosas que están sujetos a un arreglo preconcertado.

De manera, subrayo, que un partido como La DC y el PINU sí se meten a esos juegos puede terminar triturados por esos gigantes de la política hondureña.

Landaverde arguyó que al gobierno liberal "no le conviene un choque con el callejismo, porque en la medida en que mantenga Callejas cerca del gobierno como una fuerza que no es un peligro les concede la tranquilidad para seguir adelante y sacar con buen suceso sus planes y proyectos, cualquiera que sean, buenos o malos".

La lógica política nos hace deducir, agregó, que al gobierno le interesará mantenerse cerca del partido Nacional, no porque simpaticen con él sino que la misma lógica les indica que si quieren tranquilidad hay que dominar al partido grande de la oposición y no a los pequeños, porque éstos carecen de interés para ellos.

Landaverde sostiene que "Callejas quiere que Azcona salga bien librado en su gobierno, no también librado como para asegurar el prestigio del Partido Liberal que le pueda hacer ganar futuras elecciones, sino que su interés es que Azcona salga bien como presidente para que le pueda transferir el poder al callejismo".

"Por eso callejas no va a dar pasos imprudentes que ponga en peligro la sucesión presidencial, porque eso sería negativo para él como principal aspirante presidencial de la oposición" recalcó Landaverde.

" LA TRIBUNA" 24 DE NOV. /87

Editorial
SILENCIO GENERACIONAL

De los altos estrados del poder nadie profiere ningún comentario serio sobre el ritmo de la economía nacional, excepción hecha de los balances comparativos que nos hace llegar el Banco Central de Honduras. A lo sumo, sólo frases que tienden a confundir a los ciudadanos de este país o a engañarlos se desprenden de las voces agrietadas y faltas de autoridad de funcionarios oscuros. Pero los efectos de la economía se sienten en toda la escala de los valores sociales hondureños.

A pesar de que la economía nacional guarda un esperanzador crecimiento, la población hondureña también crece a un ritmo que se ha dicho es uno de los más altos de nuestro continente, reduciendo las posibilidades de una mejoría en sus condiciones de vida. Mientras esto sucede, la generación de empleo se mantiene atrapada en las inflexibles columnas de la tradición exportadora sin asomo de nuevas inversiones que ocurrieran en nuestro auxilio.

El gran proyecto nacional, la transformación moderna del agro hondureño ha sido postergado una vez más. Los fondos de inversión en este aspecto, como en general es la situación de las inversiones nacionales, ha sido incapaz de succionar en forma sistemática la tasa anual de los desempleados. Esto ha permitido, al mismo tiempo, la invasión continuada del campo hacia la ciudad comprometiendo aún más la situación de las corporaciones municipales que no tienen dinero para financiar las obras infraestructurales que estas invasiones demandan y complicando las enormes deficiencias que se presentan en la prestación de los servicios públicos como agua, luz eléctrica, alcantarilla, aguas negras, teléfonos, transporte y control de la autoridad policial, etc.

El silencio oficial de los gobernantes sobre éstos y otros problemas relacionados con sus programas económicos y financieros ha contagiado a los organismos políticos y a las instituciones representativas del sector privado, incluyendo los empresarios, comerciantes, obreros, campesinos e intelectuales.

Ya no existen reuniones entre los sectores públicos y privados de la banca, la industria y el comercio para entrarle al análisis de la situación que nos debe afligir a todos. Lo último son las reuniones casi "confidenciales" de algunos grupos de empresarios y funcionarios del gobierno y el Congreso para analizar los problemas que enfrentan en sus sectores. El consejo hondureño de la empresa privada (COHEP), la Cámara de Comercio e Industrias de Tegucigalpa, la Asociación Nacional de Industrias (ANDI), poco a poco han venido prescindiendo de sus exposiciones críticas sobre el comportamiento de la economía y los problemas del subdesarrollo para comprometerse en ese silencio que está sembrando un vacío peligroso en la sociedad hondureña que puede fácilmente caer en manos "extrañas" al proceso democrático nacional.

Los partidos políticos han incurrido también estos problemas un partido como él Liberal, con grandes masas de opinión difícilmente superadas por otro partido de igual tradición en la región centroamericana, guarda silencio; escondiendo su mayor debilidad en la carencia de un liderazgo partidista y consumiéndose en la disputa irracional de sus mayores líderes. Las últimas elecciones internas han atado a este partido al embargo de su pensamiento crítico sobre su propia misión de progreso en el rol de las relaciones de Estado.

Por parte de la tradición conservadora partidista, la cúpula del partido Nacional se mantiene leal a sus convenios de apoyo al gobierno del presidente Azcona, inmovilizándolo para exteriorizar sus puntos de vista en cuanto a la curva que sigue a la Nación y el gobierno, especialmente éste en el cumplimiento de su mandato constitucional relativo a la atención dignificadora del hombre en la sociedad hondureña. El último alentador signo de cambio de esta conducta lo tenemos en lo referente al presupuesto general de ingresos y egresos de la Nación, preparado por el gobierno del Señor Azcona. El nacionalismo se ha comprometido en adecuar el propuesto en una perspectiva de mayor realidad.

Pero el problema básico del desarrollo nacional y la felicidad del pueblo hondureño asociado a la superación de las barreras del atraso, la improductividad, el desempleo, el burocratismo Estatal, la ausencia de divisas, el estatismo, más las plagas que secularmente han flagelado al pueblo con sus espinas de miseria, pobreza y subcultura, sigue permanente, inalterable, cada día creciendo en arrogancia y orgullo para las generaciones que hoy y el mañana inmediato han de seguir gobernando está nación.

Ya nadie habla en este momento en la necesidad de un milagro alemán o japonés en nuestra patria. Parecemos satisfechos por los niveles que producen en materia de beneficios económicos y políticos la comunidad internacional y muy especialmente nuestros amigos del Norte del hemisferio. Hemos llegado hasta instar públicamente a todos los sectores de presión que se sumen a las filas de las exigencias de aumentos de salarios y privilegios gremiales, hasta que ya no haya ningún centavo que distribuir proveniente de fuentes externas.

En este momento nadie se detiene a preguntarse el futuro de este modelo económico, de su mercado monetario, de las tasas de reinversión, de la competencia de nuestros productos a escala mundial, de la población que tenemos que dar trabajo y alimentos de la captación de nuevos mercados, de nuevas inversiones, del poder de compra de nuestros salarios, en una frase de la recuperación integral.

Estamos en silencio, con el "patriotismo mudo, cabizbajo, tembloroso, como avergonzado; la nueva generación, cual sin duda y sin aspiraciones", como lo dijo de su generación el doctor Adolfo Zúñiga.

¿Cambiándonos? solo el tiempo nos dará una respuesta concreta de nuestra realidad concreta.

"EL HERALDO" 24 DE NOVIEMBRE DE 1987

AZCONA: HONDURAS CONDENA TODA INJERENCIA EXTRANJERA EN NUESTROS ASUNTOS INTERNOS

El gobernante hondureño condecoró anoche a la orden Francisco Morazán a su colega uruguayo.

El gobierno Honduras considera injusto que en la subdesarrollada región centroamericana persistan las guerras civiles y la intervención extranjera, declaró anoche el presidente José Azcona Hoyo en la Casa de Gobierno.

Azcona expresó lo anterior en el acto de condecoración del presidente uruguayo Julio María Sanguinetti, quien recibió la Orden del General "Francisco Morazán" en el grado de Gran Cruz, Placa de oro.

El mandatario hondureño expresó su "amplia y abierta satisfacción" por el papel desarrollado por el gobierno de Uruguay en el Grupo de Apoyo a Contadora, el cual calificó como "prudente y equilibrado".

"Uruguay ejerce una influencia bienhechora e imparcial y por ello nos felicitamos que usted había escogido precisamente este momento crucial en la vida centroamericana, para visitarnos" dijo a Azcona a su colega sudamericano.

A continuación, sostuvo que la vivencia del presidente Sanguinetti en la región "le permitirá compenetrarse de las realidades que conforman la dimensión del problema y su posible solución" ya que se desplazará por la zona "sin intermediarios y en el propio sitio de los acontecimientos".

Azcona dijo que Honduras desea el retorno a la paz de las naciones que enfrentan guerras civiles y, por ello, busca una salida política al problema, pero destacó que su gobierno desea una paz democrática porque "sólo en paz es posible la democracia y el desarrollo".

"Creemos en la paz como la única vía de solución. Creemos que los pueblos deben integrarse para luchar juntos contra la dependencia y el subdesarrollo", aseguró el presidente hondureño.

Más adelante, sostuvo que Honduras siempre ha recurrido a los instrumentos americanos de solución pacífica, y, por ello, "no es extraño que gobierno reciba apoyo mayoritario del pueblo en el campo de las relaciones exteriores, con las mínimas críticas que también recibimos como interés y comprensión".

Azcona señaló que Honduras, por encima de sus dificultades, desea el retorno de la paz de los países que en Centroamérica sufren la guerra civil a fin de que la región se desarrolle con libertad y democracia.

"Honduras repudia toda injerencia extranjera en nuestros asuntos internos y respeta la integridad territorial y política de sus vecinos", aseguró.

Por otra parte, el mandatario recordó que hace 30 años el ex presidente José Ramón Villeda Morales visitó oficialmente la República oriental de Uruguay y que ese gesto es devuelto en esta oportunidad por el gobernante de aquella nación.

Azcona también evocó el nombre del doctor Julio León Sanguinetti, padre del presidente uruguayo, quién residió en Honduras en 1956 y prestó servicios de asesoría en materia de seguridad social y derecho a laborar, como experto enviado por la Organización Internacional del trabajo.

Añadió que, en 1958 Cuando el doctor Sanguinetti pasó a retiro ocupó el cargo de cónsul honorario de Honduras en Uruguay.

Finalmente, expresó que el gobierno de Honduras decidió condecorar el presidente Sanguinetti por su brillante trayectoria como defensor de los derechos del pueblo, presidente demócrata y americano digno de América.

Ambos presidentes discutieron las gestiones que se realizan
en Centroamérica para encauzar esta parte del mundo hacia la paz.

SANGUINETTI RECONOCE COMPLEJIDAD DEL PROCESO PACIFICADOR DEL ÁREA

***Confirma visitas de Lusinchi y García

El presidente José Azcona Hoyo declaró ayer que su colega uruguayo Julio María Sanguinetti "está claro" con respecto a la complejidad del proceso de paz de la región centroamericana, pero que está dispuesto a apoyar esa iniciativa.

Sanguinetti y Azcona sostuvieron un primer diálogo sobre el proceso de paz durante el almuerzo que le fuera ofrecido el dignatario visitante en la Casa de Gobierno.

Azcona dijo que el presidente uruguayo apoya plenamente el proceso de paz y está dispuesto a colaborar en todo lo que esté a su alcance para buscarle salida política el problema centroamericano.

El presidente hondureño elogió la personalidad del mandatario de Uruguay "quién se identifica mucho con nuestro país y su gente porque su padre se desempeñó como cónsul de Honduras en Montevideo hasta el día de su muerte".

Por otra parte, Azcona confirmó que en los próximos días llegará al país el presidente de Venezuela Jaime Lusinchi, quién también participará en la reunión cumbre de mandatarios latinoamericanos que tendrá lugar en México.

Además ratificó que el día martes arribará a la capital hondureña el presidente del Perú Alan García, otro de los participantes en la reunión del Grupo de los Ocho que se celebrará en Acapulco.

*Pasando revista de tropas en compañía del comandante
en jefe de las fuerzas armadas general Humberto regalado.*

CEREMONIA EN EL AEROPUERTO

El presidente de la república Oriental del Uruguay Julio María Sanguinetti arriba ayer a la una de la tarde con 15 minutos al Aeropuerto Internacional de Toncontín, dónde fue recibido por su colega hondureño José Azcona Hoyo.

El gobernante llegó Tegucigalpa a bordo de un avión de la fuerza aérea uruguaya En compañía del canciller Enrique Iglesias y otros funcionarios de su gobierno. También les acompañaban representantes de los principales medios de comunicación de su país.

La ceremonia de recibimiento fue la de rigor y consistió en la interpretación de los himnos nacionales de ambos países, una revista militar y la presentación al presidente Sanguinetti de los principales funcionarios de Estado.

Entre ellos figuraba en el presidente del Congreso Nacional, Carlos Orbin Montoya; magistrados dela Corte Suprema, ministros del Gabinete de Gobierno, el comandante en jefe de la Fuerza Armadas, general Humberto Regalado Hernández, y otros funcionarios civiles y militares.

Los actos Fueron presenciados por regular número de personas que a esa hora cumplían algunas diligencias en el aeropuerto y por viajeros que esperaban la reapertura de los vuelos comerciales, interrumpidos por la llegada del mandatario uruguayo.

Sanguinetti llegó a Tegucigalpa procedente de San Salvador, tercera escala de su gira por la región centroamericana, la cual culminará en Acapulco, México, donde se reunirá con siete presidentes latinoamericanos.

Los presidentes Azcona y Sanguinetti iniciaron las conversaciones bilaterales minutos después del traslado de la Casa de Gobierno, dónde compartieron el almuerzo.

En horas de la tarde el presidente uruguayo llevó a una ofrenda floral a la Estatua del General Francisco Morazán y participó en una sesión solemne del Congreso Nacional.

Posteriormente fue condecorado en la Casa de Gobierno.

LA NOTA DISCORDANTE

Cómo era de esperarse, la nota fea del recibimiento fueron las innecesarias restricciones impuestas a los medios de comunicación para cumplir con su labor informativa al extremo de que se les impidió su movilización mediante un cerco de policías.

Esas restricciones no solamente se impusieron en el aeropuerto sino en la Casa de Gobierno donde se exigía la periodistas usar saco y corbata o, de lo contrario, se les impediría ingreso.

El secretario de prensa, Lisandro Quezada, responsabilizó de tales medidas al Ministerio de Relaciones Exteriores ya que, según aseguró, la oficina a su cargo no tenía nada que ver con el asunto.

Compatriotas del gobernante sudamericano llegaron al Aeropuerto Toncontín para saludarlo (fotos Alejandro Serrano).

Otro aspecto negativo fue la actitud asumida contra los maestros y alumnos de la Escuela de Aplicación "República de Uruguay" que llegaron a recibir el presidente Sanguinetti. Los niños no fueron ubicados en un sitio donde pudieran estrechar la mano al mandatario visitante, como se acostumbra en todos los países del mundo, sino que fueron "encaramados" en la segunda planta de la terminal aérea, donde tuvieron que saludar desde lejos al presidente Sanguinetti.

EL PROGRAMA DE HOY

La visita del presidente Sanguinetti a Honduras incluye hoy una entrevista con los miembros de la Comisión Nacional de Reconciliación y una nueva entrevista con el presidente Azcona. Posteriormente ofrecerá una breve conferencia de prensa y enseguida se trasladará el aeropuerto para viajar a Guatemala.

SANGUINETTI: HAY QUE AMPLIAR PLAZOS DE ESQUIPULAS

TEGUCIGALPA.- El presidente José Azcona Hoyo y su homólogo de Uruguay Julio María Sanguinetti salen sonriendo de la casa de gobierno luego de almorzar juntos. El mandatario uruguayo visitó el Congreso Nacional y fue condecorado anoche con la Orden de Morazán. más información en las páginas 4 y 5.

"TIEMPO" 25 DE NOVIEMBRE DE 1987

PRESIDENTE DE URUGUAY SE REÚNE HOY CON LA COMISIÓN DE RECONCILIACIÓN

Tegucigalpa.- El presidente de Uruguay Julio María Sanguinetti arribo ayer tarde al país como parte de una gira que efectúa por la región para sostener conversaciones con los mandatarios de Centroamericanos sobre el acuerdo de paz Esquipulas II.

Sanguinetti, quién se hace acompañar de nueve miembros gabinete entre ellos el canciller Enrique Iglesias y 15 periodistas uruguayos, llegó a la 1:15 de la tarde con procedencia de El Salvador en un avión de la fuerza aérea uruguaya.

A su arribo a Tegucigalpa fue recibido por el presidente José Azcona Hoyo, el jefe de la Fuerza Armada general Humberto Regalado Hernández, todo el gabinete de gobierno, altos jerarca militares, el embajador de Uruguay en Honduras, Alfredo Terra y agregado cultural de ese embajada Óscar Falcheti.

Como parte de los actos protocolarios el mandatario sudamericano acompañado de su Edecán, capitán de navío Ricardo Medina, su homólogo hondureño y el jefe de las Fuerzas Armadas, a bordo de un carro militar pasó revista tres pelotones del cuerpo de Caballeros Cadetes de la academia militar General Francisco Morazán.

En su recorrido, Sanguinetti saludo a las personas que se encontraban en la segunda planta del edificio del aeropuerto especialmente a decenas de alumnos de la Escuela República oriental de Uruguay de esta capital, quienes portaban pequeñas banderas de esa nación Sudamericana.

Acto seguido, el presidente visitante al igual que su comitiva y la anfitriona abordaron vehículos oficiales para trasladarse a Casa de Gobierno en donde almorzó con Azcona Hoyo.

Debido a la visita del mandatario uruguayo, se mostró un inusual despliegue militar a tal grado que los periodistas nacionales y extranjeros que cubrían la llegada de este en el aeropuerto fueron sometidos a rigurosos a restricciones.

Sanguinetti salió el sábado anterior de su país, ese mismo día se entrevistó en Lima Perú con el presidente de esa nación Alan García.

La mañana del siguiente día (domingo) se entrevistó con el presidente costarricense Óscar Arias Sánchez, por la tarde arriba Managua para reunirse con el presidente Daniel Ortega.

El lunes llegó al Salvador en dónde converso con el mandatario José Napoleón Duarte y la tarde arribo al país.

A las ocho de la mañana de hoy Sanguinetti recibirá en el hotel Honduras Maya, lugar donde está alojado, a la comisión Nacional de Reconciliación.

Una hora después depositará a una ofrenda floral al busto del General José G. Artiga ubicado en la plaza del mismo nombre y saludará a la colonia Uruguaya de esta capital.

Para las 9:45 de la mañana está programada otra reunión con el presidente Azcona Hoyo y los cancilleres de ambos países.

A las 10:15 ofrecerá una conferencia de prensa en el salón de los Espejos de la Casa Presidencial, y partirá 20 minutos después hacia el aeropuerto Toncontin para trasladarse a Guatemala según la agenda.

Sanguinetti estará llegando al mediodía hoy a Guatemala, y mañana arribará a Acapulco, México, en donde participará en una reunión que realizarán los presidentes del Grupo de Contadora y de Apoyo. (FG)

El presidente de Uruguay Julio María Sanguinetti, el presidente hondureño José Azcona Hoyo y el jefe de la Fuerza Armada general Humberto Regalado Hernández en el momento que se entonaban los himnos nacionales de ambos países en los actos protocolarios efectuados ayer en el aeropuerto Toncontín.

Los presidentes Sanguinetti y Azcona Hoyo y regalado Hernández Aburto de un carro militar pasan revista a las tropas.

Efectivos del escuadrón especial Cobra establecieron un cordón en la calle de acceso al palacio legislativo A dónde se encontraba el presidente del Uruguay para impedir que llegaran al hogar estudiantes de la Escuela Superior.

Los cobras impidieron el paso al diputado Diógenes Cruz a la zona de legislativo; el momento fue captado por un fotógrafo que captó el momento en que se le impedía el paso a pesar de que gritaba "yo soy diputado, yo soy diputado".

JULIO SANGUINETTI ABOGADA PORQUE SE AMPLÍEN PLAZOS DE "ESQUIPULAS DOS"

TEGUCIGALPA.- El presidente de Uruguay Julio María Sanguinetti abogó ayer porque se amplie los plazos establecidos para el cumplimiento del acuerdo de paz de Guatemala el cual "ha abierto un proyecto político de paz" para América Central.

El mandatario sudamericano pronunció un discurso en el Congreso Nacional donde participó en una sesión.

"Hoy estamos en un momento en que todos vemos una luz de esperanza. Los acuerdos de Esquipulas firmados en agosto en Guatemala han abierto un proyecto político, nos han mostrado, no una paz culminada, pero sí qué político de paz.

Apuntó que el acuerdo de paz de Guatemala "no ha sido la culminación de un camino, pero si la destinación de un derrotero a caminar y los primeros pasos hacia esos objetivos.

Sabemos hacia dónde vamos, sabemos por dónde hay que transitar y caminar.

Naturalmente hay mentalidad escépticas, que no bien los cinco presidentes habían suscrito esos acuerdos, comenzaba ya listamente a decir de la imposibilidad o de la dificultad de cumplirlo.

Los intereses se montaban desde un signo y otro para estimular ese escepticismo, o para subrayar los obstáculos Y para tratar de disminuir los logros que se iban alcanzar.

Pero —agregó— han pasado los días y han ido pasando las etapas. Todos sabemos muy bien que se ha ido avanzando. Estos mismos episodios que vemos en estos días aún aquellos polémicos nos van mostrando todos los días avances. Gente que no estaba en la vida política y que se reincorpora ella, gente que no estaba en su país y que retorna.

Momentos de reconciliación nacional que van abriendo espacio para reconciliación de los Espíritus".

Dijo que "la paz que nadie va a decretar, se hace el propio espíritu de la gente, porque la paz se hace en el fuero íntimo de la gente, como muere en el fuero íntimo de la gente cuando el odio, la pasión o el prejuicio no dejan lugar al amor O por lo menos a la comprensión racional de la necesidad de paz.

Sanguinetti abogó para que al acuerdo de paz se le amplíe los plazos de cumplimiento establecidos.

Apuntó que el acuerdo de paz "van dando sus resultados, acaso lleve más tiempo del que está estipulado, lo importante es que siga caminando y haciendo este edificio ladrillo a ladrillo sin desfallecimiento con la certeza de que el resultado se va a alcanzar.

Dijo que se escucha que "unos hablan de democracia y se olvidan un poco de la paz, unos hablan de paz y parecen olvidarse de la democracia, unos hablan de la amnistía y otros parecen olvidarse de las elecciones, Unos hablan del proceso de reconciliación y no parecen ver claramente los fenómenos políticos que se configuran la restauración de la democracia".

El mandatario en respuesta a los opositores al plan de paz dijo que es más fácil de criticar la imperfección señalar la carencia.

Reclamarles a todos una perfección que sabemos imposible.

Que detrás de cuál reclamo, puede haber en definitiva más cinismo que honestidad".

Advirtió que la firma de acuerdo de paz es "un gran acto de madurez de América Central.

Porque América Central pudo en alguna etapa de su historia reunirse los cinco países, cara a cara y frente a frente como lo han hecho ahora para poder trazar su propio destino.

Dijo que "no es la hora de apedrear este esfuerzo sino de valorizarlo en toda la madura expresión de política que representa, de medirlo, de dimensionarlo y de valorizarlo en todo lo que constituye un proyecto político propio.

No algo que viene impuesto o digerido, sino como algo que nace de un debate surgido de la propia realidad centroamericana".

El presidente insistió en la necesidad de que sean los centroamericanos lo que construyan su solución a la crisis regional.

El presidente de Uruguay Julio María Sanguinetti dirigió ayer ante la cámara legislativa un encendido discurso en el que abogó por el apoyo al acuerdo de paz de Guatemala.

Sanguinetti en su discurso señaló la situación de desventaja de los países latinoamericanos frente a las naciones industrializadas. Los bajos precios que se paga por los productos básicos.

El político también dio una amplia lección de democracia a los diputados que terminaron dedicándole largos aplausos por su coherente discurso Carlos Montoya por su parte resaltó las vinculaciones de Sanguinetti con Honduras a través de su padre quién residió en Honduras.

El parlamentario dijo que Honduras tiene una "joven y vigorosa democracia" y que se está en disposición de apoyar una solución de la crisis centroamericana con el apoyo de las democracias latinoamericanas.

ES UN BUEN AMIGO: AZCONA

TEGUCIGALPA.- el presidente de Uruguay Julio María Sanguinetti es un "buen amigo" y es una persona que le tiene "especial aprecio a Honduras" dijo ayer el presidente José Azcona Hoyo.

El mandatario hondureño manifestó que no hay que olvidar no hay que olvidar que el padre del presidente Sanguinetti vivió 3 años en Honduras y "fue Consulado Ad-honorem de Honduras en Montevideo (capital de Uruguay) hasta que murió".

Expreso que con Sanguinetti se ha encontrado en varios lugares, entre ellos Bogotá, Colombia, y San José, Costa Rica, y es "un hombre que apoya el proceso de paz de Esquipulas II, está claro de la complejidad de este proceso y creo que va a ayudar mucho en lo que estamos todos empeñados: en buscarle una salida política al problema centroamericano".

Por su parte el ministro de Relaciones Exteriores, Carlos López Contreras, señaló que Uruguay es un país democrático, ejemplo de Latinoamérica y forma parte del Grupo de Apoyo, lo que le da el derecho a estar preocupado por lo que ocurre en Centroamérica.

Indicó que la visita del presidente Sanguinetti será aprovechada para estrechar más la amistad entre Honduras y Uruguay. (TDG)

Azcona:
DESEAMOS UNA PAZ DEMOCRÁTICA

Tegucigalpa el presidente José Azcona Hoyo dijo anoche que es injusto que en Centroamérica persistan las guerras civiles y la intervención extranjera, y que Honduras desea el retorno de la paz, porque solo en paz es posible la democracia y el desarrollo.

El mandatario hondureño hizo referencia a la crisis centroamericana en su discurso que pronunció al condecorar al presidente de Uruguay, Julio María Sanguinetti con la "Orden del General Francisco Morazán Grado de Gran Cruz Placa de Oro".

Azcona expresó que se sentía honrado con la visita de solidaridad democrática y de fraternidad latinoamericana que hace a Honduras el presidente Sanguinetti subrayando de "la república Oriental del Uruguay es de los países de mayor desarrollo político en Latinoamérica; su sistema democrático y republicano ha sido norma prácticamente invariable, de su independencia".

"El poder público en el Uruguay demuestra pleno respeto a los derechos ciudadanos, garantizados por la Constitución Política. En ello reside el misterio de un ente nacional que se unifica y consolida, para defender su integridad territorial y los intereses culturales, políticos y económicos del pueblo", apunto.

Señaló que Honduras, desde su origen "ha venido enfrentando las consecuencias dramáticas de su inserción geográfica en el Centro de América, compartiendo fronteras terrestres con otras tres naciones hermanas. Dicha ubicación, a la luz de la prolongada crisis centroamericana, a impuesto a Honduras tremendos daños económicos, sociales y de seguridad".

"La realidad política de nuestros países tenemos que verla con absoluta objetividad, a fin de no cometer errores perjudiciales para el proceso democrático", recalcó.

"Honduras manifiesta, por medio, de su amplia y abierta satisfacción por la prudente y equilibrada participación uruguaya en el Grupo de Apoyo a Contadora, desde donde ejerce su influencia bienhechora e imparcial para encontrar una solución política negociada al problema de la crisis centroamericana", agregó.

El presidente Azcona le manifestó a Sanguinetti que Honduras desea la paz de las naciones que enfrentan guerras civiles, y que por eso, busca un arreglo político al problema "pero justificadamente deseamos una paz democrática, porque solo en paz es posible la democracia y el desarrollo".

"Creemos en la paz como la única vía de solución; creemos que los pueblos deben integrarse para luchar juntos contra la dependencia y el subdesarrollo; creemos que es injusto que en nuestra región subdesarrollada persistan Las guerras civiles y la intervención extranjera", añadió.

Indicó que Honduras ha recurrido siempre a los instrumentos americanos de solución pacífica, de los cuales el Grupo de Contadora es una expresión elocuente y universalmente apoyada.

Azcona reiteró que "Honduras por encima de sus dificultades que a veces parecen insolubles, desea el retorno de la paz a los países que en Centroamérica sufren la guerra civil, a fin de que la región se desarrolle en libertad y democracia".

"Honduras repudia toda injerencia extranjera en nuestro asuntos internos y respeta la integridad territorial y política de sus vecinos. Honduras considera el diálogo como la regla de oro para la solución de los problemas nacionales e internacionales, y por ello, la democracia hondureña está consolidada y cada día más fuerte", concluyó. (TDG)

ORDEN FRANCISCO MORAZÁN PARA EL PRESIDENTE URUGUAYO

TEGUCIGALPA.- el presidente de Uruguay Julio María Sanguinetti, fue condecorado anoche por el presidente José Azcona Hoyo con la "Orden del General Francisco Morazán Grado de Gran Cruz Placa de Oro".

Los actos de imposición de la máxima condecoración de Honduras se llevaron a cabo, a partir de las ocho de la noche el salón Rosado de la Casa Presidencial, en presencia del Cuerpo Diplomático acreditado en Honduras y altos funcionarios del gobierno.

El mandatario uruguayo sostuvo su primera reunión privada con el presidente Azcona a las 5:30 de la tarde, luego de participar en una reunión solemne en el Congreso Nacional dónde pronunció su discurso.

Para hoy a las ocho de la mañana Sanguinetti tiene programado reunirse con los miembros de la de la Comisión Nacional de Reconciliación, para conocer las actividades que está realiza en cumplimiento del acuerdo de paz Esquipulas II.

A las 9:15 de la mañana colocará una ofrenda floral ante el busto del General José Artigas ubicado en Plaza "Artigas" de Tegucigalpa, y media hora después se reunirá nuevamente con el presidente Azcona, con la participación de los cancilleres de ambos países.

El presidente Sanguinetti, que tiene programado su salida del país a las 11:15 de la mañana, dará una conferencia de prensa las 10:15 a.m., en la cual expondrá sus puntos de vista sobre el proceso de paz en Centroamérica. (TDG)

"La Tribuna". Miércoles 25 de noviembre de 1987

SEÑOR PRESIDENTE: ATENCIÓN AL URGENTE PROBLEMA DE CONSTRUIR EL AEROPUERTO

***España manipula para lograr proyecto en detrimento de Honduras y los hondureños*

***Venezuela busca colocar a buen interés el dinero permanente de venta de petróleo*

Por Filadelfo Suazo

Se aproxima el fin de 1987 sin esperanzas de que la construcción del nuevo aeropuerto capitalino de tan vital importancia para el país se haga realidad.

Montañas de artículos y sueltos periodísticos de aparente intenciones del gobierno de la República de declaraciones del ministro de Comunicaciones y Obras Públicas de amagos de despegue para obra tan urgente parece haberse ido al canasto de la basura sin resultado positivo alguno.

El cuerpo diplomático acreditado en Honduras, las grandes instituciones de crédito abiertas a la cooperación con Honduras no aciertan a entender la posición del país, siendo que la vía para la construcción del aeropuerto está totalmente expedita.

Por esa razón nos creemos obligados a hacer del conocimiento del pueblo, sin ánimo de molestar a los altos poderes del Estado, la situación real de los hechos.

Informes recabados en el Ministerio de Hacienda, la secretaría de planificación y el Ministerio de Comunicaciones y Obras Públicas dan fe de que cuando el actual presidente de la república José Simón Azcona, fungía como ministro, firmó un protocolo con la República de Francia por 10 millones de francos equivalentes a ($ 1.500.00), el cual además de firmado fue ampliado a solicitud de nuestro gobierno viajando los ministros de Hacienda y SECOPT a principios de este año para rubricar dicha ampliación concedida por Francia en forma exclusiva para los diseños y estudios de dicho aeropuerto.

Dicho protocolo en magníficas condiciones es a 31 años plazo, con 11 años de gracia y al 2% de interés anual, opinando los entendidos en la materia que es sin lugar a dudas Lo más conveniente y favorable para Honduras por la siguiente razones:

1.- en primer lugar se le hace honor a un protocolo internacional dos veces solicitados por nuestro país.

2.- Son diseños y estudios técnicos hechos por una autoridad en la materia cómo lo es Francia es axiomático qué instituciones como el BID y el Banco Mundial resuelvan de inmediato al crédito blando para un desarrollo de infraestructura urgente en Honduras.

3.- Con diseños hechos por una empresa sumamente calificada se iría de inmediato a licitación pública internacional para la obra civil qué representa el 90% del valor global de la obra.

Entonces pues, la situación está dada a nuestro favor y es casi inexplicable que nuestro gobierno se haya llamado a silencio exponiendo al país a perder la oportunidad y al ridículo internacional de no respetar un protocolo que tiene prioridad sobre las leyes nacionales.

El impasse se originó Hace 6 meses, cuando una misión española visito Honduras y acudió a casa presidencial acompañada por el embajador de Venezuela, Dionisio Mercado; ofreciendo un proyecto en el cual España pretende hacer los trabajos de ingeniería y Venezuela financiar el Proyecto.

El consorcio venezolano indudablemente busca financiar la obra millonaria con los fondos provenientes del remanente de la venta de petróleo que nos hace y que va depositando dos dólares por barril en el Banco Central, empleándolos el gobierno de Honduras a solicitud del gobierno venezolano al 7 y 8% anual con plazos que hasta la fecha no han pasado de 10 a 15 años.

Es de notarse entonces la diferencia frente a los préstamos blandos del BID y World Bank que nos da 11 años de gracia y 2% de interés anual.

Por parte de los españoles, hace 6 meses se presentó un proyecto para diseños y estudios de factibilidad por $.700.00 pero recientemente se hizo ya una nueva oferta aumentado el costo a dos millones de dólares solo para estudios y diseños.

Cuál es el poder de España y Venezuela para lograr terciar en una obra cuyo costo total bien podría llegar a los 100 millones?

Es posible que el presidente de la república y el ministro de SECOPT desconozcan el poco prestigio de los españoles en ese campo, si los españoles jamás han hecho una obra similar fuera de sus fronteras?

Es posible que ignoren la baja tecnología de España en ese tan difícil campo? los accidentes espantosos de Iberia en pleno aeropuerto de Barajas con saldos de centenares de muertos?

¿Es posible que desconozcan la capacidad y el prestigio Mundial de Francia y el papelón qué haríamos frente al mundo e irrespetando un protocolo en dos veces solicitado por nuestro país ante el gobierno de Francia?

Señor presidente Azcona, señor ministro Don Efraín Bu Girón, señor ministro Juan Fernando López, qué es lo que está pasando frente a esta situación, para que no vean la realidad de los hechos y no procedan agilizar los trámites iniciales para la marcha de una obra de tanta urgencia?

Economía:
NO HABÍA CHANTAJE, AZUCAREROS BUSCABAN UN "JUGOSO" NEGOCIO

***Pretendían importar azúcar Blanca 20 lempiras para vender la 49 y hacerse de casi dos millones de lempiras.

El viceministro de economía Darío Hernández, aseguró ayer que es falso que funcionarios de esa cartera hayan pretendido chantajear a los productores nacionales de azúcar y, antes bien acusó a éstos de querer hacer un "jugoso negocio" con la escasez de azúcar blanca presentada en el país.

Indicó que los empresarios de azúcar llegaron al Ministerio de Economía a solicitar permiso para importar 60000 quintales de azúcar Blanca, en virtud de que los consumidores rechazaban el azúcar morena por la mala calidad con que fue sacada al mercado.

"Eso significaba para los productores de azúcar, señaló, traer un producto a un precio internacional de 20 lempiras el quintal y venderlo internamente a 49 lempiras el quintal, obtenido una ganancia neta de 1,740.000 lempiras, o sea que ella pretendía hacer el papel de intermediarios".

Agregó que los funcionarios de economía analizarán esta situación y les ganamos la partida decidiendo que frente al gran problema que tiene en ese momento BANASUPRO, lo más justo, lo más prudente, era qué esa institución importará la azúcar y se ganara ese dinero".

"Con esa operación, comentó, estamos nosotros capitalizando una institución que cumple un papel importante en el ámbito social en el país y por eso se iniciaron contactos con empresarios del azúcar de Costa Rica, para traer 60 mil quintales de azúcar blanca vía trueque por azúcar morena, para evitar la fuga de divisas".

Relató que los productores nacionales de azúcar se molestaron por la operación con Costa Rica y pidieron que se le comprara ellos al azúcar blanca "Entonces se les pidió que la vendieran a BANASUPRO a un precio razonable y que la ganancia que iba obtener esa institución con el trueque fuera canalizada por ellos a BANASUPRO, Pero ese no es un chantaje", afirmó.

Explicó que se ha llegado al acuerdo de que los productores de azúcar Blanca importaran el producto, pero se lo venderán a BANASUPRO a 34 de lempiras el quintal para que la institución lo comercialice a 49 lempiras el quintal y se puede ganar 900 mil lempiras.

"Pero si a última hora los productores de azúcar no aceptan esta operación nosotros vamos a continuar los contactos con azucareros de Costa Rica, para hacer el trueque de azúcar blanca por morena porque eso es una buena coyuntura para lograr capitalizar BANASUPRO", advirtió.

"ESQUIPULAS II": GRAN OPORTUNIDAD

El presidente uruguayo, Julio María Sanguinetti, se reunió ayer con los miembros de la Comisión Nacional de Reconciliación y compartió con el ingeniero Azcona una conferencia de prensa en que se abordó el problema centroamericano, los esfuerzos del gobierno del país suramericano por ayudar a conseguir la paz en la región y la experiencia del retorno a la democracia en Uruguay. El ilustre visitante continúo su gira por el istmo al partir rumbo a Guatemala.-(Foto Salinas).- Inf. Pág. 5

"LA TRIBUNA" 26 DE NOVIEMBRE DE 1987

EL PRESIDENTE URUGUAYO AYUDARÁ A CONCRETAR LA PAZ CENTROAMERICANA

TEGUCIGALPA.- El presidente José Azcona Hoyo declaró ayer que su homólogo uruguayo Julio María Sanguinetti, está compenetrado de la complejidad del proceso de paz rubricado por los gobernantes centroamericanos en Guatemala.

Después de la ceremonia de bienvenida en el Aeropuerto Internacional de Toncontín, ambos mandatarios se trasladaron a la Casa Presidencial, donde dialogaron por más de una hora sobre los alcances de los acuerdos del documento de "Esquipulas II".

El presidente uruguayo, acompañado de unos diez funcionarios de su Gabinete de Gobierno, no brindó declaraciones pero para hoy a las diez de la mañana está prevista una conferencia de prensa en la Casa de Gobierno.

Azcona Hoyo manifestó que Sanguinetti apoya el proceso de paz, e indudablemente como miembro del Grupo de Apoyo va a ayudar mucho para concretar los compromisos contraídos por los cinco presidentes.

Los presidentes se reunieron nuevamente en las Cinco y media de la tarde en la Casa Presidencial, y a las ocho de la noche Azcona Hoyo impuso a su colega suramericano la máxima condecoración que brinda el gobierno hondureño cómo lo es la "Orden del General Francisco Morazán Grado de Gran Cruz Placa de Oro".

Horas antes el dignatario uruguayo depósito ofrendas florales ante el monumento del General Francisco Morazán, y también visitó el Congreso Nacional.

José Azcona hoyo y Julio María Sanguinetti en compañía de jefe de la Fuerza Armada Humberto regalado Hernández pasan revista a las tropas. (Foto Alberto Salinas)

José María Sanguinetti:

NOS ALIENTA LA ESPERANZA DE LOGRAR DÍAS MEJORES

Tegucigalpa.- "Es importante para mí, recoger vínculos de afecto con esta Patria de Morazán a la cual aprendí a querer a través de mi padre qué sirvió en este país, que vivió en él y lo ayudó en los asuntos sociales y al que luego represento en el mío hasta el momento de su muerte".

Así inició su discurso el presidente de la república Oriental del Uruguay, doctor Julio María Sanguinetti, durante la visita que realizara a la Sala de Sesiones del Congreso Nacional, cumpliendo con el itinerario preparado para su visita a Honduras que concluyó hoy.

El gobernante Uruguayo, añadió que "no llegamos hoy aquí por una casualidad sino por el hecho de que dentro de pocos días se reunirá en Acapulco, México, el grupo de los ocho estados que integramos, cuyos presidentes nos reuniremos para hablar de los problemas de América, de los problemas del comercio mundial, de problemas de nuestras democracias y nuestros problemas de la paz".

Hemos creído -prosiguió- antes de llegar a esa reunión trascendente, que por el solo hecho de realizarse demuestra cómo hay un proceso de maduración de nuestro estado en la búsqueda de nuestros propios caminos, pasar por estos países de la América Central para hablar con ustedes, y traerles no solo nuestro mensaje sino a recibir también vuestra opinión y a conocer cara a cara una realidad que nos importa mucho, que nos duele mucho y que también nos alienta en la esperanza de lograr los días mejores.

Los mandatarios escuchan los himnos nacionales de ambos países.

34

Sin duda, ustedes han hecho, un enorme esfuerzo, en la reconstrucción de la Democracia, que los ha mostrado en los últimos años llegando a una recomposición del clima tradicional del país, con madurez y sabiduría fomentando el sentimiento igualitarista y llano, el modo de respetar respetando, y el modo de vivir en el ejercicio de una libertad, disfrutada con naturalidad, sin resentimientos ni agravios para nadie en el respeto recíproco un lugar de convivencia que sabemos se ha ganado por su propia historia.

GABINETE EN PLENO RECIBIÓ A SANGUINETTI

TEGUCIGALPA.- La gira del presidente Julio María Sanguinetti, ha sido un éxito, pues su palabra de aliento y apoyo ha tenido excelente acogida. Así resume el periodista uruguayo Alberto Carreira la visita del gobernante uruguayo.

Sanguinetti ingresó a suelo hondureño acompañado del ministro de Relaciones Exteriores, Walter Nessi, quien además desempeña las funciones de pro secretario de la presidencia de la República.

Además de Nessi integraron la delegación otros funcionarios de la administración Sanguinetti y una veintena de periodistas representantes de los medios privados de mayor importancia de aquel país.

Honduras es la tercera nación que visita la comitiva presidencial, en su primera escala; Sanguinetti habló con el presidente del Perú, en Lima, luego en Nicaragua con el presidente Daniel Ortega y el en Salvador con Napoleón Duarte.

El miembro del partido colorado que más votos ha obtenido en una elección en todos los tiempos de la vida política de Uruguay, fue recibido con todos los honores que se atributan a los dignatarios que visitan nuestra suelo.

AZCONA, REGALADO Y TODO EL GABINETE

En el aeropuerto Toncontín se dieron cita para recibir al mandatario el presidente de la República José Azcona el jefe de las Fuerzas Armadas de Honduras, general Humberto Regalado Hernández, el canciller Carlos López Contreras y los subsecretarios de Estado.

El doctor Sanguinetti acompañado del presidente Azcona y del general Regalado Hernández, pasaron revista a tres escuadras de la Escuela Militar General Francisco Morazán, disparándose también 21 descargas de salva en honor al visitante.

El presidente Sanguinetti y su comitiva procedieron luego a saludar al gabinete de gobierno posteriormente se trasladaron a la Casa de Gobierno para recibir los testimonios de los anfitriones.

El presidente uruguayo, saludó a la distancia una delegación de estudiantes de la Escuela que lleva el mismo nombre de su país y a varios paisanos que llegaron al encuentro.

AVANZA PLAN DE PAZ, DICE SANGUINETTI

El presidente de Uruguay, Julio María Sanguinetti, y su colega José Azcona pasan revista a las tropas al arribo del primero ayer a Toncontín, para una visita de 24 horas al país. En un discurso después en el Congreso Nacional, el mandatario visitante dijo que el acuerdo de Esquipulas II es un gran acto de madurez política de Centroamérica, mientras que Azcona, por la noche, reafirmó que Honduras desea el retorno de la paz a la región. Información en las páginas 8 y 9. (Foto de Ángel Espinal) **"LA TRIBUNA" 25/11/87**

CON HONORES RECIBIDO AYER EL PRESIDENTE DE URUGUAY

El presidente de Uruguay Julio María Sanguinetti, llegó ayer a Tegucigalpa para una visita oficial de 23 horas, en el marco de una gira que realiza para los países de Centroamérica, previa a la reunión de los presidentes del Grupo de los Ocho en Acapulco México.

A su arribo al aeropuerto de Toncontín a la 1:15 de la tarde, Sanguinetti fue recibido en la escalerilla del avión de la Fuerza Aérea de Uruguay por el mandatario José Azcona y el jefe de las Fuerzas Armadas general Humberto Regalado Hernández, escuchándose después de los honores de ordenanza las notas de los himnos nacionales de Honduras y Uruguay.

Posteriormente, ambos gobernantes en compañía de general Regalado Hernández y el capitán de navío de La Naval de Uruguay, Ricardo Medina, pasaron revista a una compañía de caballeros cadetes de la Academia Militar "General Francisco Morazán", saludando de paso a una gran cantidad de personas de la colonia de Uruguay y de la Escuela "República de Uruguay" que se encontraban ubicadas en el segundo piso del aeropuerto.

Mientras se entonaban las notas de los himnos de ambos países por la banda del Comando en Jefe, se escucharon los 21 salvas como parte del acto ceremonial a los jefes de estado.

Acto seguido, el gobernante uruguayo saludó secretarios de estado que conforman el gabinete de gobierno del presidente José Azcona, así como altos oficiales de las fuerzas armadas y a funcionarios de la embajada de Uruguay en Honduras.

Instante en que la Banda Marcial de Comando en Jefe entonaba los himnos nacionales de Honduras y Uruguay. En primer plano figuran los mandatarios Julio María Sanguinetti, José Azcona, y el jefe de las fuerzas armadas general Humberto Regalado Hernández (foto de Ángel Espinal)

Alumnos de la Escuela República Oriental del Uruguay ubicados en la planta alta del aeropuerto de Toncontín cuando saludaban al mandatario Julio María Sanguinetti. (Foto Ángel Espinal)

Sanguinetti dijo que su presencia significaba la ratificación del Uruguay al esperanzador proceso de paz que se ha iniciado en América Central, agregando que la democracia uruguaya se congratula por este hecho y asume como suya también la tarea y el compromiso de alentar y de apoyar con su mayor empeño sus esfuerzos.

Agregó que "se trata, así lo entendemos, de una cuestión que involucra por igual a todos los latinoamericanos, y como tal la tomamos y la llevaremos adelante".

SANGUINETTI RINDE HOMENAJE A MORAZÁN

Instante en que el presidente de la república Oriental del Uruguay depósito una ofrenda floral ante la estatua ecuestre del paladín de la unión centroamericana General Francisco Morazán. (Foto de Aquiles Andino).

AZCONA: HONDURAS DESEA EL RETORNO DE LA PAZ

***Recuerda servicio que le prestó al país padre de su colega de Uruguay.*

(De ACAN EFE y nuestra redacción).- El presidente José Azcona calificó anoche a Uruguay como el país abanderado de la libertad de todos los pueblos del mundo, y exaltó la personalidad del padre del presidente de esta nación Sudamericana, Julio María Sanguinetti, momentos antes de imponerle la condecoración de Orden de Morazán Gran Cruz Placa de Oro, en una ceremonia especial que se efectúa en la Casa Presidencial.

Azcona dijo de Sanguinetti que en el ejercicio de su cargo sólo se inspira en el afán de servicio a los más elevados ideales de Libertad, al respeto de la dignidad inmanente del hombre, al apego irrestricto al sistemas democrático de Uruguay, cuya vocación por la amistad y solidaridad entre los pueblos del mundo es ejemplo y mensaje, porque constituye la esencial conducta diaria del ciudadano de su país y por qué Uruguay es abanderado de la libertad de todos los pueblos del mundo.

El presidente evocó la memoria del Padre el mandatario uruguayo, Julio León Sanguinetti pues dijo que es de grata memoria en Honduras por los distinguidos servicios que le prestó como americano que hizo propio los problemas internos hondureños.

Sanguinetti como delegado en Honduras de la Organización Internacional del Trabajo, en 1956, le brindó asesoría en importantes materias de seguridad social y derecho laboral materias que más tarde dieron origen al Seguro Social y al Código de Trabajo, qué son dos pilares jurídicos de las reformas liberales llevada a cabo en el país hace dos décadas dijo Azcona.

También dijo que en 1958, cuando el doctor Sanguinetti paso a retiro, ocupó el cargo de cónsul honorario de Honduras en su país natal, función que desempeñó toda su vida ha completa satisfacción del pueblo y del gobierno de Honduras.

Manifestó que Uruguay es de los países de mayor desarrollo político en Latinoamérica; su sistema democrático y republicano ha sido norma, práctica invariable desde su independencia.

Azcona dijo también que este país centroamericano desea el retorno de la paz a los países que en el istmo sufren la guerra civil.

Honduras desea esa paz para que la región se desarrolle con libertad y democracia y "repudia toda injerencia extranjera en nuestros asuntos internos y respeta la integridad territorial de sus vecinos", agregó el mandatario.

El titular del Poder Ejecutivo expreso que su gobierno considera el diálogo como "la regla de oro para la solución de los problemas nacionales e internacionales, y por ello, la democracia hondureña está consolidada cada día más fuerte".

El presidente reitero que "Honduras desea el retorno a la paz de las naciones que enfrentan guerras civiles, por eso busca un arreglo político del problema, pero justificadamente deseamos una paz democrática, porque solo en paz es posible la democracia y el desarrollo".

"Creemos en la paz -dijo Azcona como la única vía de solución, creemos que los pueblos deben integrarse para luchar juntos contra la dependencia, y el subdesarrollo, creemos que es injusto que nuestra región subdesarrollada persistan las guerras civiles y la intervención extranjera.

Al referirse a Uruguay, el mandatario hondureño manifestó qué es uno de los países de mayor desarrollo político en Latinoamérica, que su sistema democrático y republicano ha sido norma, prácticamente invariable, desde su independencia.

El presidente José Azcona saluda exclusivamente al mandatario uruguayo, Julio María Sanguinetti, a su arribo la Casa Presidencial (Foto Aquiles Andino).

En cumplimiento de los acuerdos de Esquipulas II
NO HAY DERECHO A PEDIR EL PERFECCIONISMO: SANGUINETTI

Tegucigalpa.- El presidente de Uruguay, Julio María Sanguinetti, declaró ayer que si el acuerdo de paz Esquipulas II fracasara, en Centroamérica se viviría un "enorme frustración", lo que provocaría actitudes extremas que en nada beneficiarían a una solución pacífica del problema.

Sanguinetti, que dio una conferencia de prensa antes de partir del país, manifestó que Uruguay, miembro del grupo de apoyo, apoya los acuerdos de Esquipulas II, porque es una propuesta política para la paz "honesta y realista".

"Sabemos que no es fácil el cumplimiento de un acuerdo tan complejo y, por lo mismo como decimos que no hay derecho tampoco a pedir el perfeccionismo en países donde a lo largo de un siglo y medio la paz ha sido relativamente poca y donde la democracia ha sido bastante esquiva", agregó.

El presidente uruguayo señaló que los gobiernos Centroamericanos, aunque con problemas, están avanzando en el cumplimiento del plan de paz, "y eso nos satisface mucho y en esa posición vamos a seguir estando fundamentalmente detrás de los gobiernos de Centro América, no adelante, porque no es la misión ni de Contadora ni de ningún otro país de América Latina tratar de imponer, sugerir o presionar caminos que no sean los propios de América Central".

Indicó que en la medida que en los países Centroamericanos realicen un esfuerzo de buena fe y encuentren su propio camino, las oportunidades de la intervención extranjera disminuirán, y "en la medida en que estos países se dividan, se enfrenten y se cuestionen, ofrecen el campo para qué esas intervenciones puedan aparecer".

"De modo que yo entiendo que todo depende del buen éxito de este proyecto político de Esquipulas II, si esto avanza, la intervención extranjera no va a tener espacio, venga de donde venga, añadió.

Sanguinetti dijo que él no ha dicho que es preciso alargar los plazos para el cumplimiento del acuerdo de paz, "lo que dijo es que no hay que ser letrista riguroso en el cumplimiento estricto de esos plazos".

"Si en algún asunto no se ha alcanzado el cumplimiento en el plazo fijado, pues habrá que alargar los plazos, es un tema que deben discutir los presidentes de Centro América y nosotros estamos a su voluntad, expresó.

"No me gustan la actitud perfeccionista de quiénes en el nombre del principio absolutamente puro reclaman un cumplimiento letrista de un convenio, que por la propia diversidad y peculiaridad de cada país, ha de cumplirse de buena fe, porque lo importante es que estemos caminando en la dirección correcta", insistió.

El mandatario de Uruguay considera que el acuerdo de Esquipulas II es la única opción que tienen por el momento los países Centroamericanos para evitar un conflicto regional, y es sobre el cual debe volcarse todos los esfuerzos para que se cumpla, porque "si Esquipulas II fracasara, sin ninguna duda se viviría una enorme frustración y esa enorme frustración ambientaría actitudes extremas que indudablemente no beneficiarían la solución y nos arrimarían a los objetivos que todos anhelamos".

Finalmente, dijo que con los miembros de la Comisión Nacional de Reconciliación dialogó sobre el respeto de los derechos humanos y la administración de Justicia, "fue una reunión muy constructiva, muy positiva, que contribuyó, sin ninguna duda, a nuestra visión de la realidad de este país". (TDG)

El presidente José Azcona Hoyo impuso, el martes en la noche, la condecoración "Orden del General Francisco Morazán, Grado de Gran Cruz, Placa de Oro" al presidente de Uruguay. Julio María Sanguinetti, en reconocimiento a su labor desarrollada en favor del proceso de paz en Centroamérica, ya que sus país es miembro del Grupo de Apoyo a Contadora.

NICARAGUA DA DOS PASOS ADELANTE Y UNO PARA ATRÁS: JOSÉ AZCONA H.

***Después de Costa Rica somos los que menos problemas tenemos, afirma*

Tegucigalpa.- El presidente José Azcona Hoyo dijo ayer que Nicaragua da "dos pasos adelante y uno para atrás" en el cumplimiento del acuerdo de paz de Esquipulas II, y por eso existe mucho y escepticismo en Honduras, pero no debe perderse la fe de que cumplirá.

"Yo creo que sí todos empujamos este vehículo (de Esquipulas II) en la dirección correcta, podemos salir adelante, y Honduras no va a ser de ninguna manera obstáculo para que no haya una salida, porque somos después de Costa Rica, los que menos problemas tenemos", expresó.

Azcona, que participó en una conferencia de prensa junto al presidente de Uruguay, Julio María Sanguinetti, reiteró que Honduras va a cumplir escrupulosamente los acuerdos de Esquipulas II, y que no es cierto que haya contrarrevolucionarios nicaragüenses en el territorio hondureño, "los contras están en el territorio nicaragüense en este momento apuntó".

Preguntando si estaría dispuesto a entablar un diálogo directo con el gobierno de Nicaragua, Azcona manifestó que ha hablado varias veces por teléfono con el presidente Daniel Ortega, y que el cumplimiento de Esquipulas II compete a todos los estados Centroamericanos.

Por otro lado, se refirió al proyecto de amnistía que la Comisión Nacional de Reconciliación introducirá al Congreso Nacional en los próximos días para su aprobación, diciendo que podría ser amplia y, de ser posible, que abarque a los campesinos acusados con la ley antiterrorista.

"De parte de la presidencia de la República no hay ningún problema que ese decreto sea no más amplio posible, y estoy seguro que el Congreso Nacional va a acoger ese proyecto de decreto con toda simpatía y va a ser votado por unanimidad.

Indicó que en Honduras sin haber presos políticos se emitirá el decreto de amnistía, pero reconoció que hay una media docena de compatriotas exiliados en México, los que podrán regresar sin necesidad de solicitar visas. (TDG)

Sanguinetti y Azcona.

42

AZCONA DE ACUERDO CON QUE EL CENTRO PASE A LA UNIVERSIDAD

El presidente José Azcona Hoyo se mostró partidario ayer de que la Escuela Superior del Profesorado "Francisco Morazán" sea adscrita a la Universidad Nacional Autónoma de Honduras (UNAH).

Recordó el mandatario que la Constitución de la República, reserva a la UNAH la facultad exclusiva de organizar, dirigir y administrar la educación superior en el país y por ello "es lógico que la Escuela Superior pasé a la UNAH.

Azcona explico a un grupo de periodistas uruguayos que se encontraban en el país, acompañando al presidente Julio María Sanguinetti, que la manifestación de estudiantes y maestros que observaron el martes frente al Congreso Nacional fue organizada para protestar por una moción encaminada a que su estudios cambian de estatus.

"Ellos quieren mantener el mismo estatus pero lo más Lógico es que estén bajo la jurisdicción de la UNAH" reitero.

Azcona dijo que es un contrasentido gramatical Hablar de una Universidad Pedagógica porque "el término Universidad abarca todo, quiere decir universidad.

"Además todas las universidades del mundo son pedagógicas porque sirven para la enseñanza", expreso finalmente".

"El Heraldo". 26 de noviembre 1987

Editorial
A VISITA DEL PRESIDENTE URUGUAYO Y LA POTENCIACIÓN DEL PROCESO DE PAZ

Muy edificante ha sido la visita al presidente de la república Oriental del Uruguay, doctor Julio María Sanguinetti, quién viaja por toda América Central con el elevado propósito de potenciar el proceso de paz en nuestra región, en seguimiento del tratado Esquipulas II.

El presidente Sanguinetti, un genuino demócrata latinoamericano, logró en Honduras motivar y emocionar a los dirigentes políticos y a toda la nación con sus discursos de profundo contenido político en favor de la paz, dichos con extraordinaria calidad oratoria y convicción democrática.

El presidente uruguayo, de reconocidos méritos como estadista y especialista en Derecho Internacional, tenía nuestra tierra sobrados motivos para sentirse en casa. Esto lo destacó muy acertadamente el presidente de la república, ingeniero José Simón Azcona del Hoyo, al recordar que el padre del mandatario sudamericano vivió algunos años aquí y, con sapiencia, contribuyó al desarrollo del sindicalismo y el perfeccionamiento de nuestra legislación laboral.

El tema casi único del intercambio con el presidente Azcona y la otra personalidad de oficiales de la cuesta fue la cuestión de la paz y la aplicación del acuerdo de Guatemala punto sin duda coma su presencia en estos momento en Centroamérica hace del presidente Sanguinetti El Heraldo de la buena voluntad latinoamericana el proceso pacificador coma que por cierto coma adquirido su dinámica propia coma haciendo su particular camino en la historia como como no lo ha hecho ver el gobierno el gobernante Uruguayo.

Es, entonces, la vista del presidente Sanguinetti un preludio bienhechor de cara a la trascendental reunión de los presidentes centroamericanos

-signatarios de Esquipulas II-, en Comunión con el Grupo de Contadora y el de Apoyo, para realizarse el próximo futuro en México.

Allí los mandatarios del istmo certificarán la evaluación de la Comisión Internacional de Verificación y Seguimiento (CIVS), integrada por los secretarios generales de la ONU la OEA y por los cancilleres de América Central, del Grupo de Contadora y del Grupo de Apoyo.

El veredicto de los presidentes centroamericanos es crucial. es en ese cónclave donde prácticamente quedará manifiesta la voluntad de cada país de ahondar el proceso de paz, en procura del bienestar regional pero, también de una mayor independencia política de los bloques hegemónicos obnubilados por él sectarismo doctrinario.

Naturalmente, éste —como todo proceso político— no puede llevarse a cabo en términos de tiempo matemáticamente exactos, ni tampoco cumpliendo invariablemente hasta los objetivos más pequeños. Por ello el presidente uruguayo ha advertido contra las exigencias de un "perfeccionismo" enarbolado por algunos, no con el afán de cristalización, sino con un maquiavélico modo de negar todo el proceso en una fecha fatal, y escudándose en un aberrante concepto de simultaneidad a posteriori.

La perfección del mandatario uruguayo ha sido perfectamente entendida y valorada en Honduras. Su optimismo --qué bien se cuida de no pecar de ingenuo-- ha impregnado el ambiente. Su acertada comprensión de qué es imprescindible la flexibilidad en los plazos es parte ya de nuestra comprensión. Esto es así porque, cómo lo ha dicho el presidente Sanguinetti, el Acuerdo de Paz "va dando sus resultados, acaso lleve más tiempo del que está estipulado, pero lo importante es que siga caminando y haciendo este edificio ladrillo a ladrillo, sin desfallecimiento, con la certeza de que el resultado se va a alcanzar".

Porque lo otro, la rigidez conduce la continuación de la violencia y la guerra. es más fácil criticar la imperfección, señalar la carencia. Reclamarles a todos una perfección que sabemos imposible. Detrás de tal reclamo lo que puede haber, en definitiva, es más cinismo que honestidad".

Esta es la mentalidad que debe presidir la reunión de presidentes de América Central, y, de hecho, será lo que llenará el ambiente. La fuerza de los acontecimientos así lo determina, y los imperativos del desarrollo político, económico, social y cultural --en plena democracia-- así lo exigen.

De tal manera que estamos totalmente convencidos de la verdad expresada por el mandatario uruguayo en su gira por estas tierras mesoamericanas. Pues, cómo lo como lo dejó planteado, "no es hora de apedrear este esfuerzo, sino de valorizarlo en toda la madura expresión política que representa, de medirlo, de dimensionarlo, y de aquilatarlo en todo lo que constituye un proyecto político propio".

"TIEMPO". 26 DE NOVIEMBRE DE 1987

GRITO DE UNIDAD.- *El presidente uruguayo Julio María Sanguinetti, manifestó ayer en rueda de prensa que el tratado "Esquipulas II" es la única opción para alcanzar la paz en Centroamérica, y exhortó a los gobiernos del área a no seguir criticándose entre sí. Por su parte, su colega hondureño, José Azcona, dijo que no está dispuesto a entablar negociaciones bilaterales formales con Nicaragua. (Foto Alejandro Serrano). INF. Pág. 5.*

"EL HERALDO". 26 DE NOVIEMBRE 1987.

Azcona Hoyo
NO PUEDE HABER NEGOCIACIÓN BILATERAL CON SANDINISTAS

A pesar que el presidente uruguayo, Julio María Sanguinetti, recomendó ayer que los gobiernos Centroamericanos no deben criticarse unos a otros con respecto al cumplimiento del plan de paz de Guatemala, su colega hondureño, José Azcona Hoyo, puso en duda la sinceridad de Nicaragua.

Azcona dijo frente al mandatario uruguayo que en Honduras hay mucho escepticismo sobre la posibilidad de que el gobierno sandinista cumpla con sus compromisos, ya que "vienen dando dos pasos adelante y uno para atrás".

NO A CONVERSACIONES BILATERALES

Durante la conferencia de prensa con el presidente Sanguinetti, Azcona descarto la posibilidad de que pueda existir negociaciones bilaterales formales con Nicaragua para analizar los problemas comunes.

"Mi gobierno considera que el cumplimiento del plan de paz compete a todos los estados de la región, y por ello nos vamos a mantener en el contexto de las reuniones de los cinco presidentes. Esa función no la hemos delegado en ningún organismo, ni siquiera en Contadora". declaró Azcona.

Al respecto, recordó las palabras pronunciadas minutos antes por el presidente uruguayo, en el sentido de que Contadora y el Grupo de Apoyo desean ir detrás y no delante de los países centroamericanos en el proceso de pacificación.

Azcona informo que periódicamente sostiene conversaciones telefónicas con el presidente de Nicaragua, Daniel Ortega, pero no está de acuerdo en que se celebren pláticas formales bilaterales porque "el cumplimiento y juzgamiento de la aplicación del plan de paz corresponde a los cinco presidentes".

PROMETE SACAR CONTRAS

El mandatario hondureño reitero que su gobierno cumplirá escrupulosamente con el Plan de Paz, especialmente en lo que se refiere a que los territorios Centroamericanos no deben ser utilizados para lanzar agresiones contra los otros estados.

Añadió que serán muy pocos los contras que su gobierno saqué de Honduras, al amparo del compromiso de Esquipulas, porque "el grueso de rebeldes se encuentran en Nicaragua".

No obstante, reconoció que "pueden haber pequeños grupos que entran y salen de nuestro país, sobre todo grupos de estrategia, pero la mayor parte está en Nicaragua y allá compete al presidente Ortega combatirlos. Nosotros no estamos agrediendo a Nicaragua, mucho menos con efectivos hondureños".

Azcona sostuvo que los gobiernos de Honduras y Costa Rica son los que menos dificultades tendrán para cumplir con sus compromisos de paz, sobre todo porque "en el país no existen presos políticos y los exilados se calculan en media docena, pero pueden volver sin necesidad de solicitar visa".

Los presidentes de Honduras y Uruguay dan declaraciones a la prensa nacional y extranjera, flanqueados por sus respectivos cancilleres. (Foto Alejandro Serrano).

AMNISTÍA SERÁ LO MÁS AMPLIA POSIBLE

En relación al compromiso de amnistía dijo que el asunto está en manos de la Comisión Nacional de Reconciliación, la cual "podrá presentar al Congreso Nacional un proyecto de decreto lo suficientemente amplio que abarque incluso los campesinos encarcelados y procesados por la aplicación de la ley antiterrorista".

El presidente hondureño aseguro que en Honduras existen libertades plenas y que su gobierno tampoco tendrá dificultades para reducir sus efectivos militares, porque las fuerzas armadas de Honduras son mucho más pequeñas que las de Nicaragua, El Salvador y Guatemala.

"Aquí hay libertades irrestrictas y, en cuanto a la política exterior, la misma está sustentada en una amplia base opinión pública, conformada por los dos partidos grandes de la nación", aseveró Azcona en presencia del presidente uruguayo.

FORO DE INVERSIONES

El primer foro inversiones en Honduras realizado recientemente en el club del Banco Central aprobó importante recomendaciones, entre otras las orientadas a acelerar la privatización de las empresas estatales, muchas de las cuales ya están listas para su venta; pero todavía se siente que hay timidez dentro del gobierno en eliminar las trabas burocráticas y legales que han demorado este importante programa durante 1986-87.

El presidente José Azcona deber ser un liderazgo más agresivo para agilizar este proceso de privatización de empresas estatales que contribuirá a reducir el déficit fiscal.

El desarrollo de la discusión sobre convertibilidad de la deuda y privatización, presidida por el representante del instituto de Acción Económica Global, recomendó acelerar la aprobación para la conversión de deudas en dólares en nuevas inversiones en lempiras, especialmente en empresas estatales.

Cabe indicar, a manera de ejemplo, que solamente en Chile este nuevo mecanismo ya ha producido más de dos mil millones de dólares en nuevas inversiones productivas sin generar inflación.

En Honduras existe mucha demora en la aplicación de este mismo mecanismo que podría fomentar nuevas inversiones y empleos.

La sesión plenaria del Primer Foro de Inversionista en Honduras planteó importantes conclusiones y recomendaciones que tienden a incentivar, aún más, inversiones tales como los parques industriales y el cultivo del camarón que podría producir en corto tiempo nuevas exportaciones y divisas para el país. Con un adecuado apoyo del gobierno, se estima que en los próximos 5 años solamente la industria camaronera podría producir más de $50 millones de divisas anuales y los esperados parques industriales, que deben ser desarrollados por el sector privado, podrían producir divisas al igual que en Costa Rica y la República Dominicana.

El análisis del clima inversiones en el cual se trabaja en Honduras planteó la necesidad de intensificar y expandir las medidas iniciadas durante el año de las exportaciones tales como la ventanilla única de CONAFEAXI y llevar a cabo las recomendaciones para mejorar la competitividad de nuestras exportaciones y eliminar el contrabando qué perjudica tantas empresas y trabajadores.

Estas últimas acciones requerirán de un dinámico y valiente liderazgo político entre todas las fuerzas vivas del país.

Finalmente, como fue analizada el primer foro de inversionista en Honduras, los sectores públicos y privado a través de CONAFEXI y COHEP, necesitan estar de acuerdo para establecer nuevos proyectos de inversión y medidas que puedan rápidamente acelerar el crecimiento económico del país en los años 1988-89 y, en consecuencia, con facilitar las elecciones nacionales. Existe mucha liquidez en el sistema bancario y fondos de agencias internacionales que podrían canalizarse hacia importantes proyectos privados de inversión.

A fin de lograr las medidas arriba indicadas, es necesario que el gobierno supere el recelo y parsimonia de sus funciones y adopte decisiones valientes y heroicas.

Asimismo, y porque no decirlo, al sector privado le toca vencer su propia timidez y canalizar mayores recursos propios a nuevos proyectos de inversión y exportación cómo fue destacado por uno de los expositores en el Foro del Inversionista.

Solo con la opción de Tales acciones el país podría superar su grave crisis económica Cómo lograr un mayor desarrollo y reemplazar un pseudo capitalismo Estatal con un capitalismo de Mercado libre coma que permite la descentralización del poder político a través de la planificación democrática y la ampliación base de la propiedad privada al aumentar la inversiones.

El primer foro del inversionista en Honduras planteó necesidad de elevar los niveles de ahorro-inversión canalizando los escasos recursos financieros hacia las actividades productivas, especialmente en productos de exportación.

Infortunadamente, la mayoría de los participantes fueron funcionarios públicos y muy pocos los inversionistas que participaron en el evento.

"LA PRENSA". 26 DE NOVIEMBRE DE 1987.

PRESIDENTE SANGUINETTI:
GRANDES POTENCIAS NO TENDRÁN ESPACIO EN LA REGIÓN SI SE CUMPLEN COMPROMISOS

TEGUCIGALPA.- el presidente de Uruguay, Julio María Sanguinetti, declaró ayer que el plan Esquipulas II, la única vía de los centroamericanos que tiene para evitar un conflicto regional.

Si el documento firmado en Guatemala fracasa se experimentará en el istmo "una enorme frustración" que ambientaría actitudes extremas que beneficiarían a los pueblos en esta parte del mundo, explicó el dignatario.

Sanguinetti el presidente Azcona brindaron ayer en forma simultánea una conferencia de prensa a periodistas nacionales y uruguayos que les preguntaron sobre los resultados de las tres entrevistas que sostuvieron y su opinión respecto al avance de los procesos de paz en el istmo.

El mandatario sudamericano abandonó el país a las once y media de la mañana. Horas antes estuvo reunido con la miembros de la Comisión Nacional de Reconciliación, depósito ofrendas florales en el monumento al general José G. Artigas y se reunió con su colega hondureño.

Dijo haber observado que Honduras es "un país en democracia" cuyo presidente de buena fe "cumple sus acuerdos" que van marchando y andando".

En la medida que los presidentes Centroamericanos realicen un esfuerzo de buena fe e inteligencia, sin ninguna duda que la paz la van a asegurar ellos mismos" afirmó Sanguinetti.

Recalcó que en esa misma forma que los gobernantes del área encuentre su digno camino, recalcó que en esa misma forma que los gobernantes de la encuentre su digno camino, "las oportunidades de intervención extranjera disminuirán", y mientras que los países incrementen sus diferencias y divisiones "ofrecerán el campo para que esas intervenciones puedan aparecer".

Según el gobernante de Uruguay si se cumplen a cabalidad los compromisos las grandes potencias no tendrás espacio para implantar sus influencias político y un militares en la región.

NO SER LETRISTA NI PRECIOSISTA.

Según el gobernante de Uruguay si se cumplen a cabalidad los compromisos las grandes potencias no tendrás espacio para implantar sus influencias político y un militares en la región

El jefe del ejecutivo de Uruguay a Claro que no es intención sugerir que se amplían los plazos acordados en Guatemala como para permitir a los contrayentes que se tomen su tiempo y cumplir con los compromisos

"No sé debe ser letrista ni preciosista al cumplir los acuerdos. No debe hacerse una interpretación preciosista, sino que armónica y contextual; lo importante es que sigan caminando hacia adelante y no hacia atrás, recomendó el gobernante.

Hablando sobre la posición uruguaya en la tesis del Grupo de Contadora, dijo que esta ha sido siempre muy clara en apoyo al plan de paz y que los presidentes de la región deben buscar una salida centroamericana sus problemas.

"El plan de Arias, primero, el acuerdo de Esquipulas, más tarde constituye la culminación de sus propósitos, manifestó, precisando que en estos documentos "hay una propuesta honesta, política y realista".

"Sabemos que no es fácil el cumplimiento de un acuerdo, es por eso que decimos que no hay derecho a pedir perfeccionismo en el cumplimiento y justificó Sanguinetti.

Comentó que su país se ha reencontrado y ya restablecido el orden, luego de que 1985 concedió una amnistía general y amplia que incluye a militares, la que pese a que ha sido cuestionada por algunos sectores de izquierda, "sin ninguna duda que ha dado resultados más allá de la controversia política".

El presidente Sanguinetti fue despedida y en el aeropuerto Toncontín, donde partió hacia Guatemala (foto Salinas).

Sanguinetti explicó que con los miembros de la Comisión Nacional de Reconciliación, habló sobre la amnistía de la administración de la justicia y les relató los efectos que estos temas han generado en su país.

"Fue una reunión constructiva y positiva, dijo el presidente uruguayo que en Guatemala también se reunirá con la junta de aquel país.

Minutos antes de despedir al ilustre visitante con el presidente Azcona manifestó que el próximo año le corresponderá la visita a la ciudad de Montevideo, capital de aquel país.

AZCONA RATIFICA: "NOSOTROS VAMOS A CUMPLIR COMPROMISOS"

Tegucigalpa.- El presidente José Azcona Hoyo, declaró ayer a periodistas uruguayos que los grupos de Contadora y de Apoyo están detrás para apoyar a los presidentes centroamericanos y no al frente para dictar pautas.

En la conferencia de prensa que ofreció junto a su colega Sanguinetti, minutos antes de que esté abandonó el país, el presidente Azcona dijo que "los hondureños no necesitamos visa para regresar a nuestro país" debido "al ambiente de libertad que vive la nación".

Los reporteros sudamericanos preguntaron al presidente sobre el destino de los grupos contrarrevolucionarios, a lo que respondió que en nuestro país son muy pocos los rebeldes que aún se encuentran y si bien es cierto que algunos grupos entran y permanecen "por estrategia" pero son muy pocos.

El titular del ejecutivo reitero su posición de cumplir "escrupulosamente" con los acuerdos suscritos el siete de agosto en Guatemala.

Sostuvo que el gobierno hondureño no podrá ningún obstáculo de la Junta Conciliadora en la ejecución del apoyo de amnistía el que seguramente será aprobado por unanimidad por el Congreso Nacional.

"En Honduras básicamente no tenemos problemas para cumplir con los compromisos de Guatemala al igual que Costa Rica", indicó agregando que hay libertad de prensa, de asociación y de manifestación".

Aunque el gobierno hondureño mantiene su escepticismo en el cumplimiento de Nicaragua con los acuerdos de Esquipulas, debemos tener fe que lo hará, sugiere Azcona.

Un periodista de Diario El País le preguntó si su gobierno abriría totalmente su territorio de los miembros de la Comisión Internacional de Verificación y Control el mandatario respondió; "Nosotros en términos generales vamos a cumplir con los compromisos".

Y más adelante agregó: "En Honduras Hay bastante estabilidad política, libertad irrestricta y la política exterior está sustentada sobre una base de opinión pública.

LLEGA CANCILLER CANADIENSE

Tegucigalpa el secretario de estado para Asuntos Exteriores del gobierno canadiense, Charles Joseph Clark, arribará hoy al país, se informó ayer en Casa Presidencial.

El jefe de información en la Secretaría de Prensa, Marco Tulio Romero, informó canciller de Carlos a llegar a las diez de la mañana al Aeropuerto Internacional de Toncontín y será recibido por su homólogo Carlos López Contreras. Inmediatamente después de su llegada el funcionario abordará un vehículo que lo conducirá al departamento de Choluteca, para inspeccionar algunos proyectos algunos agrícolas como que su gobierno está financiando en esa zona.

Mañana se reunirá con el presidente Azcona y el ministro de relaciones exteriores con quiénes le informan sobre la marcha de los acuerdos de paz.

Posteriormente el funcionario dará una conferencia de prensa en el Salón de Los Espejos de Casa de Gobierno.

EL PROBLEMA DEL SITIO EN MANOS DEL PRESIDENTE

El poder ejecutivo tiene la última palabra sobre el problema habitacional que sufren los moradores de la colonia El Sitio de esta capital, sostuvo ayer el presidente de la Comisión de Vivienda del Congreso Nacional Samuel Bográn.

De acuerdo a lo expresado por Bográn, la comisión legislativa que preside se ha Librado por el momento del controversial caso de "El Sitio", que se ha mantenido en el tapete de discusiones durante todo el año.

El diputado dijo que será el Poder Ejecutivo el que tendrá que decidir el futuro de los miles de habitantes de este sector, que demandan desde inicios de año una reubicación en otra zona.

Con el objeto de solventar en parte la crisis de El Sitio, el diputado pinuista Miguel Andonie Fernández ofrece en carácter de donación 12 manzanas de terreno ubicada a inmediaciones de la aldea de Suyapa en esta capital.

Bográn dijo que será el mandatario hondureño quién tendrá que buscar la manera de urbanizar esos predios, para posteriormente reubicar a las personas que han sufrido los mayores daños en esa zona declarada inhabitable por varios estudios realizados al respecto.

Sin embargo, a los moradores del lugar no están de acuerdo con la decisión Del INVA y del mismo Poder Ejecutivo, en el sentido de reubicar únicamente 91 familias de las que habitan en el sitio.

Al final, preciso Bográn será el presidente Azcona Hoyo quién habrá de decidir el destino de los habitantes de este sector y agregó que de ello tienen conocimiento los dirigentes del patronato de El sitio.

Sin embargo, los moradores de ese sector han advertido que lucharan para obtener una respuesta satisfactoria a sus demandas antes de que concluya la presente legislatura del Congreso Nacional el próximo lunes.

"EL HERALDO" 26 DE NOVIEMBRE DE 1987

SANGUINETTI: UN VIRTUOSO DEMÓCRATA

El presidente de Uruguay coma Julio María Sanguinetti, fue condecorada en la noche del martes con la orden del General "Francisco Morazán", en el grado de Gran Cruz, Placa de Oro, cuyas insignias le fueron entregadas por el presidente José Azcona Hoyo.

Durante una ceremonia de condecoración, celebrada en el Salón Rosado de la Casa de Gobierno, el presidente Azcona resaltó las virtudes de Sanguinetti como "defensor de los derechos del pueblo, presidente demócrata y americano digno de América".

"En usted, señor presidente, se conjugan las virtudes cívicas de lealtad al ideal democrático, entrega absoluta y sin límites al servicio de su pueblo, convicción profunda de que el honesto manejo del haber público es condición insoslayable para que haya paz con libertad y, por lo tanto con democracia le dijo Azcona.

Sanguinetti llegó a Honduras el martes anterior, como parte de su gira por América Central para conocer de los avances del proceso pacificador al amparo de los acuerdos Esquipulas II.

José Azcona Hoyo, su esposa, Julio María Sanguinetti, Enrique Iglesias
(canciller de Uruguay) Carlos López Contreras y su esposa.

Sanguinetti, Azcona y su esposa Miriam Bocock, al momento
de brindar el champán después del acto de condecoración.

El designado presidencial José Pineda Gómez cuando
saludaba al presidente de Uruguay, Julio María Sanguinetti.

SOCIALES "TIEMPO" 28/11/87.

● Momentos en que el Ingeniero José Azcona Hoyo le imponía la orden de Morazán en el Grado de Gran Cruz Placa de Oro a su homólogo de Uruguay señor Julio María Sanguinetti. FOTOS ALEJANDRO SERRANO.

Momentos que el ingeniero José Azcona Hoyo le imponía la orden de
Morazán en el grado de Gran Cruz Placa de Oro a su homólogo de Uruguay
señor Julio María Sanguinetti. (Fotos Alejandro Serrano).

ORDEN DE MORAZÁN PARA SANGUINETTI

Durante su corta visita a Honduras, el presidente de Uruguay, Julio María Sanguinetti, recibió de nuestro mandatario el ingeniero José Azcona Hoyo la Orden de Morazán en el Grado de Gran Cruz Placa de Oro.

La presea le fue impuesta al distinguido visitante durante una ceremonia especial en el Salón Rosado de Casa presidencial el lunes recién pasado donde estuvieron presentes distinguidos miembros de nuestro gabinete de gobierno.

Sanguinetti abandonó el país el miércoles anterior con rumbo a Guatemala.

LA TRIBUNA 28 DE NOVIEMBRE DE 1987

Después de la ceremonia oficial no presente brindaron con champagne.

[EDITORIAL]
DEMOCRACIA A LA HONDUREÑA Y LA ANARQUÍA RAMPANTE

El presidente de la república, ingeniero José Simón Azcona del Hoyo, a declarado públicamente que la Escuela Superior del Profesorado "debe estar escrita de Universidad Nacional Autónoma de Honduras(UNAH), porque a ésta le compete todo lo relativo a la educación superior".

La nota de TIEMPO que registra esta opinión agrega que al presidente le parece "bastante lógico" que el diputado liberal olanchano, Gustavo Gómez Santos haya presentado en el Congreso Nacional un proyecto de ley en ese sentido.

En nuestra misma edición de ayer, TIEMPO recoge las declaraciones de la ministra de Educación, licenciada Elisa Valle de Martínez, en oposición al presidente Azcona. Para la ministra, es "magnífica" la idea de convertir a la Escuela Superior de Profesorado en una Universidad Pedagógica, "para lo cual tendrán que reformarse algunos artículos de la Constitución de la República".

Doña Elisa amplía: "El Ministerio de Educación no se opondrá a esa iniciativa de los estudiantes y personal docente de la Escuela Superior del Profesorado, que de plano rechaza la propuesta del diputado Gómez Santos, hecha, según sabemos, en recomendación de "arriba".

En otra nota informativa de TIEMPO, de la misma edición, aparece otra joya engarzada en este collar de perlas liberales: "El proyecto de decreto orientado a adherir a la Escuela Superior del Profesorado a la Universidad Nacional Autónoma de Honduras, ha sido desestimado por considerarlo incongruente y trasladado a la Comisión de Despacho, Presidente y Seguridad.

"Ese proyecto fue presentado a la loca —dice el presidente del Congreso Nacional— Gómez Santos no consultó con la Superior de la Universidad, ni con el Ministerio de Educación Pública". Por lo visto, el legislador solo habló con el mandatario.

Lo que esto refleja es la confusión, casi anarquía, existente en el gobierno. En un asunto tan importante, cómo es el destino de una institución educativa clave, cómo lo es la Escuela Superior del Profesorado, el presidente dice una cosa, la ministra a quién le compete el asunto contradice al presidente públicamente, y el diputado que puso en el tapete legislativo la cuestión queda colgado de la brocha, cómo se dice, y puesto de cara a la pared con orejas de jumento.

Algunos demagogos podrían decir que en esto consiste la democracia y que la democracia hondureña está tan ejemplar que los ministros no le hacen caso al presidente y lo publican para que haya constancia histórica, política y social de este hecho.

Este fenómeno lo hemos venido observando y tachando desde hace algún tiempo, pero, al parecer, no puede cambiar porque forma parte del estilo de gobierno. Otro ejemplo lo tenemos en entre el Presidente de la República y el Ministro de Relaciones Exteriores, quién sistemáticamente ha contradicho al mandatario para lograr de éste muchísima estimación y elogios, porque dice que le es "completamente fiel".

El ministro López Contreras se presentó a la asamblea general de la Organización de los Estados Americanos (OEA), recientemente, y allí pronunció su discurso oficial contentivo de una propuesta —en nombre del estado de Honduras y de su gobierno—, por supuesto en la que incluye puntos considerados tabú, como el de pláticas bilaterales entre Managua y Tegucigalpa.

El presidente Azcona ha dicho posteriormente que esa propuesta no corresponde el pensamiento oficial, lo cual es sencillamente asombroso. El gobierno de Nicaragua, al parecer, ha tomado muy enserio la proposición, y así lo han manifestado el presidente Ortega y el vicepresidente Sergio Ramírez. Esto indica que el gobierno sandinista podría aceptar al menos parte de lo solicitado por el gobierno de Honduras, pues quién en el pasado se ha opuesto a las pláticas bilaterales ha sido Tegucigalpa y no Managua.

Pero, ¿qué ocurre? Sabemos que el gobierno nicaragüense ha estado tratando de acercarse al ministro López Contreras para darles respuesta su propuesta, y este no da lugar a ello.

Se esconde, escabulle el bulto, y seguramente el gobierno de Nicaragua dará su respuesta en el mismo foro internacional donde fue planteada.

El ministro de Relaciones Exteriores siguen supuesto, muy orondo y lirondo, y el señor Presidente de la República también se hace de la vista gorda.

Pero el público no pasa estos hechos como si nada, duda, se preocupa, y se encomienda a Dios, porque ya solamente queda la divina providencia.

TIEMPO 27 DE NOVIEMBRE DE 1987

HONDURAS NO REDUCIRÁ FF.AA. NI ARMAMENTO

El presidente José Azcona aseguro ayer ante su colega de Uruguay, Julio María Sanguinetti, qué Honduras no limitará ni su armamentismo ni el número de sus hombres en armas, porque, expresó, este país posee las Fuerzas Armadas más pequeñas de Centroamérica.

Azcona dijo también que los contras nicaragüenses están luchando en Nicaragua y reconoció que pequeños grupos entran y salen de Honduras. "Nosotros no estamos prestando nuestro territorio nacional para agredir a Nicaragua", aseguró.

Luego agregó que Honduras es el país que más lucha para que se cumpla el acuerdo de paz de Guatemala, y mencionó como ejemplo el próximo decreto de amnistía que va a emitir en el Congreso Nacional, del que dijo será aprobado y será amplio.

El presidente José Azcona se apresta a abrazar a su colega uruguayo, Julio María Sanguinetti, tras imponerle la noche del martes en la Casa Presidencial la Orden de Morazán en el Grado Gran Cruz Placa de Oro. Sanguinetti abandonó ayer el país con rumbo a Guatemala (Foto Ángel Espinal)

Dijo que en Honduras no hay presos políticos, lo que hay son algunos exiliados que serían como media docena, en México. Pero en Honduras no necesitamos de visa para regresar al país. Hay libertad de prensa y de asociación porque aquí nadie puede pertenecer a una agrupación si no lo quiere.

Nosotros no tenemos ningún problema de que los que contempla Esquipulas II. Sí avanzamos en la dirección correcta habrá éxito. De ninguna manera Honduras será un obstáculo para este éxito, expreso.

Sobre las inspecciones que hará la Comisión Internacional de Verificación y Seguimiento, Azcona comentó que en términos generales vamos a cumplir con los compromisos adquiridos.

"Lo que freno la firma de paz de Contadora fue el problema del armamentismo. Pero se han buscado fórmulas para arreglar esto. Nosotros tenemos un ejército menor que el de Nicaragua y muy por debajo de los otros países. No Tendremos que limitar nuestro armamentismo ni nuestro número de Efectivos. Para Honduras No es tan fácil el cumplimiento del acuerdo de Esquipulas", según Azcona.

"LA TRIBUNA" 26 DE NOVIEMBRE DE 1987

A DORMIR A OTRA COMISIÓN PASA PROYECTO PARA ANEXAR LA SUPERIOR

TEGUCIGALPA.- el proyecto de decreto orientado adherir la Escuela Superior a la Universidad Nacional Autónoma de Honduras (UNAH) desestimado por la comisión de educación de la cámara por considerarlo "incongruente", fue trasladada la comisión de Despacho Presidente y Seguridad.

La decisión la adoptó el presidente del Congreso Nacional, Carlos Montoya, la noche del martes, en respuesta a la oposición de la comunidad estudiantil y docente de la Superior, al proyecto presentado por Gustavo Gómez Santos y su secretario Óscar Melara.

La diputada nacionalista María Consuelo de Rodríguez, como miembro de la Comisión de Educación, dijo a TIEMPO que "existía consenso entre los miembros de la comisión para rechazar esa iniciativa".

La señora de Rodríguez no se explican porque Montoya trasladó El proyecto que él preside, cuando la educación la rechazo y el mismo proyectista ha anunciado su decisión de que se suspenda la discusión de su iniciativa.

"ese proyecto fue presentado a la loca, Gómez Santos no consulto con la superior, la universidad, ni con el Ministerio de Educación Pública qué son los directamente involucrados", dijo.

Dijo que los argumentos que sostiene Gómez Santos para trasladar a la superior a la jurisdicción de la universidad no son válidos. Indicó que en el caso del nivel académico "es notoria la deficiente formación de los profesionales universitarios".

Sostuvo también que la integrarse la Superior al Alma Mater, se diluirá la finalidad de este centro académico, qué es formar a los maestros del nivel medio, y capacitar y actualizar, a los de primaria y de preparatoria y Kínder.

Otro miembro de la comisión dijo que en este caso Gómez Santos "para no salir mal parado, debería de presentar el proyecto para convertir la superior en Universidad Pedagógica. (GP).

"TIEMPO" 26 DE NOVIEMBRE DE 1987.

DE ACUERDO AZCONA CON PASAR LA SUPERIOR A LA UNIVERSIDAD

La Escuela Superior del Profesorado debe estar adscrita a la Universidad Nacional Autónoma de Honduras (UNAH), porque a está le compete todo lo relativo a la educación superior, declaró ayer el presidente José Azcona Hoyo.

El mandatario considera "bastante lógico" que el diputado Gustavo Gómez Santos haya introducido al Congreso Nacional un anteproyecto de decreto para inscribir la escuela superior de profesorado a la UNAH.

Señaló que el personal docente y los estudiantes quieren convertir a la Escuela Superior del Profesorado en una Universidad Pedagógica "lo cual es un contrasentido hasta gramatical, la palabra universidad quiere decir universal, quiere decir todo, entonces si quieres decir todo no hay que ponerle un adjetivo específico de pedagógico, porque todas las universidades son pedagógicas, si el objetivo de las universidades es enseñar".

Sin embargo, el presidente Azcona dijo que la oposición de los estudiantes para que la Superior sea adscrita a la UNAH, es una demostración de que en Honduras "hay plena libertad, porque un sector que cree va a ser afectado con una decisión del Congreso Nacional, sale a la calle y dice no, nosotros queremos mantener el mismo estatus de estar ligados al Ministerio de Educación Pública". (TDG)

"TIEMPO" 26 DE NOVIEMBRE DE 1987

EN DICTAMEN DEL PRESUPUESTO:
DUROS GOLPES AL PRESIDENTE AZCONA

CUADRO COMPARATIVO PROYECTO Y DICTAMEN DE PRESUPUESTO
EJERCICIO FISCAL 1988
(Miles de Lempiras)

Códi-go	Descripción	PROYECTO			DICTAMEN			DIFERENCIA		
		Fondos Nac.	Fondos Externos	TOTALES	Fondos Nac.	Fondos Externos	TOTALES	Fondos Nac.	Fondos Externos	TOTALES
1-01	PODER LEGISLATIVO	23.725.1	-.-	23.725.1	27.725.1	-.-	27.725.1	4.000.0	-.-	4.000.0
2-01	PODER JUDICIAL	22.260.0	-.-	22.260.0	22.260.0	-.-	22.260.0	-.-	-.-	-.-
3-01	ORGANISMO ELECTORAL	16.500.0	-.-	16.500.0	20.000.0	-.-	20.000.0	3.500.0	-.-	3.500.0
	PODER EJECUTIVO									
4-01	Presidencia de la República	19.286.7	-.-	19.286.7	14.568.3	-.-	14.568.3	-4.718.4	-.-	-4.718.4
4-02	Gobernación y Justicia	31.183.7	-.-	31.183.7	32.426.8	-.-	32.426.8	1.243.1	-.-	1.243.1
4-03	Relaciones Exteriores	23.844.9	-.-	23.844.9	22.460.3	-.-	22.460.3	-1.384.6	-.-	-1.384.6
4-04	Defensa y Seguridad Pública	150.000.0	-.-	150.000.0	150.000.0	-.-	150.000.0	-.-	-.-	-.-
4-05	Economía y Comercio	11.396.3	9.011.7	20.408.0	11.181.2	5.011.7	16.192.9	-215.1	-4.000.0	-4.215.1
4-06	Hacienda y Crédito Público	44.566.2	2.353.2	46.919.4	39.572.3	1.353.2	40.925.5	-4.993.9	-1.000.0	-5.993.9
4-07	Procuraduría Genera de la República	1.624.2	-.-	1.624.2	1.654.2	-.-	1.654.2	30.0	-.-	30.0
4-08	Educación Pública	394.956.1	17.274.6	412.230.7	392.597.9	10.274.6	402.872.5	-2.358.2	-7.000.0	-9.358.2
4-09	Salud Pública	187.880.0	61.636.1	249.516.1	189.847.4	44.636.1	234.384.5	1.868.4	-17.000.0	-15.032.6
4-10	Cultura y Turismo	6.702.9	448.5	7.151.4	5.928.1	448.5	6.376.6	-774.8	-.-	-774.8
4-11	Trabajo y Previsión Social	25.172.6	-.-	25.172.6	25.011.6	-.-	25.011.6	-161.0	-.-	-161.0
4-12	Comunicaciones, Obras Públicas y Transporte	126.500.4	128.623.9	255.124.3	104.755.8	83.623.9	188.379.7	-21.744.6	-45.000.0	-66.744.6
4-13	Recursos Naturales	62.682.5	64.028.3	126.710.8	57.626.4	44.028.3	101.654.7	-5.056.1	-20.000.0	-25.056.1
4-14	Planificación, Coordinación y Presupuesto	21.348.4	16.246.6	37.595.0	11.234.2	10.246.6	21.480.8	-10.114.2	-6.000.0	-16.114.2
4-15	Deuda Pública	616.071.3	-.-	616.971.3	616.971.3	-.-	616.971.3	-.-	-.-	-.-
4-16	Servicios Centralizados de Gastos Públicos del Poder Ejecutivo	82.381.6	-.-	82.381.6	70.161.9	-.-	70.161.9	-12.219.7	-.-	-12.219.7
	TOTALES........	1.868.982.9	299.622.9	2.168.605.8	1.815.982.9	199.622.9	2.015.605.8	-53.000.0	-100.000.0	-153.000.0

El cuadro adjunto resume los recortes al presupuesto General de la Nación que propondrá la comisión de dictamen de conformidad con Los acuerdos llegados por los dirigentes del pacto de Unidad Nacional (PUN).

La mayoría de los rubros recortados es en fondos externos por la cantidad de 100 millones de lempiras, lo que no reduce el déficit presupuestario de ninguna manera sino que más bien reduce el fondos para la ejecución de proyectos de infraestructura en algunos ministerios.

La cantidad de fondo nacional recortados, en 53 millones, cubre en su mayor parte recortes en contrapartida nacional también para la ejecución de los mismos proyectos para los que se tenía financiamiento externo.

De esta forma lo que han convenido los miembros del PUN no es la rebaja en el déficit fiscal, sino que la dilación en la ejecución de proyectos asignados a diferentes secretarias de estado.

"LA TRIBUNA". VIERNES 27 DE NOVIEMBRE DE 1987

[POR EL ESTATUTO]:
MÉDICOS CREAN UN MOVIMIENTO CONTRA DIRECTIVA DEL COLEGIO

TEGUCIGALPA.- Un sector del colegio médico de Honduras (CMH) se constituyó el fin de semana anterior en un movimiento opositor a la actual dirigencia de ese gremio, de la cual dice en un comunicado no han dado plena vigencia de estatuto del Médico empleado, como para erradicar el desempleo y el subempleo de los galenos.

Los opositores denominados Movimiento Renovador del Colegio Médico de Honduras indican en un manifiesto público que si bien el estatuto les ha reportado beneficios, no se ha logrado erradicar varios males.

Critican "la manifiesta presencia de regularidades en su aplicación como las que han llevado al debilitamiento de los principios originales. No han sido los sectores gremiales menos favorecidos los beneficiarios", indican.

Crítica el movimiento que "persiste" un déficit de información científica y de Educación médica continúa en las áreas alejadas de los centros urbanos, además de qué "lejos está de lograrse" una verdadera formación a los futuros médicos en la Universidad Nacional Autónoma de Honduras (UNAH).

También señaló el naciente movimiento que "constituye un desafío para nuestra institución la permanente crisis de la salud del pueblo Hondureño.

De acuerdo con este sector, organismos calificados han determinado que tasa de mortalidad infantil en Honduras son de 100 por cada mil niños nacidos vivos y que el 75 por ciento de las connacionales evidencian algún grado de desnutrición; para el año 2000 tendremos unos 5 millones de hondureños desnutridos, indican.

"Es alarmante la permanente es organización administrativa y desabastecimiento de las elementos básicos para una buena medicina en los hospitales del Estado", señalan.

Sobre la anterior indican que el Colegio Médico "no puede seguir ignorando está cruda realidad, pues estaría en contra de uno de los objetivos delineados por la ley orgánica, cual es la de velar por la salud del pueblo".

"LA PRENSA". 27 DE NOVIEMBRE DE 1987

NO LE QUEDÓ DE OTRA AL PRESIDENTE QUE ACEPTAR REBAJA DEL PRESUPUESTO

El presidente José Azcona Hoyo se reunió ayer con asesores del Congreso Nacional y técnicos de la Dirección General de Presupuesto, para analizar la reducción de 153 millones de lempiras al proyecto de presupuesto general de la República para el año próximo, que hoy será discutido por la cámara legislativa.

El asesor del Congreso Nacional Gustavo Alfaro dijo que el presidente Azcona está consciente de que la decisión de la Cámara Legislativa de reducir el presupuesto "es una buena medida" y acepto las explicaciones dadas por los técnicos económicos.

"Encontramos en el presidente Azcona una gran receptividad, yo creo que el está tan preocupado y convencido cómo lo están los diputados al Congreso Nacional, de que en este país debe ir reduciendo el gasto en forma paulatina, para mejorar el futuro económico de Honduras", expresó.

El licenciado Alfaro Indicó que la aprobación del presupuesto general de la República por parte del Congreso Nacional, es el único decreto que el presidente de la república no puede vetar, por qué es "una función privativa del Congreso Nacional, pero, desde luego, el presidente de la República tiene todo el derecho, de ser el responsable de la administración general del estado, de conocer los rubros en los cuales la Comisión de Dictamen del Congreso Nacional ha considerado prudente hacer alguna reducción del presupuesto".

El proyecto de presupuesto enviado por el Poder Ejecutivo al Congreso Nacional asciende a 2 mil 168 millones de Lempiras, pero la Comisión de Dictamen lo redujo a 2 mil 15 millones de lempiras, "tratando de que el gasto corriente no se incremente, según Alfaro.

AZCONA HOYO.

Sin embargo, dijo que "no se puede desconocer, por ejemplo, que tenemos valores comprometidos que ya de por sí desfasan el presupuesto; cuando vemos, por ejemplo, que la deuda pública representa un 30 por ciento de los ingresos corrientes, eso ya significa una preocupación de cualquier administrador, y a esto hay que sumarle sueldos y salarios que representan 550 millones de lempiras, eso es otro 30 y pico por ciento".

"Esta es una situación que poco a poco tendrá que ir resolviéndose, pero hay una gran responsabilidad y decisión del presidente Azcona en eso, y una preocupación de los señores diputados que yo creo que pone muy en alto el gran sentido de nacionalidad y de patriotismo que les anima, concluyo. (TDG)

CONGRESO LE QUITA SUBSIDIOS A AZCONA

De un solo plumazo el dictamen del presupuesto le Cancela la partida de cuatro millones que el proyecto asignaba a Casa Presidencial, pasándolos al Congreso Nacional.

Los subsidios, tradicionalmente asignados a la presidencia de la República en el programa de Desarrollo de la Comunidad, le fueron arrancados en este presupuesto pasándolos al manejo del presidente del Congreso Nacional.

Se sabe que aún cuando esto molestó a Azcona en un inicio, ante la disyuntiva de entrar en un enfrentamiento con el presidente de la Cámara y hacer pública la autoridad disminuida del presidente Azcona este en forma resignada terminó por aceptar el zarpazo.

Este duro golpe a las facultades del presidente Azcona es uno más unido al cuestionamiento de algunos de sus funcionarios públicos, a quienes el Congreso tiene en jaque amenazados con interpelación.

"LA TRIBUNA". 30 DE NOVIEMBRE DE 1987

HOY CLAUSURA SESIONES EL CONGRESO

***Presidentes del Ejecutivo y Poder Judicial presentarán sus informes.*

Después de celebrar prolongada sesiones día y noche durante el fin de semana coma los diputados al Congreso nacional clausuraron hoy su segundo año de legislatura.

El acto de clausura está programado para las diez de la mañana de hoy, y al mismo asistirán el presidente la república y el presidente de la Corte Suprema de Justicia, Salomón Jiménez Castro.

Los presidentes de los tres poderes del Estado pronunciaron sentidos discursos los que servirían para rendir un informe de las respectivas actividades desarrolladas en el presente año.

A la culminación del segundo año de legislatura también se invita a todos los titulares de las secretarías de estado y Los Embajadores de países amigos acreditados en Tegucigalpa.

La labor legislativa de los diputados el presente año ha sido cuestionada, porque la mayor parte del tiempo fue dedicado a la política, debido a las elecciones internas que celebró en septiembre el Partido Liberal.

Algunos analistas políticos aseguran que a pesar de lo anterior se emitieron importantes leyes que beneficiarán en gran manera el funcionamiento del aparato del Estado hondureño.

En esta legislatura los diputados se vieron obligados a sancionar durante el mes de noviembre por la gran cantidad de proyectos que urgía probar en la Cámara Legislativa".

Los 134 diputados se reincorporarán para su tercer periodo de sesiones hasta el 25 de enero del próximo año, o sea que tendrán casi dos meses de descanso.

"EL HERALDO". LUNES 30 DE NOVIEMBRE DE 1987

[Editorial]
EL CHEQUECITO DE LA A.I.D.

En días pasados, el presidente del COHEP, Don Jorge Gómez Andino, manifestó que estamos viviendo del chequecito de la A.I.D., haciendo alusión a la dependencia en el financiamiento del gobierno de los Estados Unidos de América.

Cabe señalar que también el director de la A.I.D., Johnson Sambrailo, ha advertido acerca de las serias consecuencias que implica la dependencia de la economía hondureña en el apoyo proporcionado por su Agencia para estabilizar la balanza de pagos.

Como hemos señalado desde estas notas editoriales Sambrailo, además, ha recomendado que se tomen urgentes medidas para financiar la balanza de pagos, fomentando nuevas exportaciones e inversiones privadas que puedan eventualmente reemplazar las divisas que está proporcionando la A.I.D.

La pura y real verdad es como que durante los últimos años, Honduras se ha convertido en un país que casi vive en los desembolsos de la A.I.D., una situación no muy saludable para el futuro de la nación dado el gran déficit fiscal de E.U.A. A pesar de que estos recursos apoyan al gobierno en sus medidas de estabilización y ajustes estructurales que están reactivando la economía y fomentando nuevas fuentes de empleo, algún día, si disminuye la ayuda económica de E.U.A., el país tendrá que enfrentar la dura realidad de que los recursos externos deben ser complementarios al esfuerzo nacional.

El trabajo "América Central y los Estados Unidos: Juntos hacia la libertad y la prosperidad" presenta un esfuerzo sin precedentes para el desarrollo económico y social y el progreso económico de los países centroamericanos en base a una mayor movilización de los recursos internos y externos.

Considerando que es posible que el Congreso de los Estados Unidos reduzca la ayuda en los próximos años, ahondando así la crisis actual entonces, ¿Qué debemos hacer para aprovechar las oportunidades de la crisis?

Primero, a corto plazo, cumplir las medidas del programa económico de 1987, especialmente el programa monetario; a reducir el déficit fiscal y conseguir que el Congreso apruebe durante este año el nuevo arancel y otras leyes incluidas en las medidas estructuras estructurales del gobierno. Si no se cumpliese con alguna de estas medidas peligraría el nuevo desembolso de la A.I.D. a efectuarse el próximo mes. Más grave aún, el país perdería su credibilidad ante la comunidad financiera internacional y proporcionaría una justificación al Congreso de los Estados Unidos para reducir la ayuda al país en 1988-89.

Por este motivo, si el Congreso no aprobase el nuevo arancel y las demás leyes que forman parte del Programa Económico antes del 30 de noviembre, lo más acertado sería que el presidente Azcona excite el Congreso Nacional a sesiones ordinarias por medio de la Comisión Permanente o proponerle la prórroga de las ordinarias.

A partir del próximo año, en materia de financiamiento del desarrollo, el país deberá iniciar un proceso serio para diversificar sus fuentes de financiamiento en apoyo a su balanza de pago. Por ejemplo, estructurar un plan económico dentro del Plan Nacional de Desarrollo 1987-1990 qué le permita restablecer el apoyo del Fondo Monetario Internacional y del Banco Mundial y renegociar su deuda con acreedores públicos en el Club París.

Sin embargo, esto no se puede lograr a menos que el gobierno y el Congreso tomen medidas heroicas para reducir el altísimo déficit fiscal que, en los últimos años, ha sobrepasado el 7% del producto interno bruto (PIB), y llegar a menos del 4% anual en el futuro. El Gobierno y el Congreso tendrán que adoptar decisiones valientes para acortar el presupuesto especialmente los gastos operacionales de todos los sectores y acelerar el proceso de privatización de las empresas estatales que son un drenaje adicional al presupuesto nacional.

Además, es indispensable establecer un orden financiero en las entidades autónomas tales como ENEE, CORFINO y otras más que están contribuyendo significativamente a convertir nuestro déficit fiscal en el más alto de Centroamérica.

Finalmente, como se reconoce en el trabajo del instituto de Acción Económica Global y otros estudios del Congreso Nacional, es de la más alta prioridad implementar medidas para fomentar nuevas inversiones privadas que puedan incrementar la producción, exportaciones y empleo en el país.

"LA PRENSA". 28 DE NOVIEMBRE DE 1987.

Asesor del Congreso tras reunirse con el presidente:
AZCONA ESTÁ CONSCIENTE QUE REDUCCIÓN DEL PRESUPUESTO ES UNA BUENA MEDIDA

***Ministro de SECPLAN sostiene sin embargo qué tal rebaja aumentará la tranquilidad social en el país.*

El presidente José Azcona Hoyo se reunió ayer con expertos económicos y financieros de los Poderes Ejecutivo y Legislativo para analizar el impacto que tendría la reducción del presupuesto General de la República para el año venidero.

Al mismo tiempo, el ministro de Planificación, Francisco Figueroa, sostuvo que la modificación del Presupuesto "implicaría el incumplimiento de una serie de compromisos y afectaría a varios sectores sociales qué es importante apoyar.

El mandatario se reunió en su despacho con técnicos de SECPLAN, el director de Presupuesto, Héctor Medina, y el asesor económico del Congreso Nacional Gustavo Alfaro.

Este último dijo que el presidente expreso su anuencia a las explicaciones que se le dieron sobre el recorte de 153 millones de lempiras que sufriría el presupuesto del próximo año.

La secretaría de planificación envió al Congreso un proyecto de presupuesto por la suma de 2168 millones de lempiras, pero la comisión nombrada para dictaminar respecto recomendó aprobar solamente 2015 millones.

Según el ministro Figueroa, una reducción de esa naturaleza obligaría a recortar varios programas de inversión y desarrollo y además estancaría la utilización de recursos de financiamiento que ya han sido negociados y se encuentran disponibles.

"De aprobarse la reducción se presentaría una serie de situaciones negativas y aumentaría la intranquilidad social porque, durante el resto del período gubernamental los funcionarios únicamente se dedicarían a resolver problemas y no podrían desarrollar una labor de más creatividad", dijo Figueroa.

A pesar de las expresiones del ministro de SECPLAN, el asesor económico del Congreso dijo que el presidente Azcona está cada vez más convencido de la necesidad de reducir el gasto en forma paulatina y aumentar las medidas de austeridad.

"El mandatario no se ha opuesto a las explicaciones que se les han dado porque está consciente que se trata de una buena medida del Congreso", añadió Alfaro.

Recordó además que, según la Constitución de la República, la Ley de Presupuesto es la única que no puede vetar el titular del Poder Ejecutivo, por lo que al mandatario "no le queda otra cosa que hacer".

El exministro de Economía seguro que el dictamen qué recomienda la reducción "es fruto de un trabajo minucioso y trata de evitar que se incrementa el gasto corriente".

Alfaro dijo que la deuda pública se eleva un 30 por ciento del presupuesto Y qué otro 30 por ciento (550 millones de lempiras) se destinan al pago de sueldos y salarios.

"Por ello es importante corregir esa situación paulatinamente y el presidente está de acuerdo con ello", concluyó.

Gustavo Alfaro.

SÁBADO 28 DE NOVIEMBRE DE 1987. "EL HERALDO"

ÉXITOS DEL PLAN DE PAZ NO SE VERÁ DE LA NOCHE A LA MAÑANA

***Lo importante es que los países involucrados tratemos de que la bola siga rodando, dijo*

 El gobierno de Canadá espera que el funcionamiento del plan de paz para Centroamérica superará a los problemas naturales que existen en cualquier plan complejo e importante, declaraba noche el canciller de ese país Joe Clark.

El funcionario canadienses entrevistó Por espacio de una hora con el presidente José Azcona Hoyo para hablar acerca del cumplimiento del plan de paz por parte del gobierno Honduras.

Clarke dijo que es importante mantener el ímpetu para que el plan funcione y considera que los cinco presidentes de la región mostraron mucho valor al firmar el documento.

"Está claro que el presidente Azcona y sus demás colegas de la región están determinado a que el proceso sigue adelante y en la medida que Canadá puede ayudar como lo hará sin duda", añadió.

El canciller canadiense en lugar de provincia papel que juegan los Estados Unidos en la región, especialmente la que se refiere a su presencia militar.

Al respecto, indicó que sus puntos de vista los fórmula directamente y en privado a la administración de los Estados Unidos porque considera que "es más efectivo dar el consejo en privado y no públicamente".

Clark estima que hay problemas en la aplicación del Plan de Paz porque "se trata de una situación compleja que requiere actos serios de iniciativa por parte de muchas personas diferentes".

Sin embargo, cree que se han producido algunas pruebas alentadoras por parte de la mayoría de los gobiernos.

El jefe de la diplomacia canadiense conversa con un albañil
que Construye edificios de las aldeas SOS en el Zamorano con
ayuda de Canadá. (Fotos Alejandro Serrano).

Joe Clark saludo al presidente de la república durante su visita a la Casa de Gobierno.

"EL HERALDO" 27 DE NOVIEMBRE DE 1987.

ESQUIPULAS II FUNCIONARÁ, DICE CANCILLER CANADIENSE

El canciller de Canadá Charles Joseph Clark, alabo ayer el Plan de Paz suscrito en agosto pasado por los cinco presidentes centroamericanos en Guatemala, e instó a los gobernantes y a los países amigos del área que le brindan su apoyo para que tenga éxito.

El canciller, quién se entrevistó por más de una hora con el presidente José Azcona, dijo que aprecia la hospitalidad recibida en Honduras y expreso que con Azcona hablaron sobre el tema tan importante de la paz y la necesidad de mantener el ímpetu para que el plan funcione.

Dijo que el plan es tan importante y que tiene mucho valor para Centroamérica, y que Canadá espera que el proceso siga adelante para lo que ofrecerá a toda su colaboración.

Sobre el avance del acuerdo dijo que obviamente existe un problema complejo, pero que los presidentes tienen que llevar la iniciativa para la negociación y encontrarle la salida a estos obstáculo, resaltando que Honduras ha tomado medidas alentadoras Cómo ser haber preparado un decreto de amnistía general y haber apoyado el plan desde un principio.

El plan funcionará, pero eso no se trata de milagros ni de algo que se hará de la noche a la mañana, su éxito dependerá de la voluntad de los presidentes del área y de los países amigos de Centroamérica, apuntó Clark.

"LA TRIBUNA" 27/11/87

*El presidente José Azcona recibió ayer en su despacho al
Canciller de Canadá, Charles Joseph Clark, quien dijo
que el plan de paz Esquipulas II funcionará.
(foto de Aquiles Andino).*

"LA TRIBUNA" 27 DE NOVIEMBRE DE 1987.

PN: NO MÁS APOYO PARA AZCONA HOYO

Los recortes del proyecto de presupuesto General de la Nación no pretenden de ninguna manera "meter en una camisa de fuerza al poder ejecutivo", según el jefe de la bancada nacionalista Mario Rivera López.

A su vez el dirigente nacionalista aseguro que el próximo año el presidente José Azcona no gozará del apoyo del Partido Nacional, salvo en aquellos casos o situaciones de interés nacional.

Con relación al recorte presupuestario señaló que el mismo alcanzó un 50 por ciento del porcentaje solicitado por el Partido Nacional, a lo cual se sumaron las voces de Jorge Bueso Arias, el Partido Demócrata Cristiano, PINU y la Empresa Privada.

Rechazó la idea de que al Poder Ejecutivo se le esté limitando en su accionar, pues el presidente de la República cuándo se inicien proyectos nuevos y obras de otro tipo podrá mandarlos al Congreso y éste le da la prioridad del caso, "así que no estamos afectando a la administración", aseguro.

AZCONA SE QUEDA CON PUN

El presidente José Azcona acepto ayer la reducción de 153 millones de lempiras en el monto del proyecto del Presupuesto General de la República para 1988, recomendada por la Comisión de Dictamen del Congreso Nacional, informó el asesor de la Cámara Legislativa, Gustavo Alfaro.

El mandatario se reunió con asesores de la presidencia del poder legislativo y técnicos de la Dirección General de Presupuesto para analizar el dictamen del proyecto de Presupuesto de la nación para el próximo año.

Alfaro dijo que durante la reunión con el gobernante "le dimos información amplia sobre el dictamen.

Yo diría que él ha expresado su anuencia o por lo menos no se ha opuesto a las explicaciones que se le han dado, los cuales ha aceptado porque no puede hacer otra cosa".

El asesor de la Cámara Legislativa recordó que el proyecto del Presupuesto General de la República "es el único decreto que el presidente de la república no pueden vetar. Esa es una función privativa del Congreso Nacional".

Sin embargo, señaló, el mandatario tiene el derecho de conocer cuáles serán las partidas que serán afectadas por el recorte presupuestario recomendado por la comisión de dictamen, "porque él es el administrador general del Estado".

"Encontramos en el señor presidente, apuntó, una gran receptividad y creo que él está muy preocupado, pero también está convencido de que debe ir reduciéndose los gastos en forma paulatina para mejorar el futuro económico de Honduras".

AZCONA AUTORIZA PARTIDA ESPECIAL PARA BANASUPRO

TEGUCIGALPA.- prácticamente han quedado solventados los problemas económicos que enfrentaba la Suministradora Nacional de Productos Básicos(BANASUPRO), al trascender que el presidente Azcona autorizó una partida especial para hacer la reducción de su pronunciado déficit, mientras se realizará una reestructuración administrativa.

De acuerdo con declaraciones ministro de economía, la limpieza no solo abarcará el ordenamiento de documentos, sino todos aquellos aspectos que impongan orden en BANASUPRO y se convierta en un instrumento regulador de precios para proteger el consumidor.

El funcionario explicó que aún cuando el descalabro de BANASUPRO no sería este año, pues arrastraba serios problemas financieros surgidos en administraciones pasadas, tales como la ubicación de centros de venta en lugares inadecuados y la existencia de personal supernumerario, es preciso una reestructuración administrativa, una orientación de Mercado, lo que podría asegurar una futura situación establece en la institución.

La determinación de última hora adoptada por el gobierno, contrasta con el anuncio que en su momento fue hecho por el presidente Azcona, en el sentido de que BANASUPRO sería cerrado, opinión que también comparte la Agencia para el Desarrollo Internacional (AID), al grado que en ningún momento ha dispuesto de fondos para que supere los problemas financieros que enfrentan.

El Ministerio de economía, del cual depende la institución, realizará la reestructuración inmediatamente, a fin de que se encuentre lista para llevar a cabo sus responsabilidades a partir de enero en forma que garantice su autogestión, sin depender de los subsidios del ejecutivo tal como ha sucedido en esta oportunidad.

Se desconoce el monto de la suma otorgada pero deberá ascender a los 800 mil lempiras que en distintas oportunidades las autoridades de Economía había solicitado para sacar a flote a BANASUPRO, desconociéndose Si los 900 mil lempiras que se obtendrán a consecuencia de la comercialización del azúcar blanca refinada en los ingenios del país, se destinarán a esa institución tal como originalmente estaba previsto, o se destinarán al fortalecimiento de otras actividades de la dependencia.

Se informó que durante los primeros días de la próxima semana habrá un anuncio oficial al respecto, pero de momento vuelve la tranquilidad para los empleados de Suministradora Nacional de Productos Básicos.

"LA TRIBUNA" 28 DE NOVIEMBRE DE 1987

Por recomendación de Azcona
ESPINAL ACCEDE AL DIÁLOGO

TEGUCIGALPA.- el presidente el presidente Azcona hoyo recomendó al director del Instituto Nacional Agrario final Cómo dialogar con los sindicalistas de esa institución.

Dijo Manuel Vázquez como presidente de la junta directiva central del SITRAINA, que Espinal llamo dos veces ayer a los sindicalistas para ponerse de acuerdo y comenzar las pláticas la próxima semana.

Los dirigentes habían expresado que el director agrario rehuía a las pláticas para solucionar la problemática interna que se vive en la institución, pero ayer accedió hacerlo en las oficinas de la Central General de Trabajadores el jueves próximo.

Eso fue la recomendación que le dio al director del INA el presidente Azcona, dijo Manuel Velázquez.

La divergencia entre los sindicalistas y la autoridades agrarias tiene su punto de partida a una anunciada reestructuración en la institución que causaría el despido de unos 900 empleados.

"LA TRIBUNA" 28 DE NOVIEMBRE DE 1987.

Opinión editorial
NI LAS GALLINAS PONEN

VOLVIERON a dejar todo para el último momento. ¿Eso fue lo que aconteció con el arancel, con el informe del contrato suscrito por la empresa Nacional de Energía Eléctrica, con la aprobación del Presupuesto General, el decreto de prórroga a las alcaldías, la reforma constitucional para fijar el número de diputados, el arreglo para permitir a los designados que puedan ocupar ministerios?.

En dos sesiones kilométrica que rompen el récord de los maratones acostumbraba en el Congreso Nacional, metieron todas esas leyes importantes, y muchos más.

¿Es posible que más de 24 horas continuas de tareas sin cesar, puedan los diputados aprobar con responsabilidad semejante paquete legislativo? El arancel qué es un documento técnico, complicado, confundido, que toma meses elaborarlo, que cambia todo un esquema en la política arancelaria del país, fue discutido como quién reparte confites. A esto pongámosle tanto ya lo otro quitémosle. A la "zumba marumba". "¿Te parece dejarlo en 20 o le aumentamos a 25?". Con qué criterio, Con qué conocimiento, bajo qué fundamento? y una vez aprobado el arancel viene el período de la reconsideración.

La hora feliz o como suelen decir los gringos "happy hour", cuando todo entra la garduña, se sirven los platos hasta donde cargue la barriga del cristiano.

Y así, paso uno de los instrumentos económicos más importantes para el país, no porque lo queríamos nosotros, sino porque el AID así lo exigida para continuar aflojándonos el suero indispensable que mantiene al aspirante a difunto, moribundo. Eso fue lo que dijeron nuestros líderes, que habían que aprobar ese arancel por exigencia de "AID". En un país más digno el argumento es otro: Vamos a probar esto porque es lo que conviene al interés nacional". Pero entre nosotros, que ya perdimos el pudor resulta lo más natural proclamar, sin pena y sin gloria, que lo hacemos para complacer al tío de ojos claros y pelo rubio.

Y sobre la discusión del presupuesto ni hablar. ¿Para qué tanta pantomima en ese Congreso que aparentar que es soberano? Si ya los socios del pacto habían convenido de previo lo que al fin salió. Que le quitaron al presupuesto 150 millones para ir atacando el horroroso déficit fiscal? Paja, compadre para engañar incautos. El déficit sigue vivito y coleando, muerto, quizá, de la risa, porque los socios del PUN le hicieron ni cosquilla.

Así que nos volvió a pasar. A última hora dejaron lo importante. ¿O será que el presidente del Congreso es tipo vivo y audaz? ¿Qué mejor forma para que la cámara pase todo sin tocar tablita que tener a los pobres diputados cansados, hambrientos, sedientos, taciturnos, confundidos, pensativos, roncos, indispuestos y en último caso, hasta dormidos? es gallo este Montoyita. ¿Quién le iba a respingar a los tres de la madrugada? si ni Azcona chistó cuando le arrebataron los cuatro millones que tenía para subsidios, peor para que los diputados pusieran "peros" a lo que les fueron metiendo, suavecito, con vaselina, proyecto sobre proyectos, dictamen sobre dictamen, resolución sobre resolución.

Viernes por la noche, y todo el día sábado, pasó la procesión de leyes, ahogadas por el ruido carnavalesco que impera en el hemiciclo de diputados, por el bullicio de la chercha, que silencia cualquier debate esporádico que acontezca en la cámara.

Y más allá, en las afueras quién se dio cuenta de lo sucedido, si de las 11 de la noche en adelante las emisoras no transmiten, de seis a diez, pasan fútbol; y a la una de la madrugada hasta los gallos están dormidos?

Y hoy lunes, es la clausura. hoy lunes Azcona pronuncia un mensaje medio tedioso para felicitar al Congreso por la misión cumplida. Hoy lunes, Como todos los lunes, ni las gallinas ponen.

"LA TRIBUNA". 30 DE NOVIEMBRE DE 1987

Editorial
PRESIDENTE ALAN GARCÍA LLEGA A NUESTRO PAÍS

Llega mañana nuestra patria el presidente de la República de Perú, el doctor Alan García, procedente de México en donde sostuvo un encuentro con siete de sus colegas latinoamericanos Con quiénes realizó un análisis de los conflictos que presenta la región y sobre la solución previsible de los mismos bajo una óptica de optimismo y de buena fe.

Su estadía en Tegucigalpa nos llena los hondureños de Gran esperanza en función a los altos intereses del mundo latinoamericano, hoy sometida a grandes presiones internas y externas. Nuestro pueblos, en su enorme mayoría, alumbrados por los mismos signos históricos, sociales, económicos y culturales, que nos hacen una gran nación dividida, se encuentran inmersas en el Torbellino de quienes nos encontramos marginados de los procesos sofisticados de la ciencia y la tecnología, de los procesos económicos y políticos que producen bienestar y Justicia social y que ubican a sus colectividades sociales en una actitud de conquista ante la inconmensurable profundidad de la galaxias.

Efectivamente, los latinoamericanos, desde nuestro nacimiento a la vida institucional organizada e independiente de los españoles, hemos sido sacudidos, una y otra vez, por caudillos civiles y militares y en medio de leyendas demagógicas alusivas a la dignificación de las masas, a su progreso y a su derecho por la autodeterminación. Ante cada grito de montaña y tropel de caballos, nuestro pueblo ha ido saltando en el tiempo, sin una proyección ordenada pero alimentando a los grupos oligárquicos, a las autocracias y a las plutocracias formadas con la explotación de nuestros recursos naturales.

Ahora mismo nuestra América Central, sentimos la incomprensión e indiferencia, en el mejor de los casos, de los máximos dirigentes de la democracias mayores de América Latina por nuestro Porvenir y por la lucha que hoy sostenemos para mantener vigente la fe en el sistema democrático y en su enriquecimiento y fortaleza. Es indudable que la suerte en las pequeñas y débiles democracias centroamericanas ante la lucha que plantea el expansionismo soviético, Estaba sin nada por el abandono Y es indiferentismo que ha sido de los látigos más crueles que inventamos los latinoamericanos como principio de nuestras relaciones entre Estados y como hombres.

Se nos ha pedido en esta década que nos enfrentáramos desnudos e inermes ante los poderosas líneas de los frentes ideológicos y armados de los soviéticos; líneas enfundadas artificiosamente los trajes tropicales de los sandinistas, condenándonos además por nuestra amistad y por el creciente fortalecimiento de nuestras relaciones con los Estados Unidos de América, factores estratégicos que nos impuso el Patriotismo a favor de la supervivencia de la libertad y la paz. A esto fuimos instalado por algunas de nuestros hermanos que estaban ajenos al drama interior de nuestras sociedades o por el solo hecho de resentir un trato justo con los norteamericanos, resentimiento que muchas veces es factor concurrente en crisis latinoamericana como las que hoy vivimos los centroamericanos solo para hacer más daño, precisamente a quienes somos Víctimas de una historia artificialmente elaborada por los grandes dominadores del mundo.

Los hondureños vemos en usted señor presidente de Perú a un exponente de las nuevas generaciones de latinoamericanos que no tienen nada que ver con el tradicional pensamiento político. Por eso miramos su Clara lucha en contra de quienes se han alzado en armas instigados por el mismo motor que promueve estas alteraciones armadas en el mundo, sabedores, desde luego, que la pobreza Total como efecto de la injusticia, es una bandera más de esta lucha ideológica de la otra Roma imperial que usted no señala ni toca pero está presente, tratando de influir en favor de sus intereses egoístas de potencia, en cada instante que viven nuestros pueblos.

Ojalá que usted pueda triunfar en su guerra contra la injustificada pretensiones de una guerrilla sanguinaria que no tiene parecido en sus métodos de lucha con ningún otro movimiento marxista-leninista en nuestra América. Igual satisfacción tendríamos que usted derrotar a la Pobreza y la dependencia que viene sufriendo Perú, mediante las metas de su programa económico de emergencia elaborado hasta para 1990 y que son: aumentar la producción y el empleo de todos sus recursos productivos y reducir drásticamente la marginalidad económica, social, política y cultural de las poblaciones Rurales y urbanas de menores ingresos.

Será un triunfo que nosotros los hondureños compartiremos con la nación hermana si usted continúa controlando la inflación en la medida que usted la redujo y que el producto interno bruto continúe su ascenso y expansión promovido por la creciente demanda interna. Igualmente hemos de disfrutar su éxito si logra reducir el enorme déficit fiscal del gobierno, conciliándolo con la posible transformación del duro congelamiento de precios que ha impuesto en los artículos de primera necesidad con la caída de los precios de sus principales productos en el mercado internacional, factores estos últimos que atentan contra su plan de devaluación monetaria fijada por su gobierno en un 30 por ciento anual con los grados de control inflacionario que usted pretende.

Admiramos su Temple señor presidente Y seguramente con su pueblo y con la fuerza de la producción peruana anhelamos la clausura de una prolongada historia latinoamericana, caracterizada por el militarismo (propugnado y conducido por civiles y generales) y la demagogia. Dios ha de querer con lo mejor de sus hijos en estas tierras nuestras de un nuevo espíritu progresista, disciplinado en la obra crisis de las restricciones y el empobrecimiento, triunfo sobre una historia de entrega, improvisación, mentiras y media verdades, que hombres refractarios, se resisten a cambiar. Finalmente nos sentimos orgullosos que usted alivia esta tierra del primer panamericanista, el sabio Don José Cecilio Del Valle.

"EL HERALDO". 30 DE NOVIEMBRE DE 1987, OPINIONES

MAÑANA ARRIBA PRESIDENTE DEL PERÚ

TEGUCIGALPA.- el presidente de Perú, Alan García, arribará mañana Tegucigalpa para dialogar con el presidente José Azcona hoyo sobre el avance del acuerdo de paz Esquipulas II y la necesidad de la solidaridad de los países latinoamericanos para enfrentar la deuda externa.

Hasta el momento se desconoce la hora de llegada del presidente peruano, Pero ha trascendido que mañana mismo se marchará del país.

Alan García realiza su visita a Honduras después de participar en México en la primera reunión cumbre de los presidentes de los países que integran el Grupo de Contadora y el Grupo de Apoyo. (TDG).

"TIEMPO". 30 DE NOVIEMBRE DE 1987

MAÑANA LLEGA ALAN GARCÍA

El presidente peruano, Alan García, visitará mañana Tegucigalpa para sostener conversaciones con su colega hondureño, José Azcona Hoyo.

García estará en Honduras por espacio de unas cinco horas tras participar en la reunión cumbre de mandatarios latinoamericanos celebrada el pasado fin de semana en México.

Las conversaciones entre García y Azcona se referirán a las gestiones de pacificación centroamericana derivadas del compromiso firmado en agosto pasado por los presidentes de la región.

Perú forma parte del Grupo de Apoyo a Contadora en compañía de Brasil, Argentina y Uruguay. Dicho grupo fue integrado a propuesta del presidente García en su discurso de toma de posesión el 28 de julio de 1985.

García es el presidente más joven de la historia peruana ya que asumió el cargo a los 36 años de edad. Obtuvo en las elecciones generales de su país más del 50 por ciento de los votos al ser postulado por la Alianza Popular Revolucionaria Americana (APRA).

Además del tema de la pacificación centroamericana, los presidentes de Perú y Honduras abordarán aspectos de orden bilateral, entre ellos la posibilidad de incrementar Los acuerdos en materia cultural y de cooperación técnica.

La visita del mandatario peruano será correspondida por el presidente Azcona en 1988, según Se confirmó el pasado fin de semana.

"EL HERALDO". 30 DE NOVIEMBRE DE 1987

1 DE DICIEMBRE DE 1987. "LA PRENSA"

José Azcona del Hoyo:
HEMOS PROPICIADO ENTENDIMIENTO EN LOS SECTORES ECONÓMICOS Y SOCIALES

TEGUCIGALPA.- (Por Faustino Ordóñez Baca).- el presidente José Azcona Hoyo, dijo ayer que no obstante la sensibilidad social y humana de los parlamentarios que los lleva a recoger toda iniciativa, proveniente de cualquier sector de la comunidad, es conveniente examinar minuciosa y lógicamente las propuestas para poder legislar con acierto.

73

El mandatario se expresó así en los actos de clausura de sesiones del Congreso Nacional, correspondiente al período de 1987.

Azcona habló sobre el tema de economía, las funciones de los tres poderes del estado y las relaciones entre sí, dentro de los cuales han habido alguna discrepancias, Pero qué "no significa ni ninguna manera anarquía o dispersión del régimen".

"En consecuencia, la discrepancia pública debe tomarse como un mecanismo democrático, que permite encontrar soluciones prácticas a los objetivos que hemos propuesto alcanzar, en la permanente búsqueda de la felicidad del pueblo", subrayó el gobernante.

Hablando para unos 130 diputados, el cuerpo diplomático acreditado en nuestro país, el gabinete de gobierno y la oficialidad de las Fuerzas Armadas, el jefe del ejecutivo resaltó que no es tarea fácil el mantenimiento y la promoción de un orden de cosas, en el caso dirigido a cimentar El Progreso y el bienestar, si no Buscando el consenso por el diálogo, el entendimiento y la negociación.

Precisó que no es una tarea fácil porque "cuando se vive un clima de irrestrictas libertades, los representantes de todos los sectores de la nación, plantean reclamos que muchas veces no es posible satisfacer".

"En este sentido, ilustró, el gobierno ha propiciado y sostiene un permanente encuentro de cooperación y de entendimiento con los sectores económicos, laborales y sociales".

Según Azcona, su gobierno mantiene "una práctica constante de la honestidad", en el manejo de la Administración pública y está promocionando un vivo estímulo las actividades productivas, además que ha manifestado siempre su preocupación por la salud y la educación.

El gobernante recordó a los diputados que les ha seguido con "sumo cuidado", cobertura su trabajo es lo atinente a la emisión de leyes que contienen por objeto favorecer, y legitimar las aspiraciones del conglomerado nacional.

Haciendo alusión a la forma cómo se ha legislado afectando los ingresos Fiscales Del estado, el presidente admitió que "esto se hace por el afán de servir, Cada día mejor, al pueblo que los eligió con su voto y su conciencia".

Los presidentes de los tres poderes del Estado ayer en los actos de clausura del período legislativo. (Foto Salinas).

Los vehículos aparcados en los alrededores del Congreso Nacional son inspeccionados por los encargados de los perros amaestrados. (Foto Oswaldo Ramos).

[Editorial]
RELACIONES INTERNACIONALES

Dentro de las relaciones internacionales, a pesar de que Honduras es el país que más se ha identificado con la política de los Estados Unidos en el área, recibe menos asistencia económica En comparación con otros países de la región como Costa Rica y el Salvador.

Los miembros del staff del comité de asignaciones del Congreso de los Estados Unidos, han recomendado reducir drásticamente la ayuda directa a Honduras para el año de 1988, mientras proporcionan un tratamiento preferencial a El Salvador, Costa Rica y Guatemala.

En efecto, de la ayuda económica de 100 millones de dólares, que había sido solicitada por la administración Reagan, los funcionarios del Comité de Apropiaciones, solamente recomiendan $75 millones, mientras que la ayuda militar solicitada de 80 millones de dólares tienden a reducir la sustancialmente, hasta 35 millones de dólares. Durante 1987 los Estados Unidos de América concedieron a Honduras 81.2 millones de asistencia militar, menos de lo que se asignó a El Salvador.

Mientras el bloque soviético concedió el año pasado el gobierno sandinista, de acuerdo con declaraciones del propio presidente de los Estados Unidos, Ronald Reagan, más de 1,200 millones de dólares en ayuda básicamente militar.

En 1987 la ayuda económica de los Estados Unidos a Honduras fue de 131.6 millones de dólares, divididos en 40.3 millones en asistencia para el desarrollo, 70.8 millones en asistencia para estabilización económica, y 14.9 millones correspondientes en ayuda alimentaria.

Que la ayuda económica de 1987 todavía se encuentran pendientes 20 millones de dólares, en donaciones para encontrar la solución del problema a las demandas de Temis Ramírez de Arellano. Cómo fue planteado en el reciente editorial, " Ojalá el poder ejecutivo actúe con diligencia, seriedad y tino, para salir de este embrollo y establecer un precedente que asegure que no habrá nuevos "temistazos" ni acciones que oscurezcan la imagen del país, como nación respetuosa del derecho, la propiedad y la inversión.

Mientras la ayudo económica a Honduras, recomendada por el staff del comité de asignaciones, se sugieren 75 millones de dólares para 1988, la asistencia propuesta para Costa Rica es de 90 millones, para El Salvador se recomiendan 165 millones, y para Guatemala 80 millones de dólares.

Debe subrayarse que la cuantía en ayuda para 1988, no ha sido aún discutida por el Comité de Asignaciones propiamente dicho, ni mucho menos por el Senado en pleno, sino que son recomendaciones del 'Staff'. Para saber cómo han de quedar En definitiva los montos de asistencia hablemos de esperar a que el asunto sea debatido y aprobado En los niveles de autoridad parlamentaria. Esta precisión es importante para evitar serios errores de interpretación.

Estas cifras preliminares permiten reflejar, empero, la situación que vive Honduras en cuanto a las negociaciones internacionales, con su principal Aliado que son los Estados Unidos de América. Si deseamos que nuestro país sea el factor de balance, es importante que la antagonismo y la división existente en los sectores económicos, sociales y políticos puedan solucionarse.

El liderazgo político hondureño debe encontrar soluciones realistas a los problemas existentes, en base a los grandes objetivos nacionales, para que podamos vivir con libertad y democracia y salir de las honduras en que estamos.

Desde estas páginas editoriales hemos insistido que la ayuda externa debe ser complementaria al esfuerzo Nacional del desarrollo.

Sin embargo, en los últimos años por falta de coordinación y una mejor capacidad negociadora en sus relaciones internacionales, Honduras no ha recibido la cooperación externa al desarrollo que demanda la situación actual.

Por ello, Es necesario que a los esfuerzos que realiza el Congreso Nacional en Washington, para las relaciones internacionales del país, se sumen los esfuerzos de otros hondureños en el exterior, especialmente para convencer al Congreso de los Estados Unidos de la importancia de Honduras, como factor de balance en el área centroamericana.

Hasta ahora, solamente el presidente José Azcona y algunos miembros del poder legislativo, han participado planteando los problemas de Honduras, en las audiencias del Congreso de los Estados Unidos. A este esfuerzo se debe sumar el de otros compatriotas que estén interesados en mejorar las relaciones internacionales de nuestro país.

"LA PRENSA". 1 DE DICIEMBRE DE 1987

[AZCONA]
INCONGRUENTES LOS DIPUTADOS

TEGUCIGALPA.- El presidente de la república José Azcona dijo en el Congreso nacional que la preocupación de los diputados por el aumento del déficit fiscal resulta incongruente, pues estos mismos aprueban leyes que reducen los ingresos del Estado.

"Compartimos plenamente la preocupación de los señores diputados con relación al déficit fiscal, aunque con toda franqueza debo expresar que algunas veces se observa incongruencia entre dicha preocupación y la emisión de leyes que reducen los ingresos del Estado", dijo Azcona ayer en su discurso de clausura del segundo periodo de las sesiones del poder legislativo.

A continuación reproducimos algunos conceptos del discurso del mandatario:

El propósito sincero de consolidar las estructuras republicanas, ha guiado nuestras acciones en el poder, y es un hecho cierto, e inequívoco, que hemos logrado en gran medida aquel propósito y que al mismo tiempo estamos desarrollando continuados esfuerzos para ampliar el campo de las operaciones en el orden de las estructuras económicas, políticas, sociales, espirituales y culturales del país.

Hemos retomado, en nuestras decisiones, el principio de la reivindicaciones populares que le dan concepto al sentido de la democracia, y hemos obtenido provechosas conclusiones para los sectores implicados en el trabajo, en la inversión, en la política y en la generalidades propias de un país en vías de desarrollo y en vías de perpetuar en nuestra historia un modo de vida enteramente compatible con la vocación humana hacia la libertad y la dignidad.

Puedo asegurar, con la más alta moral, que el ejercicio democrático de los poderes públicos, nunca en nuestro país, había sido tan singularmente apegado a la doctrina republicana de la independencia, la cooperación no subordinada y el resto los intereses tan sagrados de nuestro pueblo.

Considero oportuno referirme a este punto. A veces, en el ejercicio democrático de sus facultades legales, los poderes públicos han discrepado un criterio relativo al modo de tratar los asuntos específicos del pueblo y del Estado. Esas eventuales confrontaciones dialécticas no significan de ninguna manera, anarquía o dispersión del régimen.

La forma de discutir los asuntos públicos sin limitaciones de subordinación o de temor, pone de manifiesto que en nuestro país los poderes estatales, así como el pueblo, que ejercen con gran amplitud el principio más significativo de la democracia, el principio de la Libertad.

En consecuencia, la discrepancia pública debe tomarse como un mecanismo democrático que permite encontrar soluciones prácticas a los objetivos que nos hemos propuesto alcanzar, en la permanente búsqueda de la felicidad del pueblo.

Señores Diputados:

Quiero resaltar además, que no es una tarea fácil el mantenimiento y la promoción de un orden de cosas dirigidas y mental y progreso y el bienestar, acudir a las decisiones autoritarias, sino buscando el consenso por el diálogo, el entendimiento y la negociación.

No es una tarea fácil, porque cuando se vive en un clima irrestrictas libertades, cuando el respeto a las leyes y el comportamiento democrático Son normas permanentes en la conducta de los gobernantes, los representantes de todos los sectores de la nación plantean reclamos que muchas veces no es posible satisfacer, siendo así que cotidianamente se establece una lucha de convencimiento y de persuasión para que los sectores públicos y privado, puedan congeniar en el fomento de una política en donde el bien común tenga un evidente predominio.

En este sentido el gobierno propiciado y sostiene un permanente encuentro de cooperación y de entendimiento con los sectores económicos, laborales y sociales; mantiene una práctica constante de la honestidad en el manejo de la administración, promocionan un vivo estímulo las actividades productivas; y su preocupación e interés por la salud o la educación, son prioridades de reivindicación para el país.

Esas leyes, con algunas excepciones, se han emitido en consonancia a los planes del gobierno en materia de desarrollo económico, tributario, fiscal o administrativo. La receptividad de este soberano Congreso para recoger las iniciativas, ha trascendido a veces sus atribuciones más específicas; pero comprendemos, sin embargo, que esto se hace por el afán de servir, cada día mejor, al pueblo que los eligió con su voto y con su conciencia.

Nos consta el esfuerzo tesorero de las distintas comisiones para evacuar con propiedad y con eficiencia las labores más especializadas y técnicas, así como el trabajo esforzado de todo el pleno para cumplir su responsabilidad legislativas.

Sin embargo, estimamos que para legislar con acierto, es conveniente el examen lógico y minucioso de las propuestas, descartando incluso aquellas que pueden representar la injerencia en las atribuciones propias de otros poderes del estado.

Compartimos plenamente la preocupación de los señores diputados con relación al déficit fiscal, aunque con toda franqueza debo expresar, que algunas veces se observa incongruencia entre dicha preocupación y la emisión de leyes que reducen los ingresos del estado y de otras leyes que aumentan los ingresos, llegando incluso en algunos casos a fijar porcentualmente importantes partidas de egreso en el presupuesto de la nación.

Señores Diputados:

Justo es reconocer el intenso trabajo que ustedes han desarrollado, pues en la legislatura que hoy culminan sus labores, Este soberano Congreso ha emitido, alrededor de dos centenares de decretos.

En conjunto esas leyes integran una reforma profunda del modelo administrativo, Financiero, económico y fiscal, que durante muchos años había permanecido estancado, provocando como secuela el inmovilismo del desarrollo, la estabilidad del atraso y la profundización de la dependencia.

El presidente José Azcona Hoyo cuando hablaba ayer del cierre de sesiones de 1987 del Congreso Nacional.

"TIEMPO". 1 DICIEMBRE 1987

LOS MEDIOS SE OLVIDAN DE INFORMARA AL PUEBLO SOBRE NUESTROS VERDADEROS LOGROS: MONTOYA

TEGUCIGALPA.- el presidente del Congreso Nacional, Carlos Montoya, sé que fue ayer por las críticas que se formula a ese poder del Estado diciendo que únicamente se le señalan los errores, pero "se soslayan los grandes aportes a la patria y a su instituciones".

Montoya en su discurso en el Palacio legislativo dijo que los que "hemos asumido en esta nueva era de la república, la responsabilidad es que nos competen, lo hacemos con espíritu, Con sinceridad de propósitos, con energía en la acción, con responsabilidad ciudadana y con plena identificación con los anhelos y aspiraciones del pueblo hondureño".

"Algunas veces, sin embargo, se juzga nuestra actuaciones por las pequeñas fallas y se soslayen los grandes aportes a la patria y sus instituciones. Los medios de comunicación resaltan las excepciones y se olvidan en algunos casos de informar al pueblo Hondureño de nuestros verdaderos logros".

También señaló la aprobación del nuevo arancel, la ley de aduanas y disposiciones como la del minusválido y otras para prevenir el alcoholismo, drogadicción y farmacodependencia.

Dijo que no ha trascendido al pueblo que el Congreso Nacional "ha abierto sus puertas a los diferentes sectores nacionales" y que las comisiones parlamentarias se reúnen con diferentes sectores para conocer su opinión frente a situaciones concretas.

"Por primera vez se llaman al Congreso Nacional, a todos los sectores organizados para que emitan opiniones antes de la emisión de leyes que pudieran perjudicarlos", dijo.

Que el actual Congreso es "eminentemente deliberativo" y que en la presente legislatura "ha quedado demostrado el interés del Congreso de la república en un problema tan importante como el creciente déficit fiscal".

En ese sentido indicó que el Presupuesto Nacional fue objeto de minucioso y responsable análisis.

"Antes reclamaban excepción responsable del Congreso para reducir gastos, para ordenar nuestros proyectos de inversión en un orden de prioridades lógico, pero sobre todo acorde con los escasos recursos disponibles, ahora critican nuestras acciones".

Refiriéndose a los 153 millones reducidos al presupuesto enviado por el gobierno, dijo "la de baja no son producto de una acción improvisada, sino que el resultado del Análisis comparativo con los niveles de ejecución de 1987.

Sostuvo que cuando este Congreso ha emitido decretos que alguno interpretan como elementos de agudización del déficit fiscal, lo hemos hecho, con actos de Justicia tributaria".

Dijo que el Congreso Nacional ante la situación "peligrosamente convulsa" de América Central no puede estar indiferente, y que se respalda el acuerdo de paz de Guatemala "porque creemos que es un esfuerzo viable para la paz".

Indicó como prueba de apoyo a este esfuerzo de paz, la aprobación de la amnistía general. Montoya, aludiendo a los constantes viajes de los congresistas, dijo que "hemos puesto en práctica una provechosa política e internacionalización de las relaciones del Congreso Nacional". (GP)

MEJORA HONESTIDAD DESDE LA JUSTICIA: JIMÉNEZ

TEGUCIGALPA.- El presidente de la Corte Suprema de Justicia Salomón Jiménez Castro está "produciéndose óptimos frutos" en el mejoramiento de la administración de justicia.

"ha sido nuestra mayor preocupación identificar los problemas que confronta el poder judicial. Tal propuesta constituye nuestro fundamental que hacer y está produciéndose óptimo frutos con el mejoramiento de la administración de la justicia, mediante la selección de buenos funcionarios y la preparación de colaboradores subalternos" dijo.

Jiménez Castro aseguró en su discurso en el parlamento que además de la capacidad de los funcionarios judiciales, están mejorando en lo que respecta la honestidad.

Dijo que no se puede olvidar el estado físico del prolongarlo de algunos edificios donde funcionan Cortes de Apelaciones, juzgado de Letras y de Paz en diferentes departamentos del país.

Indicó que la reparación de estos inmuebles representa una fuerte erogación y que la corte con las limitaciones presupuestarias que enfrenta se ve obligada a solucionar este problema paulatinamente.

El funcionario Judicial dijo que se está implementando mecanismos como la carrera judicial, se estudia reformas a la ley de la organización y atribución de los tribunales para agilizar la aplicación de la justicia.

PRESIDENTE ALAN GARCÍA ARRIBA HOY A TEGUCIGALPA

TEGUCIGALPA.- acompañado de 25 periodistas arriba de esta ciudad del presidente de Perú Alan García, quien permanecerá Por espacio de 5 horas como parte de una gira que realiza por los países Centroamericanos para conocer el avance del proceso de pacificación.

Hace una semana estuvo en nuestro país el gobernante Uruguay, Julio María Sanguinetti, en visita oficial.

La llegada de García, quien procede Nicaragua hasta donde llegó luego de asistir a la Cumbre latinoamericana celebrada en México, que está prevista para las nueve con 30 minutos de la mañana al Aeropuerto Internacional de Toncontín y será recibido por el presidente Azcona.

En la embajada peruana se informó que García, Además del numeroso gremio de comunicadores sociales, viene acompañado de suministro de relaciones exteriores, Alan Walker, el director de protocolo, Jorge Gordillo, y el jefe de la Casa de Gobierno, general Luis Palomino.

Después de la ceremonia de bienvenida, el dignatario peruano se trasladará con Azcona a la casa presidencial En donde será condecorado con la "Orden de Morazán" " Gran Cruz Placa de Oro" y el presidente Azcona recibirá la Orden de Sol, "Gran Cruz Brillante". Los cancilleres harán lo mismo.

Ante los presidentes y el jefe de las fuerzas armadas, general Humberto Regalado Hernández, se entrevistarán en privado para dialogar sobre los compromisos de Esquipulas II y la posición hondureña orientada a la consecución de una paz firme y duradera en la región.

García, que asumió el poder en Perú el 28 de julio de 1985, cuando tenía 35 años, es el presidente más joven de América y representa a la Acción Popular Revolucionaria Americana (APRA), agrupación política que luchó 60 años para llegar al gobierno.

El presidente peruano Es doctor en derecho y en ciencias políticas, con estudios de posgrado realizados en París.

"LA PRENSA". 1 DE DICIEMBRE DE 1987

Alan García.

HAY QUE DAR EL EJEMPLO LE DICE ALAN GARCÍA A AZCONA

TEGUCIGALPA, Honduras.- El presidente de Perú, Alan García (izquierda), en el aeropuerto de Toncontín con el mandatario hondureño, José Azcona Hoyo y el jefe de las fuerzas armadas Humberto Regalado Hernández, cuando pasaba revista las tropas hondureñas que le rindieron honores militares a su arribo al país. Al fondo un grupo de niños le daban la bienvenida. Más información, páginas 4,5 y 36.

"TIEMPO". 2 DE DICIEMBRE DE 1987

HOY LLEGA ALAN GARCÍA

El presidente de Perú, Alan García, llegará hoy a Tegucigalpa a las 9:30 de la mañana, para intercambiar impresiones con su colega hondureño José Azcona Hoyo sobre el proceso de paz en Centroamérica.

Alan García, que viene acompañada del canciller peruano, Alan Wagner, y 25 periodistas, visita Honduras después de participar en México en la Cumbre de presidentes de los países que integran el Grupo de Contadora y el Grupo de Apoyo.

El mandatario peruano será recibido por el presidente Azcona en el aeropuerto de Toncontín, de donde ambos mandatarios se dirigirán directamente a la Casa Presidencial para sostener una reunión privada.

Según el programa, a las 11:30 a.m. el presidente Azcona le impondrá la condecoración "Orden del General Francisco Morazán, Grado de Gran Cruz Placa de Oro" a Alan García, y este a su vez, condecorará a Azcona con la "Orden del Sol, Gran Cruz con Brillante".

Así mismo el canciller Carlos López Contreras con decorará al canciller peruano con la "Orden del General Francisco Morazán, Grado de Gran Cruz, Placa de Plata", y López Contreras será condecorado con la Orden del Gran Sol Gran Cruz".

Después de los actos de condecoración, que se llevarán a cabo en el Salón Rosado de la Casa Presidencial, ambos mandatarios almorzarán juntos en compañía de 90 invitados, entre ellos el jefe de las fuerzas armadas, general Humberto Regalado Hernández; el presidente del Congreso Nacional, Carlos Orbin Montoya; el presidente de la Corte Suprema de Justicia, Salomón Jiménez Castro, y el arzobispo de Tegucigalpa monseñor Héctor Enrique Santos.

Para las 2 de la tarde está programada la conferencia de prensa que ofrecerán los dos mandatarios, en la cual expondrán sus criterios sobre el avance del acuerdo de paz Esquipulas II y algunos problemas que enfrenta Latinoamérica, especialmente la deuda externa.

Después de la conferencia de prensa, el presidente Alan García se manchará del país rumbo a Costa Rica, donde se entrevistará también como presidente Oscar Arias Sánchez. (TDG)

"TIEMPO". 1 DICIEMBRE 1987

Alan García.

Ratifica Azcona:
DIPUTADO REDUCEN INGRESOS DEL ESTADO

"La discrepancia pública debe tomarse como un mecanismo democrático que permite encontrar soluciones prácticas", expresó ayer el presidente Azcona en la clausura de la presente legislatura del Congreso Nacional. En el acto participaron los miembros del cuerpo diplomático y el gabinete de gobierno así como altos oficiales de las fuerzas armadas. (Foto Salinas). inf. página 4 y 5.

"LA PRENSA". 1 DE DICIEMBRE DE 1987.

CLAUSURA EN SEGUNDA LEGISLATURA

***No hubo flores rojas este año; eran moradas o Azules
***Ausentes muchos dirigentes de las entidades autónomas

La segunda legislatura del Congreso Nacional clausuró solemnemente con una sesión especial que contó con la presencia de los presidentes de la república, y de la Corte Suprema de Justicia, José Azcona y Salomón Jiménez Castro.

De acuerdo con el programa elaborado al efecto con lo que manda el reglamento interno, la conclusión se efectúa de manera solemne con la participación de los tres poderes del estado y todo el engranaje gubernamental, a través de la presencia de los rectores y dirigentes de todas las instituciones estatales.

Estuvieron presentes el Consejo de Ministros, Corte Suprema de Justicia en pleno, Consejo Superior de las Fuerzas Armadas, autoridades civiles de la comunidad representantes de la Iglesia Católica y el Cuerpo Diplomático acreditado en el país, pero se notó la ausencia del gran número de funcionarios que en otras oportunidades han hecho acto de presencia, especialmente dirigentes de instituciones autónomas, de los cuales apenas unos tres llegaron a la celebración.

La sala de sesiones fue adornada con profusión de arreglos florales incluyendo arcos uno de los cuales fue retirado antes de la ceremonia no se sabe por qué, hubo quien protestó porque las flores eran de color azul o morado y no rojas como se ha destilado en otras ocasiones.

Sin embargo, la ceremonia se desarrolló con normalidad, leyendo sus discursos los presidentes de los tres poderes del Estado desde el pódium de la sala y nos sentamos como en otras ocasiones.

Entre los invitados especiales que atrajeron más la atención de los presentes se encontraba el embajador de Estados Unidos, Everet Briggs, John Sambraillo, director de la agencia Interamericana de desarrollo en Honduras, Rafael Leonardo Callejas, presidente del Partido Nacional y el alcalde capitalino, Rodimiro Zelaya Fuentes.

Después de la lectura de los mensajes de los presidentes de los tres poderes se procedió a la aprobación y firma del decreto 215, mediante el cual se declara clausurado el actual periodo de sesiones. El documento fue firmado por todos los miembros de la junta directiva y por los secretarios de estado.

La oportunidad fue aprovechada por altos funcionarios, Incluyendo los diputados, para intercambiar opiniones entre sí, notando eso también la popularidad y el espíritu de camaradería que quisieron demostrar algunos como Rodrigo Castillo Aguilar, que despertó murmullos cuando Fue llamado a firmar, y Efraín Bu Girón, que distribuyó muchos apretones de mano.

Debido a la ausencia de numerosos altos funcionarios del gobierno la parte destinada al público se notaba vacía, pero en la parte exterior y dentro del recinto Se tomaron extraordinarias medidas de seguridad que estuvieron a cargo de la FUSEP, su escuadrón especializado cobras y el cuerpo antibombas, qué inspeccionó el lugar antes de la ceremonia.

Los presidentes de los poderes del ejecutivo, legislativo y judicial, José Azcona, Carlos Montoya y Salomón Jiménez Castro, respectivamente, durante la ejecución del himno nacional ayer durante la clausura de la segunda legislatura. (Foto de Aquiles andino)

El Estado Mayor conjunto de las fuerzas armadas, abandona el Palacio legislativo tras asistir a la clausura del segundo periodo de sesiones del Congreso Nacional. (Foto Aquiles Andino).

Embajadores y otros funcionarios del cuerpo diplomático acreditado
en el país que ayer asistieron a la clausura de la Segunda legislatura
del Congreso Nacional. (Foto Mario Fajardo).

"LA TRIBUNA". MARTES 1 DE DICIEMBRE DE 1987

CAMPO SOLICITADO

1 de diciembre de 1987

**Excelentísimo señor presidente
Ingeniero José Azcona Hoyo
Casa Presidencial, Tegucigalpa**

Estimado Señor Presidente:

Los abajo firmantes Productores/Exportadores de melón, nos vemos obligados a dirigirnos a usted con carácter de urgencia a causa de acontecimientos que ponen en peligro de perder casi la totalidad de la cosecha de melón de la zona sur de este año, rubro que amortiguado en parte las devastadoras consecuencias sociales y económicas causadas por la sequía.

LOS HECHOS

(1) El día viernes, 27 de noviembre, fuimos notificados en forma abrupta y arbitraria por los personeros del departamento regulador de financiamiento externo del Banco Central, sección de Choluteca, que debíamos usar los precios que aparecen en la lista adjunto como varios para repatriar Divisas, bajo amenaza de no extender los respectivos permisos de exportación.

(2) Como verá, dicha nota no fue escrita en papel embrujado del Banco Central; no Porta sello, no indica quién es el firmante, la firma es totalmente ilegible y tampoco cita resolución de autoridad superior alguna.

(3) Ante la persistente negativa los personeros de ese departamento, aceptamos usar bajo protesta escrita esos precios, debido a que dicha medida nos fue impuesta, sin aviso previo, cuando varias empresas dedicadas a la exportación se encontraban con más de 20 (veinte) furgones a ser despachados al día siguiente. De no haber usado dichos precios, esos 20 furgones se hubiesen perdido. Además bien es sabido de los personeros de este departamento del Banco Central que los campos de melón están sembrados, muchos madurando y otros ya en proceso de cosecha.

(4) Bajo ninguna circunstancia podemos aceptar los precios que pretende el DERFE, sección de Choluteca imponernos bajo presión, pues representan precios de mercados terminales y no contemplan que el precio de venta nos vemos obligados a descontar flete marítimo a puertos de Estados Unidos, gastos de desembarque, flete interno en el puerto y gastos de manejo, flete de Porta bodega, gastos de descargue a Bodega, gastos de enfriamiento, gastos de transporte interno del punto de recibo al mercado terminal, comisiones de "brokers", gastos de inspección del USDA/FDA, gastos de fumigación, gastos ocasionados por pérdida o deterioro de fruta.
Tampoco contemplan las fluctuaciones drásticas que se suscitan a diario en un mercado que opera bajo la ley de Oferta y Demanda y otra serie de gastos propios de la Agricultura y Venta de productos frescos y comestibles.

(5) Los productores/exportadores del Melón estamos dispuestos a devorar y sustentar lo que aquí exponemos con la documentación respectiva que ampara lo expresado, pero no podemos aceptar imposiciones bajo presión por parte de personeros del DERFE, que en toda apariencia no desempeña adecuadamente sus funciones.

Señor Presidente, resulta insólito incomprensible que, en este año que usted con tanto atino declaró: "Año de las exportaciones", personeros del Banco Central auténtica nefasta medida. La amenaza con suspender los permisos de exportación, en estos precisos momentos, cuando el melón está en plena cosecha, podría tenerle lúgubres consecuencias sociales.

Señor Presidente: usted fue testigo recientemente de los esfuerzos e inversiones realizadas por una empresa dedicada a la exportación de melón. Cada una de las empresas firmantes han hecho inversiones y esfuerzos similares.

Sería triste y lamentable para un país subdesarrollado como el nuestro, que estos esfuerzos se pierdan, y que las instalaciones montadas se hacen de operar por la miopía, ineptitud y falta de apoyo de algunos miembros de su gobierno y que estas instalaciones permanezcan inactivas como elefantes blancos, testigos y lentes para el evalúo de generaciones futuras.

Atentamente,

(PRODUCTORES Y EXPORTADORES DE MÉLON)

INVERSIONES DEL PACIFICO: P.A.T.S.A:
AGROPECUARIA MONTELIBANO: FEPROEXAAH/COAGROVAL:
HONDEX:
AZUCARERA CENTRAL S.A.   CREHSUL:

Señala Azcona:
CONGRESO SE HA SALIDO DE SUS ATRIBUCIONES

***Golpes del PUN tenían afán de servir, cada día mejor
***Presidente allá en congruencia entre preocupación de los diputados y la emisión de algunas leyes

El presidente José Azcona señaló ayer en la clausura de la legislatura, que el Congreso Nacional "ha trascendido a veces sus atribuciones más específicas", Pero dijo comprender que esto se hace (por parte de los diputados) con el afán de servir, cada día mejor, al pueblo.

Los observadores coincidieron en afirmar que la declaración del presidente era una alusión a la disposición por la cual el poder legislativo quitó al ejecutivo, en el presupuesto de la nación, la atribución de otorgar subsidios para traspasarla al Congreso nacional.

Tal disposición fue acordada por los diputados que conforman el pacto de unidad nacional (PUN) extra-sesiones legislativas, y llevar a la cámara legislativa el fin de semana pasado para que se aprobara, en el contexto de presupuesto a "matacaballo" en una sesión maratónica.

A continuación el discurso en que Azcona hizo su señalamiento:

Señoras y señores:
Deseo, en este acto Solemne, invocar la Constitución de la República, como una forma simbólica de renovar el compromiso que este gobierno tiene con el pueblo Hondureño, de fortalecer, cada día más, nuestro modo histórico de vida y los principios irrenunciables de libertad y de justicia en que se inspiraron nuestros próceres para darle consistencia a esta nación.

El propósito sincero de consolidar la estructura republicana, ha guiado nuestras acciones en el poder, y es un hecho cierto, presente e inequívoco, que hemos logrado en gran medida aquel propósito y que al mismo tiempo estamos desarrollando continuados esfuerzos para ampliar el campo de la operación en el orden de las estructuras económicas, políticas, sociales, espirituales y culturales del país.

Vamos en busca de implementar el bien común y estamos logrando ese objetivo, Qué es fundamental para adelantar el desarrollo armónico de la sociedad hondureña.

Hemos retomado, en nuestras decisiones, el principio de la reivindicaciones populares que le dan sentido el concepto de la democracia, y hemos obtenido provechosas conclusiones para los sectores implicados en el trabajo, en la inversión, en la política y en la generalidades propias de un país en vías de desarrollo y en vías de perpetuar en nuestra historia un modo de vida enteramente compatible con la vocación humana hacia la libertad y la dignidad.

Puedo asegurar, con la más alta moral, que el ejercicio democrático de los poderes públicos, nunca en nuestro país, había sido tan singularmente apegado a la doctrina republicana de la independencia, la cooperación no subordinada y el respeto a los intereses tan sagrados de nuestro pueblo.

Considero oportuno referirme a este punto. A veces, en el ejercicio democrático de sus facultades legales, los poderes públicos han discrepado en criterio relativos al modo de tratar los asuntos específicos del pueblo y del Estado. Esas eventuales confrontaciones dialécticas no significan de ninguna manera, anarquía o dispersión del régimen.

La forma de discutir los asuntos públicos son limitaciones de subordinación o de temor, pone de manifiesto que nuestro país los poderes estatales, así como el pueblo, ejercen gran amplitud el principio más significativo de la democracia, el principio de la Libertad.

En consecuencia, la discrepancia pública debe tomarse como un mecanismo democrático que permite encontrar soluciones prácticas a los objetivos que nos hemos propuesto alcanzar, en la permanente búsqueda de la felicidad del pueblo.

Hay que poner también de manifiesto, que los poderes públicos, que nos confió el pueblo con voluntad libre, están animados por el común espíritu de procurar el mayor bien posible para toda la nación.

Ese es el espíritu de este gobierno y estamos aquí, en este augusto recinto, ratificando ante propios y extraños, nuestro compromiso de trabajar tesoneramente y en todo momento, por mantener inalterable el continuo avance del proceso democrático y por afianzar la institucionalidad republicana.

Señores Diputados:

Quiero resaltar además, que no es una tarea fácil el mantenimiento y la promoción de una orden de cosas dirigido al cimentar El Progreso y el bienestar, sin acudir las decisiones autoritarias, si no buscando el consenso para el diálogo, el entendimiento y la negociación.

No es una tarea fácil, porque cuando se vive en un clima de restrictas libertades, cuando el respeto a las leyes y el comportamiento democrático Son normas permanentes en la conducta de los gobernantes, los representantes de todos los sectores de la nación plantean reclamos que muchas veces no es posible satisfacer, siendo así que cotidianamente se establece una lucha de convencimiento y de persuasión para que los sectores públicos y privados, puedan congeniar en el fomento de una política en donde el bien común tenga un evidente predominio.

En ese sentido el gobierno ha propiciado y sostiene un permanente elemento de cooperación y de entendimiento con los sectores económicos, laborales y sociales; mantiene una práctica constante de la honestidad en el manejo de la administración; promociona un vivo estímulo en las actividades productivas; y su preocupación e interés por la salud o la educación, son prioridades de reivindicación para el país.

Señores Diputados:

Hemos observado consumo cuidado del trabajo del poder legislativo en la emisión de leyes que tienen por objeto favorecer y legitimar las aspiraciones del conglomerado social.

Esas leyes, con algunas excepciones, se han emitido en consonancia a los planes del gobierno en materia de desarrollo económico, fiscal administrativo. La receptividad de Este soberano Congreso para recoger las iniciativas, una libreta ha trascendido a veces sus atribuciones más específicas; pero comprendemos, sin embargo, que esto se hace por el afán de servir, Cada día mejor, al pueblo que los eligió con su voto y con su conciencia.

Nos consta el esfuerzo tesorero de las distintas comisiones para evacuar con propiedad y con eficiencia las labores más especializadas y técnicas, así como el trabajo esforzado de todo el pleno para cumplir su responsabilidades legislativas.

La sensibilidad social y humana de los representantes legítimos del pueblo, los impele a recoger toda iniciativa que proviene de un sector cualquiera de la comunidad nacional, sin embargo, es conveniente el examen lógico y minucioso de las propuestas, descartando incluso aquellas que puedan representar la injerencia en las atribuciones propias de otros poderes del Estado.

Compartimos plenamente la preocupación de los señores diputados con relación al déficit fiscal, aunque con toda franqueza debo expresar, que algunas veces se observa incongruencia entre dicha preocupación y la emisión de leyes que reducen los ingresos del estado y de otras leyes que aumentan los ingresos, llegando Incluso en algunos casos a dejar porcentualmente importantes partidas de egreso en el presupuesto de la nación.

La preocupación del poder ejecutivo sobre este aspecto negativo de nuestra economía, nos ha llevado a tomar, por un lado, estrictas medidas de austeridad y por el otro, acciones muy enérgicas en la percepción de los ingresos, dando como resultado una reducción muy significativa en la relación déficit/producto interno, comparada esta relación con los años anteriores.

Señores Diputados:

Justo es reconocer el extenso trabajo que ustedes han desarrollado, Pues en la legislatura que hoy culmina sus labores, este soberano Congreso ha emitido alrededor de dos centenares de decretos, que tuve la satisfacción de sancionar y que abarcan la más diversas materias, como la comunicación vial, la reforma administrativa, la valoración aduanera, el bienestar social, la política tributaria, los préstamos y la cooperación externa, la rehabilitación de minusválidos, la modernización arancelaria y el servicio exterior.

En conjunto esas leyes integran una reforma profunda del modelo administrativo, Financiero, económico y fiscal, que durante muchos años había permanecido estancado, provocando como secuela el inmovilismo del desarrollo, la estabilidad del atraso y la profundización de la dependencia.

Las leyes emitidas, con las excepciones que ya señalamos, no solamente vienen a dinamizar los procesos económicos y sociales, si no que de manera inmediata, garantiza la tranquilidad pública y la paz social, porque los pueblos solo reaccionan con violencia cuando ven suprimidas sus aspiraciones legítimas de mejorar y de superar la calidad de la vida.

El pueblo Hondureño, cuya representación ostentan con entera legitimidad, señores diputados, tienen fe y confianza en que nosotros, los poderes públicos, no estimaremos ningún esfuerzo, ningún trabajo, ninguna decisión, para lograr el más completo desarrollo de nuestras reservas morales, materiales, cívicas y patrióticas y para cimentar la prosperidad de todos, sobre los fundamentos de la libertad, la justicia, La Paz y la dignidad. Muchas gracias.

El presidente José Azcona señaló ayer en la clausura de la legislatura, que el Congreso Nacional "ha trascendido a veces sus atribuciones más específicas", Pero dijo comprender que esto se hace (por parte de los diputados) con el afán de servir, cada día mejor, al pueblo.

"LA TRIBUNA". MARTES 1 DE DICIEMBRE DE 1987

HAY QUE DAR EL EJEMPLO LE DICE ALAN GARCÍA A AZCONA

***Pide a potencias sacar manos de Latinoamérica

El presidente de Perú, Alan García, en alusión al presidente José Azcona Hoyo, dijo que en el cumplimiento del acuerdo de paz Esquipulas II debe darse El ejemplo antes de exigirle a otro país que cumpla.

Alan García pronunció un discurso en el cual fijó su posición en relación al conflicto centroamericano, después de recibir la condecoración que el presidente Azcona le impuso.

Dicho discurso lo reproducimos a continuación:

Ha dicho usted bien, que la legitimidad de nuestros mandatos nace de la voluntad popular, nace en proceso electorales de participación plena de la ciudadanía y se hace sólida en el ejercicio de las libertades fundamentales.

Esencialmente la del pluralismo político y la libertad de expresión.

No es menos cierto también que en nuestro continente donde hay tanto que hacer política e históricamente la democracia debe abrir un capítulo que no sea solamente el de la participación y de la Libertad, sino también el del bienestar y el de la justicia.

Y es cierto que ese capítulo no podrá lograrse por el camino aislado y dividido que ha estado seguido los pueblos de América Latina, sino consolidando por el contrario una entidad, una patria continental.

La posibilidad de crecer juntos, de articular nuestros destinos y de fijarnos en el futuro metas comunes, y acciones comunes que han de ser las únicas que pueden darnos un sitio en la escena contemporánea, en el diálogo de los grandes y en la solución de los problemas humanos.

Acciones comunes que son las únicas, que podrán permitirnos de un desarrollo soberano, un desarrollo sin tutela, un desarrollo sin debilidades y esencialmente para nuestros pueblos, un desarrollo para el bienestar y para la justicia.

Y porque eso es verdad y lo vamos descubriendo por las fuerzas de las circunstancias queremos la unidad de la América Latina como única bandera Revolucionaria y de libertad que llegue a coronar el esfuerzo de nuestros pueblos y la política que profesamos.

Y porque eso es verdad, nos hemos reunido presidentes de distintos países de América Latina en una cita histórica, por ser una cita de reflexión cuya moraleja ha sido nuestra decisión de actuar en el futuro siempre Unidos. Y es el nombre de ellos que estoy aquí, para traer ese mensaje de solidaridad y de Unión continental, pero esencialmente para traer nuestro mensaje de preocupación y de Esperanza sobre lo que usted ha denominado el conflicto centroamericano.

Porque los secos de ese conflicto llegan a todos nuestros países, que al fin y al cabo siendo una sola patria, sentimos los efectos de las tensiones de los enfrentamientos.

En cada uno de nuestros países, por lejano que esté o por grande que sea, o para alejado que se sienta del problema centroamericano, ese conflicto repercute en la ideología de sus movimientos internos, en el modelo de acción de sus partidos y también en las motivaciones psicológicas de sus autores.

No somos pues ajenos a lo que solo pareciera en el primer término, ser problema de cinco naciones, nos sentimos profundamente comprometidos y fundamentalmente implicados por ese conflicto.

Como latinoamericanos, sentimos las tensiones y los enfrentamientos, pero también nos llegan sus efectos y como latinoamericano no podemos ser ajenos al problema, al dolor y a la preocupación de estos pueblos.

Por eso, integramos los Grupos de Contadora y de Apoyo, con el único y exclusivo propósito fraternal de impulsar soluciones de paz e interponernos antes de intervencionismo de grandes potencias que quisieran hacer de nuestro territorio campo de sus enfrentamientos.

Y apoyamos, un acto de fe en la pacificación y la democracia de Centroamérica a través del cumplimiento del acuerdo de Esquipulas. Y he venido por eso, como hermano latinoamericano a enterarme de la situación y a participar de la preocupación.

Y he recogido el mensaje de quienes tienen las primeras responsabilidades, de que hay una voluntad política de cumplimiento del itinerario señalado por Esquipulas, y que mientras esa voluntad política se mantenga, cualquier obstáculo será pequeño.

En nombre de esa voluntad política, y en nombre de Latinoamérica creo imprescindible queremos pasos firmes y decididos en ese cumplimiento. Me satisface profundamente el diálogo tenido con usted señor presidente, de haber recogido su voluntad de cumplimiento pleno de esos acuerdos que usted suscribió y reconocer que entre nosotros los latinoamericanos aunque nos separen ideologías, debe existir fundamentalmente la fraternidad del hecho primero de ser connacionales.

Entre nosotros, no puede exhibirse solamente la simultaneidad como el toma y daca del que cumple para que al mismo tiempo se cumpla otro compromiso. Entre nosotros debe darse también el paso del ejemplo que fuerza el cumplimiento.

Entre nosotros debe dar el paso de la audacia para enseñar, para hacer la pedagogía de la nación. Vale decir, quién es más responsabilidades tenemos y más demócratas no sentimos, más obligados estamos a dar los pasos iniciales y definidos en ese cumplimiento.

De lo contrario nuestras relaciones, las de toda Latinoamérica en sus diferentes conflictos se verían siempre turbadas por la ansiedad de ver si el otro primero cumplió. Yo estoy seguro, estoy convencido que la voluntad política de los gobernantes de Centroamérica y del señor presidente harán posible ese cumplimiento de toda América Latina espera con ansiedad.

El presidente del Perú Alan García, al momento de condecorar al canciller hondureño López Contreras.

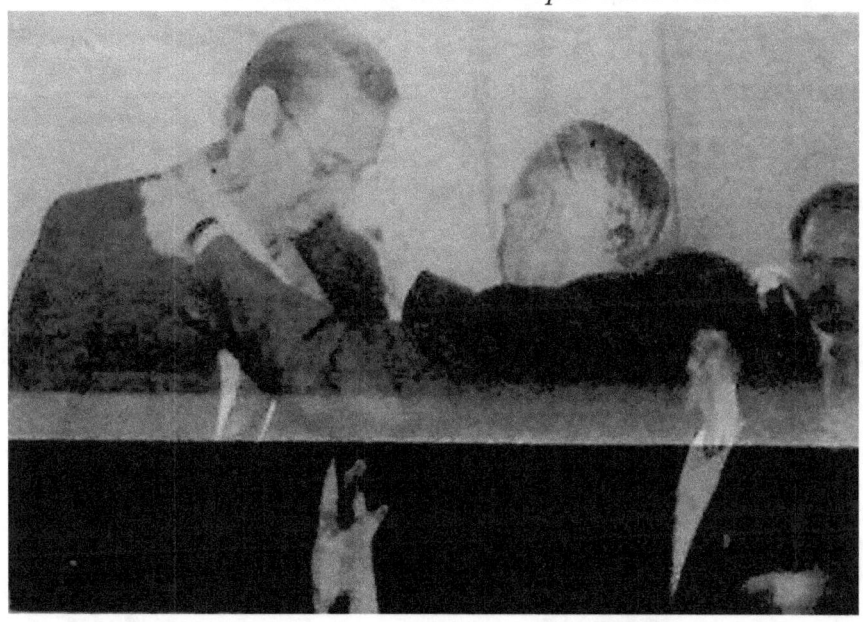

Pero no se cumplirá ese acuerdo solamente por la transacción de ver cuántos metros avanzó el otro para avanzar los mismos metros, si no por la voluntad plena democrática de cumplir, para de esa manera forzaba los otros a cumplir mediante el ejemplo.

Esa es una actitud que va más allá de acuerdos y tratados, es la actitud de la confianza, de la seguridad, de la certeza, de la firmeza de tener respaldos populares y afirmación democrática. Y desde aquí y al agradecer esta distinción de la Orden Morazán al que sentimos también prócer y héroe nuestro, porque es prócer de la unidad, prócer del junta pueblos, para un destino común.

Invocamos en nombre de toda Latinoamérica, al gobierno de los Estados Unidos, cese su ayuda a todo tipo de movimientos irregulares que pongan en peligro el cumplimiento de los acuerdos de Esquipulas. Y quienes no pertenecen a Latinoamérica, Saquen las manos de nuestro continente y nos permitan abordar la empresa de la unión en paz y en democracia, porque solo con la paz los pueblos tendrían derecho a la seguridad y también al bienestar y al pan y por ende a la libertad.

No somos campo de experimentación de nadie, no somos campo de subordinación para nadie, somos países libres, legítimos Y aunque tengamos otras culturas, otros colores, Y aunque seamos producto de otro mestizaje, se nos tiene que respetar en igualdad de condiciones.

Por tanto exigimos todos los latinoamericanos que cese toda ayuda a los movimientos irregulares, cualesquiera sean que se interpongan en el cumplimiento democrático del acuerdo democrático de Esquipulas, entre nuestro presidente de Centroamérica.

Ese es el sentido de esta visita señor presidente, traer en nombre de ocho países que se junta para hacer comunes sus destinos un mensaje de aliento, de solidaridad, de apoyo y de respaldo espiritual y material. En el cumplimiento de la democracia y del alcance de la paz que nuestros pueblos quieren, estaremos juntos a ustedes.

Juntos para asumir la responsabilidad del destino compartido.

Muchas gracias y le ruego extender mi saludo a todo su pueblo.

El mandatario de Honduras impone la Orden de Morazán
a su homólogo del Perú, ayer en Tegucigalpa.

Alan García, presidente de los peruanos, procede a imponer la condecoración al mandatario hondureño José Azcona hoyo.

Responde presidente

HONDURAS VA A CUMPLIR

TEGUCIGALPA.- El presidente José Azcona hoy reaccionó ayer el discurso de su colega peruano, Alan García, diciéndole "tenga la completa seguridad de que Honduras va a cumplir el compromiso de Esquipulas II".

El mandatario agradeció el mensaje de " solidaridad y amor a Latinoamérica que pronunció el presidente García, y le manifestó que " el pueblo de Honduras ama la democracia, la libertad y, sobre todo, ama La Paz, y tenga la completa seguridad que Honduras va a cumplir el compromiso de Esquipulas y que también esperamos que los demás lo cumplan, no para ir marcando pasos en ese tema y daca, pero sí con el sentido opuesto En que si no hay cumplimiento de todos, Va a ser difícil que haya paz para todos".

"Honduras no va a estar viendo quién cumple o no cumple, estamos cumpliendo y vamos a seguir cumpliendo, y le agradezco infinitamente ese optimismo que usted dimana y que pueda contagiarnos a todos En beneficio de nuestra querida Latinoamérica". (TDG)

ORDENA AZCONA

SALVOCONDUCTOS PARA HONDUREÑOS ASILADOS EN EMBAJADA DE MÉXICO

TEGUCIGALPA.- El presidente José Azcona hoyo dijo ayer que ha dado instrucciones al Ministerio de relaciones exteriores para que transmite los salvoconductos a los dos hondureños que están asilados en la embajada de México, Manuel René Valladares Valladares y Alfonso Guerrero Ulloa, si estos rehúsan acogerse al decreto de amnistía.

Sin embargo, un portavoz de la Embajada Mexicana manifestó que la cancillería hondureña no le ha comunicado nada la representación diplomática de México sobre la disposición del gobierno de otorgarle los salvoconductos a Valladares y Ulloa, Quienes se encuentran asilados en la embajada de México, el primero, desde el 18 de agosto, y el segundo, desde el 18 de septiembre del presente año, por razones políticas.

No obstante se supo extraoficialmente que un hondureño que se encuentra aislado en la embajada de España, ya Recibió la autorización de la cancillería para que abandone el país.

El presidente Azcona hizo alusión a los hondureños asilados en la conferencia de prensa que dio ayer, diciendo que su gobierno no ha dado una amnistía amplísima, " yo no creo que se pueda dar una amnistía más amplia en Honduras", agregó.

Señaló que la Comisión Nacional de Reconciliación se encontró en el problema de que" iba a dar una amnistía, pero no había quien amnistiar. En ese caso se pensó que perfectamente ese decreto de amnistía podría coger algunos campesinos que se encontraban presos por actos tipificados como terrorismo".

El mandatario Indicó que no es un paso espectacular que Honduras emite un decreto de amnistía para liberar a 20 o 50 campesinos, como lo sería en Nicaragua si el régimen sandinista emite una amnistía para cancelar a 3,000 o 4,000 guardias somocistas.

"Hay unos asilados políticos, dos en la Embajada Mexicana, y ya hemos dado las instrucciones para que si esta gente no quiere acogerse a la amnistía, que se vaya para México y qué más podemos hacer". (TDG)

"TIEMPO" 2 DE DICIEMBRE DE 1987

GARCÍA EXIGE A REAGAN CESAR AYUDA A "CONTRA"

***Hegemonías norteamericana y soviética retroceden en Centroamérica*
***La región tiene capacidad para solucionar sus problemas*

El presidente peruano Alan García aseguró ayer en conferencia de prensa que la hegemonía de los Estados Unidos de Norteamérica y de la unión soviética va en retroceso en Centroamérica, tras la firma del acuerdo de paz por parte de los presidentes del área en Guatemala en agosto último.

García dijo que Esquipulas II es el producto de un cambio no de la Administración norteamericana, sino en el contexto Mundial de la Administración norteamericana. Somos en este momento testigos de un retroceso de las vocaciones hegemonistas que se dieron tiempos atrás, aseguró el mandatario.

El surgimiento y la administración distinta de la Unión Soviética, el establecimiento de bases más sólidas para la paz y la democracia en Centroamérica, la propia crisis internacional originada en la bolsa de Nueva York son síntomas claros de cómo el hegemonismo va retrocediendo y en este retroceso avanzan los pueblos a concertar sus voluntades, apuntó.

El presidente dijo que parte de esta concertación lo constituye Esquipulas II, que ha sido posible por el retroceso de la hegemonismo en todos sus aspectos.

García reaccionó airadamente ante una pregunta de una periodista nacional que le preguntó si cree que los centroamericanos son capaces de resolver sus propios problemas, o es necesario convocar a una reunión a las potencias para llegar a un acuerdo de paz.

"No me parece una pregunta hecha por un latinoamericano. Los presidentes de Centroamérica tienen absoluta capacidad y responsabilidad para solucionar los problemas que la región vive y para cumplir sus compromisos. Lo que está implícito en la pregunta a mí me merece una contestación rotunda: nosotros no necesitamos convocar a ninguna potencia para solucionar problemas que nos correspondan a nosotros", respondió el presidente.

Y si nosotros nos reunimos con Contadora y su Grupo de Apoyo es para ser solidarios con el proceso del fortalecimiento de la democracia y la paz en esta región. No le hicimos para intervenir sino para respaldar y apoyar, pero fundamentalmente por ser latinoamericanos, dijo.

Ninguna potencia, ni Estados Unidos ni La Unión soviética, pueden tener potestad para tratarnos como si tuviéramos una soberanía limitada y una minoría de edad. He dicho y exijo a la administración norteamericana César su apoyo a los grupos Insurgentes porque están entorpeciendo el cumplimiento de los acuerdos y se Están volviendo principal obstáculo la causa fundamental de recelo y la desconfianza, para que esos acuerdos se cumplan y los pueblos tengan paz, señaló.

Sobre el papel de Sudamérica en la crisis regional dijo que "hemos señalado claramente en Acapulco nuestra disposición a un programa de ayuda social y económica para Centroamérica. En cuanto al aspecto militar lo que hemos citado es el cese del fuego. Respaldamos plenamente aquello que ha sido acordado por los presidentes centroamericanos".

García anunció que en breve plazo van a reunirse con los ministros de economía del grupo de apoyo para hacer un planteamiento de plazos, montos y procedimientos, por los cuales se pueda aplicar el plan de emergencia.

El presidente José Azcona condecora homólogo peruano Alan García, con la Orden de Morazán en el Grado Gran Cruz Medalla de Oro. (Foto de Aquiles Andino).

Momento en que el presidente peruano Alan García acompañado del mandatario hondureño José Azcona habla con los periodistas nacionales y extranjeros, donde le emprendió duramente contra la injerencia de los imperialismos en centro y el resto de Latinoamérica. (Foto de Aquiles Andino)

REAFIRMA PRESIDENTE AZCONA: CUMPLIREMOS CON ESQUIPULAS

El presidente José Azcona lanzó ayer, en conferencia de prensa, ante la presencia del presidente peruano Alan García, una ardiente crítica al gobierno sandinista de Nicaragua y afirmó que en Honduras existe tanta libertad que cualquiera puede llegar a gritar frente a la Casa Presidencial.

Sobre los contras, Azcona reiteró que Honduras va a cumplir escrupulosamente lo pactado en Esquipulas II. En este momento el grueso de los contras, la gran mayoría, se encuentra en Nicaragua, aseguró.

Azcona insistió que vamos a cumplir con nuestro compromiso, pero queremos que los demás cumplan porque de nada serviría que Honduras cumpliera si Nicaragua no se pacifica internamente.

La solución al problema está en el diálogo. Así como dialogamos, así como tenemos poderes totalmente independientes en Honduras, debe haber en otras partes. Hay que pedirle a los Estados Unidos que no siga ayudando a los contras pero también hay que pedirle a los sandinistas, porque no podemos ser hegemónicos ni mundial ni internamente, dijo.

Refiriéndose siempre a Nicaragua dijo que no es posible que un gobierno pretenda que el poder absoluto, porque eso va en contra de todos los principios democráticos.

Su colega del Perú señaló entonces que "aunque nos separen ideologías debe prevalecer la confraternidad latinoamericana" y advirtió que "entre más demócratas nos sintamos, más obligados estamos a cumplir sin ver si el otro cumplió".

Azcona replicó de inmediato que su gobierno cumplirá Esquipulas II "no para ir marcando los pasos, sino porque si no hay cumplimiento para todos no habrá Paz" en la región.

Volviendo del acuerdo de paz dijo que vamos por buen camino. La reunión de Acapulco recoge todas las inquietudes de los presidentes centroamericanos y va más allá al ofrecer ayuda económica, y en esto estamos Completamente de acuerdo.

Regresando a Nicaragua dijo que si queremos que Nicaragua rompa cualquier alineamiento con cualquier potencia, Honduras o cualquier país, es necesario poner en sus manos alguna forma de ayuda para que la reciba con toda dignidad y ropa con cualquier nexo que tenga.

No me estoy refiriendo exclusivamente a Nicaragua sino a cualquier país, se corrigió.

Azcona dijo que empujando el vehículo de Esquipulas II en la misma dirección, tenemos que llegar necesariamente a una solución que va a beneficiar a todos los países, no solo de Centroamérica sino de Latinoamérica, Porque como dijo el presidente de Perú, ellos también sufren la repercusiones de la crisis centroamericana.

En Honduras hay libertad. Se armó un gran alboroto en Nicaragua porque se abrió La Prensa, pero en Honduras A cuál prensa Vamos a darle libertad. Aquí el único que no tiene prensa es el gobierno. Toda la prensa es libre y ninguna está sometida a ninguna presión del gobierno, aseguró el presidente.

En lo político hay libertad y también en los demás sectores.

Aquí, frente a la casa presidencial, viene a gritar todo el que quiera venir y nadie se molesta. Vamos a cumplir escrupulosamente con el plan de paz. Vamos a entregar el poder en dos años más a quien elija el pueblo. No sé qué otras cosas podemos hacer. Lo de los contras no es problema mayor para cumplirlo por parte de Honduras, finalizó.

El presidente de Perú, Alan García, impone la presea orden de sol con brillantes al mandatario hondureño José Azcona, en la visita extraoficial que realizó ayer el dirigente sudamericano. (Foto de Aquiles Andino).

"NO SOMOS CAMPO DE EXPERIMENTACIÓN"

TEGUCIGALPA.- (Por Faustino Ordóñez Baca).- El presidente peruano, Alan García, dijo ayer que los latinoamericanos no somos campo de experimentación ni de subordinación de nadie y exhortó a quienes no pertenecen a esta región a que de inmediato saquen sus manos del continente "dejándonos solos para resolver nuestros propios problemas".

El dignatario sudamericano habló así en el marco de la visita que hiciera su homólogo hondureño, José Azcona, para informarle oficialmente sobre los resultados de la reunión de Acapulco y recoger impresiones sobre los avances en la práctica de los acuerdos de paz.

En la entrada a la casa presidencial se apostó numeroso público que quería conocer al presidente sudamericano y muchos seguidores de la Democracia Cristiana y del PINU colocaron pancartas que decía: "Bienvenido presidente del Perú".

En el discurso pronunciado previo a la condecoración del presidente Azcona, el gobernante de Perú dijo que en nuestro continente la democracia debe abrir un capítulo que no sea solamente el de la participación y la libertad sino el de bienestar y el de la justicia.

"Debemos fijar metas y acciones comunes que han de ser las únicas que puedan darnos un sitio en escena contemporánea, en el diálogo de las grandes y en la solución de los problemas", subrayó.

A juicio de García, estas acciones comunes Serán las únicas capaces de darnos un desarrollo soberano, sin tutelas y sin debilidades".

"Nos sentimos profundamente comprometidos y esencialmente implicados con este conflicto y como latinoamericanos no podemos ser ajenos al problema, al dolor y a la preocupación de estos pueblos", manifestó.

Apuntó que como hermano latinoamericano ha venido a la región centroamericana enterarse de la situación y a participar de la preocupación, recogiendo el mensaje de los presidentes.

"Mientras esa voluntad política se mantenga, cualquier obstáculo será pequeño", aseveró el presidente peruano, para luego indicar que en nombre de esa voluntad política de Latinoamérica, es imprescindible que "demos firmes y definidos pasos en ese cumplimiento".

Dirigiéndose al presidente Azcona, García dijo: "Me satisface profundamente el diálogo sostenido con usted, señor presidente, de haber recogido su voluntad de cumplimiento pleno de estos acuerdos que usted suscribió", y luego agregó: "en nosotros los latinoamericanos, aunque nos separen ideologías, debe existir la fraternidad de ser, primero, connacionales.

Según el dignatario de América del Sur, los países que más demócratas se sienten, son los más obligados a dar los pasos iniciales y decididos en el cumplimiento, de lo contrario, todas las relaciones se verían siempre turbadas por la ansiedad de "ver si el otro cumplió".

Exhorto a las superpotencias a cesar su ayuda a todo tipo de movimientos irregulares que pongan en peligro el cumplimiento de los compromisos suscritos en Guatemala.

"Quienes no pertenecen a Latinoamérica, saquen las manos de nuestro continente y nos permitan abordar la empresa de la unión, de paz y democracia porque solo con la paz los pueblos tendrán derecho a la seguridad y al bienestar y al pan".

"No somos campo de experimentación de nadie, ni de subordinación para nadie. Somos países libres, legítimos que aunque tengamos otras culturas y otros colores, se nos tiene que respetar en igualdad de condiciones".

"Por tanto, exigimos todos latinoamericanos que cese toda ayuda a los movimientos irregulares, cualesquiera que sean", repitió el gobernante suramericano.

Tras visitar los presidentes del istmo, el gobernante de Perú ha encontrado un ambiente "muy positivo" en favor de la paz.

Los presidentes de Centroamérica tienen absoluta y plena capacidad para solucionar los problemas que la región vive, por lo tanto, "no necesitamos convocar a ninguna potencia para solucionar problemas que nos corresponden a nosotros", dijo García.

"ni los Estados Unidos, ni la unión soviética pueden tratarnos como si tuviéramos una soberanía limitada y una minoría de edad", recalcó el gobernante.

Según el dignatario de Perú no es utópico que el hegemonismo integrista ideológico, va retrocediendo y va dejando paso a concepciones más flexibles en los últimos años.

García abandonó casa presidencial Después de las 2 de la tarde acompañado del presidente hondureño, quién lo despidió en el Aeropuerto Internacional de Toncontín.

2 DE DICIEMBRE DE 1987. "LA PRENSA"

El presidente Alan García dejó ayer el país, después de una corta
visita en la que fue condecorado. (Fotos Salinas).

PRESIDENTES RECIBEN CONDECORACIONES

TEGUCIGALPA.- Las máximas condecoraciones otorgadas por los gobiernos de Perú y Honduras, recibieron ayer los presidentes Alan García y José Azcona, en un acto recíproco celebrado en el salón de "Los Espejos" de Casa Presidencial.

Los ministros de relaciones exteriores de ambos estados, recibieron por su parte, la segunda distinción por sus esfuerzos por lograr La Paz, la justicia y la libertad promovida por los presidentes.

El mandatario peruano otorgó a su homólogo hondureño la Orden del Sol" Gran Cruz con Brillantes" y la "Orden del Sol Gran Cruz de Oro", ya fue colocada al canciller López Contreras.

Entre tanto, el ingeniero Azcona condecoró a García con la "Orden de Morazán en el Grado de Gran Cruz Placa de Oro" y con la "Orden de Morazán en el Grado de Gran Cruz Placa de Plata", al rector de la política exterior de aquel país, Allan Wagner.

Mientras el gobernante peruano jugó por una mayor Independencia económica y política de los países latinoamericanos de parte de las grandes potencias, el presidente hondureño reiteró su política pacifista y su gestión y colaboración en procura de concretar los acuerdos de paz en la región.

AZCONA ANTE SU COLEGA PERUANO:

NO HAREMOS NADA QUE IMPOSIBILITE LA CONCERTACIÓN DE LA PAZ EN C.A.

TEGUCIGALPA.- "No haremos paso espectaculares en el cumplimiento de los acuerdos de Esquipulas II, afirmó ayer el presidente José Azcona hoyo en una conferencia de prensa ofrecida junto a su colega peruano Alan García, al tiempo que confirmó que Honduras abrirá las puertas a la Comisión Internacional de verificación y Control.

Después de dialogar por espacio de cinco horas, los presidentes hablaron públicamente en relación a sus posiciones en cuanto a la problemática centroamericana.

Azcona, que recibió con honores de jefe de estado a sus semejante del Perú, reiteró que Honduras "cumplirá escrupulosamente" con los compromisos de Guatemala porque es un problema que nos compete a todos centroamericanos.

Dijo Azcona que nuestro país no pondrá ningún obstáculo los miembros de la comisión internacional de verificación y control para que supervise el cumplimiento de los acuerdos de Esquipulas II.

Azcona declaró que la reunión de Acapulco, donde estuvieron los ocho presidentes que conforman los grupos de contadora y de apoyo, recoge todas las inquietudes de los presidentes de Centroamérica.

Justificó la labor pacifista de los ocho presidentes latinoamericanos porque sus gobiernos también sufren las repercusiones de lo que sucede en Centro América.

El gobierno hondureño no puede dar una amnistía más amplia de la que está contemplada en el documento, que le fue entregada la Comisión Nacional de Reconciliación, dijo el presidente Azcona.

Recalcó que "no es lo mismo dar un decreto de amnistía en Honduras para sacar a 20 o 50 campesinos" que Nicaragua toque una para encarcelar a tres o 4000 guardias exsomocistas".

"Por eso explicó, es que nosotros decimos que no podemos dar pasos espectaculares ya que estamos transitando en el camino de la Democracia desde hace días".

Haz con la reveló haber comunicado a la embajada de México que el gobierno hondureño extenderá el salvoconducto a dos jóvenes exiliados que desde hace algunos meses se encuentran en esa representación diplomática, en caso de que se nieguen a cogerse al decreto de amnistía.

En el discurso previo a la condecoración al dignatario sudamericano, el gobernante hondureño señaló que "nuestra posición geográfica nos vincula estrechamente a naciones vecinas y hermanas, inmersas en conflictos armados que generan efectos totalmente negativos a la situación interna de Honduras".

"El caso patético de miles y miles de refugiados, legales e ilegales, ilustra dramáticamente la naturaleza nociva de los efectos de la conflagración armada que nos rodea", subrayó el mandatario.

Agregó que por eso no podíamos ni debíamos mantener por tiempo indefinido en actitud de tolerancia o de indiferencia ante hecho externos que iban minando las bases mismas de nuestra nacionalidad.

"No queremos la guerra, no prestaremos el territorio para que otros adelante en una agresión, y no haremos nada que imposibilite de algún modo, la concertación de la paz", aseguró el gobernante.

Manifestó a su colega suramericano, que Honduras estará alerta para que así como nosotros los demás países cumplan con los acuerdos de Guatemala.

Al referirse al ambiente de intranquilidad que vive el pueblo peruano generado por algunos brotes de violencia, Azcona, comentó que los grupos agitadores no tienen representatividad política y por lo tanto, son agrupaciones espurias.

Dijo que el estado de derecho que vive Honduras también se encuentra amenazado por la situación de guerra civil que nos rodea En las fronteras y reafirmó que se trata de una amenaza externa pero que es real y dramática.

Finalmente Azcona en su alocución digo que los principios de la libertad y la justicia hacen posible la armonía social entre las comunidades y la convivencia pacífica entre los estados.

El presidente Azcona ratificó que Honduras no será obstáculo para la paz en la región. (Foto Salinas).

DISCUA Y LÓPEZ CONTRERAS SON TAMBIÉN PARTE DEL PACTO

TEGUCIGALPA.- (Por Faustino Ordoñez Baca).- el presidente la decisión adoptada por el Partido Nacional "no perjudica extraordinariamente" la marcha de su gobierno y calificó la actitud como algo "bastante comprensiva" en virtud que sus rivales políticos "van a empezar una lucha por el poder".

El retiro del partido de la junta directiva del Congreso y la instrucción a sus gobernadores, los funcionarios que ocupan cargo En el gobierno a efecto de que interpongan sus renuncias Próximamente fue anunciada la tarde del lunes por el día nacionalista y aspirante presidencial Rafael Leonardo Callejas.

Azcona confirmó que su rival político ya le había informado con anterioridad sobre las medidas que adoptaría que han sido consideradas por los observadores políticos como el rompimiento del pacto de unidad nacional (PUN) o el retiro de los nacionalistas del gobierno.

Dijo que esto no es ninguna cosa que va a perjudicar extraordinariamente la marcha del gobierno, y hay que tener la tranquilidad necesaria"

" su renuncia a los gobernadores políticos Tendremos que poner gente de nuestro partido", anunció el presidente, indicando enseguida que la junta directiva del Congreso Nacional bien Podría caer integrada por los liberales y representantes de los denominados partidos minoritarios.

La marcha del gobierno, y hay que tener la tranquilidad necesaria".

"Si renuncian los gobernadores políticos Tendremos que poner gente de nuestro partido", anunció el presidente, indicando enseguida que la junta directiva del Congreso Nacional bien podría quedar integrada por los liberales y representantes de los denominados partidos minoritarios.

Azcona insistió que él no firmó ningún acuerdo sobre la mesa pero admitió que lo que hubo fue pacto patriótico" donde se hicieron concesiones mutuas Que ya a estas alturas parece no conviene a ninguno de los dos partidos".

"Nosotros no pensamos tener algún problema con estas decisiones, porque sabemos que los partidos de oposición siempre se buscarán hasta hacer plataforma política Costa de los errores del gobierno", afirmó el mandatario.

A juicio del gobernante, la alianza con los callejistas a comienzos de su gobierno ha dado "algunos resultados".

Sostuvo el ingeniero Azcona que los ministros Alberto disco a Rodríguez y Carlos López Contreras, titulares de trabajo y relaciones exteriores, respectivamente, son parte del "acuerdo patriótico" con los nacionalistas pues fueron seleccionados por él para que le acompañaran en la conducción de los destinos de la nación.

Respecto a posibles cambios en los funcionarios que laboran en el servicio exterior el mandatario reveló que esto será objeto de estudio porque "no es cuestión de ponernos a volar cabezas por estas cosas". Además que en todos los gobiernos han habido nacionalistas y liberales trabajando para la secretaría de Relaciones Exteriores.

INSATISFECHO CON EL PRESUPUESTO

El presidente Azcona reveló sentirse insatisfecho por la forma en que manejó el presupuesto elaborado por su gobierno para el daño fiscal de 1988 estimado en 2 mil 165 millones de lempiras pero fue rebajado 2mil 15 por los diputados.

"No podría estarlo porque vamos a tener algunos problemas, Lo importante es que nos dejen flexibilidad, y que nos dejen un trecho para poder hacer transferencias", dijo el jefe del ejecutivo.

"LA PRENSA" 2 DE DICIEMBRE DE 1987

Adalberto Discua Rodríguez.

PROMETE AZCONA HOYO:
HONDURAS ESTARÁ ABIERTA PARA LA COMISIÓN DE VERIFICACIÓN

***Las dos personas asiladas en bajada de México podrán salir del país o acogerse la amnistía, agrega.*

El presidente José Azcona sostuvo ayer en conferencia de prensa que su gobierno no puede dar paso espectaculares en el cumplimiento del plan de paz Esquipulas II, porque "no hay que en qué aspecto darlos".

"No es lo mismo liberar 20 o 50 campesinos en Honduras a que en Nicaragua excarcelen a tres o cuatro mil guardias somocistas", dijo a manera de ejemplo, ante la pregunta que le fue la formulada ayer por un periodista peruano.

Azcona ofreció una rueda de prensa conjuntamente con su colega peruano, Alan García, luego de un almuerzo en la Casa de Gobierno.

El mandatario hondureño prometió nuevamente que su gobierno cumplirá "escrupulosamente" con el acuerdo de Guatemala y que espera igual conducta de parte de los restantes países centroamericanos.

Aseguró que la gran mayoría de los contras nicaragüenses han abandonado el territorio hondureño y se encuentran en su país.

"Al momento indicado la Comisión Internacional Verificación y Seguimiento encontrará una Honduras abierta para que verifiquen todo lo que haya que verificar", prometió.

Azcona destacó que de nada serviría que su gobierno cumpliera si no lo hacen los restantes países y si Nicaragua no se pacifica internamente.

En abierta referencia lo expresado minutos antes por el presidente peruano, dijo: " hay que pedirle a Estados Unidos que no siga ayudando a la contra, pero también hay que pedirles a los sandinistas que no sean hegemónicos internamente".

" no es posible que un gobierno entienda el poder como absoluto e indefinido. Eso va en contra de los principios democráticos", continúa el mandatario hondureño.

Azcona sostuvo que su gobierno conformó la Comisión Nacional de Reconciliación y que personalmente recomendó que la amnistía fuera lo más amplia posible.

Aseguró que la citada comisión no hallaba a quien amnistiar porque en el país no hay presos políticos y, en su defecto, se acordó excarcelar a varios Campesinos acusados de violar la "Ley Antiterrorista".

" abriremos el país a la verificación porque aquí las libertades existen. Aquí no hay prensa a la cual darle libertad Porque ninguna está sometida a presiones y más bien El único que no tiene prensa es el gobierno", manifestó.

Finalmente, informó que la embajada de México hay dos personas asiladas, las cuales podrían irse del país En caso que no quieran acogerse a la amnistía.

José Azcona Hoyo y Alan García ingresan a Casa Presidencial. (foto Efraín Salgado).

Actos protocolarios en el aeropuerto. El dignatario visitante saluda al canciller hondureño. (Foto Alejandro Serrano).

BUSCAN NUEVA FECHA PARA CONVENCIÓN LIBERAL

Las autoridades del Consejo central ejecutivo del Partido Liberal estudiaban anoche una nueva fecha para celebrar la gran convención de este Instituto Político.

Rumualdo Bueso Peñalba, presidente del organismo, aseguró que alguno de los líderes de las corrientes políticas que participarán en la convención han solicitado al CCEPL que se suspenda la fecha de la convención.

Los miembros del CCEPL convocaron a ese evento político para los días 12 y 13 del presente mes, pero de acuerdo a lo adelantado por Bueso Peñalba se ha pensado hacer la convención los días 9 y 10 del mes de enero de 1988.

Algunos políticos piensan que hacer la convención en esa nueva fecha sería ilegal porque el plazo de los 60 días que se dan después de la declaratoria de las elecciones se vence en la primera quincena de diciembre de este año.

Aseguró Bueso Peñalba que la tardanza de la celebración de la convención no significa que ellos quieran continuar en dichos cargos, al contrario "ya no queremos estar con esa responsabilidad", declaró.

La suspensión de la convención de los días 12 y 13 de diciembre se haría, dijo Bueso Peñalba, porque en esa misma fecha se celebra el TELETON del cual ellos no quieren ser obstáculo.

RUPTURA DEL PACTO NO AFECTARÁ LA MARCHA DEL GOBIERNO, DICE PRESIDENTE

La actitud es mía por la dirigencia del Partido Nacional, con respecto a la colaboración que le venía prestando al gobierno, "es comprensible", según el presidente José Azcona Hoyo.

Según el mandatario, la decisión de un nacionalismo de retirarse de la junta directiva del Congreso Nacional y de otros cargos gubernamentales no va a perjudicar extraordinariamente la marcha del gobierno.

Azcona confirmó que la semana anterior se reunió con el presidente del Comité Central del Partido Nacional, Rafael Leonardo Callejas, quién le informó el retiro de su partido del acuerdo patriótico.

"Esa actitud es comprensible, tomando en cuenta que callejas va a empezar una lucha por el poder desde la oposición", dijo el gobernante.

Agregó que los puestos que dejan vacante los nacionalistas en el Congreso serán ocupados por los liberales, y lo mismo ocurrirá con los cargos que desocupen los gobernadores políticos nacionalistas.

Azcona destacó que los ministros de relaciones exteriores, Carlos López Contreras, y de trabajo, Alberto Discua, ambos de afiliación nacionalista, no abandonarán sus cargos porque su presencia en el gobierno obedece a una decisión personal del presidente de la república.

Recordó el mandatario que en lo personal no firmó ningún pacto, pero que entendió que el acuerdo con los nacionalistas era necesario porque el Partido Liberal no tenía mayoría en el Congreso Nacional.

"De todas maneras, no pensamos tener ningún problema con estas decisiones ya que sabemos que los partidos de oposición siempre buscarán plataforma política a Costa de los errores de cualquier gobierno", dijo Azcona.

En el caso de Los Embajadores nacionalistas, sostuvo que habrá que hacer un estudio para determinar si son sustituidos, pero aseguró que "en aras de la tranquilidad del país, no sería conveniente que se produjeran esas remociones".

CARTA ABIERTA

Señores:
CCT
SEABOARD MARINE
SEALAND.

Ustedes, como empresa norteamericana y, que a diario transportan furgones de fruta fresca y comestibles, conocen perfectamente las exigencias del mercado norteamericano y las múltiples regulaciones y requisitos que impone el USDA/FDA para permitir el ingreso de producto frescos en E.E.U.U.

Estimulados por la tan publicitada iniciativa de la CUENCA DEL CARIBE, los trabajos firmantes productores/exportadores de melón, hemos hecho esfuerzos y cuantiosas inversiones para superar los obstáculos que impone el gobierno E.E.U.U. y cumplir con las numerosas exigencias para poder vender nuestra fruta en ese mercado. Muchos de Nosotros hemos arriesgado nuestro Porvenir y el de nuestras familias, pero en la misma medida que hemos obtenido logros, hemos visto mermarse estos esfuerzos por el Insaciable apetito de ganancias del monopolio que forman ustedes las tres compañías navieras agrupadas en "La Conferencia", Ya que en forma sostenida y continua nos aumentan cada año las tarifas en forma exagerada e inescrupulosa, avisando del aumento cuando está la fruta sembrada y por cosechar.

En el año 1984 nos costaba US$ 2.84transportar una caja de melones CANTALOUPE a los E.E. U.U. Y este año nos cuesta US$3.80 sin considerar los recargos que tan onerosamente han adoptado este año. Esto representa un aumento del 32%,el cual resulta totalmente exagerado.

Estos continuos y exagerados aumentos no tienen ni siquiera la gentileza de Consultar con sus clientes no nos permiten competir con países como MÉXICO que envía su fruta por tierra; REPÚBLICA DOMINICANA, COSTA RICA, PANAMÁ y CHILE, qué puede encontrarse en rutas donde operan más líneas navieras, gozan de tarifa excepcionalmente bajas.

Su actitud monopolista amenaza con extinguir el cultivo del Melón en este país, rubro este que se ha convertido en el sostén de la Zona Sur, al igual que una sustancial frente de ingreso para ustedes. Sencillamente NO podemos seguir soportando estos aumentos, porque se nos ha hecho imposible competir debido a su exageradas tarifas, las que absorbe más del 50% del valor de venta bruta del producto este año.

Como ejemplo, citamos el caso de una empresa que no pudo exportar una sola sandía este mes y tuvo que perder su producción porque el precio de venta bruta es de US$6.00 y los cargos que ustedes cobran es de US$3.78 por caja, el 63% el total de la venta bruta.

En este momento, los productores/exportadores de melón estamos sufriendo cuantiosas pérdidas de exportación del Melón HONEYDEW pues este tiene un precio de venta de US$5.00 y estamos pagando de flete y de gastos US$2.54,lo que representa un 50%.

Además, año con año, confrontamos la incertidumbre diaria de que vamos a disponer de furgones y espacio en los barcos, pues ustedes ni siquiera son lo suficientemente responsables de garantizarnos el transporte mediante la firma de un contrato.

SEÑORES DE LA LLAMADA "CONFERENCIA", RECAPACITEN... RECUERDEN EL CUENTO INFANTIL DE "LA GALLINA QUE PONÍA LOS HUEVOS DE ORO".

Estamos preparando, para presentación en las próximas semanas, un pliego que sustenta lo que aquí exponemos para solicitar la intervención del GOBIERNO DEL PRESIDENTE ING. JOSÉ SIMÓN AZCONA HOYO, al igual que la del gobierno del PRESIDENTE RONALD REAGAN, pues al parecer la famosa INICIATIVA DE LA CUENCA DEL CARIBE, fue inventada para "engordar al pulpo "formado por las navieras que integran la "CONFERENCIA".

Atentamente,

(PRODUCTORES Y EXPORTADORES DE MELÓN)

INVERSIONES DEL PACÍFICO:
AGROPECUARIA MONTELIBANO:
P.A.T.S.A.
HONDEX:
FEPROEXAAH/COAGROVAL:
AZUCARERA CENTRAL, S.A:
C.R.E.H.S.U.L:

CC: Sr. Presidente José Simón Azcona Hoyo. (HONDURAS)

Sr. Presidente Ronald Reagan	(ESTADOS UNIDOS DE NORTEAMÉRICA)
Sr. Ministro de Economía	(HONDURAS)
Sr. Ministro de Hacienda	(HONDURAS)
Sr. Ministro de Transporte	(HONDURAS)
Departamento de Agricultura	(ESTADOS UNIDOS DE NORTEAMÉRICA)
Departamento de Comercio	(ESTADOS UNIDOS DE NORTEAMÉRICA)
Departamento de agricultura	(AID-HONDURAS)

En Toncontín:

PRESIDENTE PERUANO "ROMPE" PROTOCOLO

En medio de extremas medidas de seguridad fue recibido ayer en el aeropuerto de Toncontín el presidente de Perú, Alan García, por su homólogo José Azcona, el jefe de las Fuerzas Armadas, general Humberto Regalado Hernández, y el gabinete de gobierno en pleno.

El avión de la fuerza aérea del Perú, que conducía el mandatario sudamericano, su comitiva de unas 20 periodistas, aterrizó a las 9:50 de la mañana, mientras una flotilla de helicópteros sobrevolaba muy cerca de la pista.

En un gesto que le ganó simpatía y admiración, Alan García saludó y
acarició a un grupo de niños de la "Escuela República del Perú"
que acudieron a darle la bienvenida. (FOTO Ángel Espinal).

Los mandatarios José Azcona y Alán García en compañía del jefe de las fuerzas armadas, general Humberto Regalado Hernández, pasan revista a una compañía del segundo Batallón de Infantería aerotransportada.

El presidente Alan García salud efusivamente a su amigo personal Jorge Arturo Reina, presidente del M-LIDER. (FOTO Ángel Espinal).

Durante la entonación de los himnos nacionales de ambos países por parte de la banda de Los supremos poderes se escucharon las 21 sábados reglamentarias en las nuevas mandatario visitante, que en compañía de Azcona y del General Regalado Hernández, pasó revista La tropa perteneciente al segundo Batallón de Infantería aerotransportada.

Acto seguido el gabinete de gobierno saludó al presidente García, quien rompió con el protocolo al dirigirse a saludar a un grupo de niñas de la Escuela República del Perú que se encontraban al costado sur del aeropuerto, donde también fue abordado brevemente por los periodistas hondureños.

Entre la comitiva y mandatario sudamericano sobresalía en el canciller Alan Magner, el director del protocolo, Jorge Grondillo, el secretario de la presidencia, señor Nava, y el senador Miguel Ángel Moforech.

Cabe señalar que también acudió al recibimiento del presidente peruano el presidente del movimiento liberal democrático revolucionario (M-Líder) Jorge Arturo Reina, quién es amigo personal de García.

ALAN GARCÍA: PRESENCIAMOS DESPERTAR LATINOAMERICANO

El presidente de Perú, Alan García, proclamó ayer que ha quedado atrás el tiempo de las intervenciones y de los dictados de la fuerza, porque estamos en presencia de un despertar de latinoamericanismo.

En breves declaraciones a los periodistas, tras su arriba Tegucigalpa, García dijo que espera que a partir de la Cumbre de Acapulco, Iberoamérica avance con paso firme hacia su plena integración económica y política, ya que es un imperativo histórico y geopolítico que deparará para nuestros pueblos democracia, paz y desarrollo.

Luego de Resaltar que traía "un mensaje de aliento y compromiso" para los cinco países centroamericanos, de parte de los mandatarios que conforman el Grupo de los Ocho, reunidos el 27 y 28 en Acapulco, México, destacó que esa Cumbre fue para asentar el destino de nuestro continente, para echar las bases de una solución equitativa el problema de la deuda y una salida económica, democrática y de paz para nuestra región.

Agregó que en ese sentido, impulsar y alentar Los acuerdos de Esquipulas y traer a cada uno de los presidentes Centroamericanos el mensaje de los ocho reunidos en Acapulco, "Qué es un mensaje de aliento y compromiso".

García apuntó que "naturalmente" el tema de Centroamérica abordaría con el presidente José Azcona, ya que el tema de la región y su pacificación no solo interesa a los países del área, sino que interesa a toda América Latina.

Y añadió: "las consecuencias políticas de la existencia de luchas intestinas entre nosotros, de grupos irregulares y de problemas entre nuestros países, tienen consecuencias en todos los países de América Latina".

Reafirmó que "yo tengo confianza en la ideologización y en la actitud política dentro de toda la América Latina; de manera que es un tema que a todos nos concierne".

Finalmente, subrayó que no hay ningún problema que no sea superable en la humanidad, porque todo depende de la buena voluntad, de la sinceridad y de la confianza que se ponga para la solución a los problemas.

El presidente peruano, Alan García, rompiendo el riguroso protocolo propició un breve encuentro con periodistas hondureños. (Foto de Ángel Espinal)

RUPTURA DEL PUN NO VA A PERJUDICAR MARCHA DEL GOBIERNO: JOSÉ AZCONA H.

***Confirma que Honduras pide ayuda a la DEA para combatir narcotráfico

TEGUCIGALPA.- el presidente o sea es con audio opinó ayer que la ruptura del cuestionado Pacto de Unidad Nacional (PUN) no va a perjudicar la marcha de su gobierno, pues al renunciar funcionarios que pertenecen al partido nacional tendrá que poner gente de su Instituto Político.

Azcona Hoyo reaccionó de esta manera la mañana de ayer en declaraciones que brindara en HRN, luego de enterarse del retiro del partido Nacional del PUN, anunciado la tarde del martes anterior por su máxima dirigente Rafael Leonardo Callejas.

El mandatario dijo que ya tenía conocimiento de esta decisión Del máximo partido político de oposición, para revelársela Callejas la semana pasada.

Orgullo que él no firmó ningún acuerdo, Puede ser del criterio que los gobiernos deben ser de integración en cumplimiento a un mandato constitucional.

Empero, reconoció que los partidos de oposición, en este caso el Nacional, siempre buscarán hacer plataforma política a costa de los errores del gobierno de turno.

POSICIÓN FLOJA SOBRE LA DEUDA EXTERNA

Consultando sobre la deuda externa de los países latinoamericanos analizada por el Grupo de los Ocho el fin de semana en Acapulco, México, contestó que: "la posición sobre la deuda es bastante floja, porque no se llegó a un consenso para plantear una posición fuerte frente al organismo internacionales de financiamiento".

Reveló que un día antes de la toma de Posesión del presidente colombiano, Virgilio Barco, se reunió en Bogotá, Colombia, con dos presidentes centroamericanos y cinco de Sudamérica, cuyo tema principal fue la deuda externa en América Latina.

En esa oportunidad —agregó— se planteó también la necesidad que si había un "desalineamiento" de Nicaragua con la Unión Soviética se podía ir buscando una salida política en el país centroamericano.

Además dijo que lo trataba en la recién cita por los presidentes del Grupo de Contadora y de apoyo no es nada nuevo, dado que siempre lo han discutido y "Nosotros concordamos casi con el 100 por ciento de lo que ahí se dice".

LE PREOCUPA EL NARCOTRÁFICO

Al preguntarle en torno al tráfico de drogas, cuyos protagonistas han utilizado de Puente al país, respondió que le preocupa mucho y esa preocupación lo llevó Desde hace dos meses a pedir ayuda al departamento antinarcóticos de los Estados Unidos (DEA).

El gobierno y las Fuerzas Armadas con ayuda de los Estados Unidos han tenido éxito en la erradicación del tráfico de drogas que está utilizando a Honduras como estación para el envío de alucinógenos hacia esa nación del Norte acotó.

Continuó que lo importante es que "no hay nadie implicado importancia y eso fortalece la posición de Honduras a través de sus autoridades en la persecución de este tráfico".

Por último dijo que no estaba satisfecho con el recorte al presupuesto de la república que hiciera el Congreso Nacional, porque debido a esta decisión legislativa va a tener algunos problemas en el futuro.

AZCONA HOYO.
"Tiempo" 2 de diciembre de 1987.

UN ESPALDARAZO DEFINITIVO A LA PAZ CENTROAMERICANA

Uno de los líderes más caracterizados de nuestro continente, el presidente del Perú, doctor Alan García, en su reciente visita a Honduras trajo un firme como elocuente mensaje de solidaridad hispanoamericana y de apoyo al proceso de paz concernido en el tratado Esquipulas II, hablando en nombre de los presidentes reunidos poco antes en Acapulco, México.

El presidente del Perú, de regreso a su país, vino a cerrar el círculo iniciado con la visita al presidente uruguayo, doctor Julio María Sanguinetti, en el preludio de la reunión de mandatarios latinoamericanos en México.

Por lo tanto, las palabras del presidente Alan García tienen la característica de la continuidad del esfuerzo para sacar Avante el acuerdo de Guatemala, y, además, la contundencia de un acuerdo latinoamericano de respaldos concretos —en lo material, lo moral y lo fraterno— en esta hora decisiva en que se juega el destino de América Central y los términos de dignidad e independencia de nuestro continente hispanohablante.

No podía haberse escogido portavoz más apropiado para Traducir el mensaje latinoamericano Honduras con mayor claridad, llamándole al pan, pan, y al vino, vino. " en cada uno de nuestros países —dijo el presidente del Perú—, por lejano que esté o por grande que sea, o por alejado que se sienta el problema centroamericano, ese conflicto repercute en la ideología de sus movimientos internos, en el modelo de acción de sus partidos, y también en las motivaciones sociológicas de sus autores".

Puntualizando respecto a las actitudes de estos " actores", el mandatario peruano tocó lo fundamental, presumido en los párrafos de su discurso qué, fraccionadamente, destacamos a continuación:

"Entre nosotros no puede exhibirse solamente la simultaneidad como el toma y daca del que cumple para qué, al mismo tiempo, se cumpla otro compromiso. Entre nosotros debe darse también el paso del ejemplo que fuerza al cumplimiento".

"Entre nosotros debe darse el paso de la audacia para enseñar, para hacer pedagogía de la acción. Vale decir, Quienes más responsabilidades tenemos, y más demócratas nos sentimos, más obligados estamos a dar los pasos iniciales y definidos en este cumplimiento".

"Pero no se cumplirá ese acuerdo solamente por la transacción de ver cuántos metros avanzó el otro para avanzar los mismos metros, sino por la voluntad plena democrática de cumplir, para de esa manera forzar a los otros a cumplir".

El presidente de Honduras, ingeniero José Simón Azcona del Hoyo, ha respondido con igual Claridad y convicción: " si no hay cumplimiento de todos, Va a ser difícil que haya paz para todos".

Y, a continuación, plantea el presidente hondureño una decisión a Tono con el momento centroamericano: " Honduras no va a estar viendo quién cumple o no cumple. Estamos cumpliendo, y vamos a seguir cumpliendo". Con mucha hidalguía le dice el presidente Azcona el presidente García: " Le agradezco infinitamente este optimismo que usted dimana y que pueda contagiarnos a todos En beneficio a nuestra querida Latinoamérica".

El presidente peruano toca otro punto medular, el de la ayuda a los movimientos insurreccionales por parte del hegemonismo. "Invocamos en nombre de toda Latinoamérica al gobierno de los Estados Unidos a que cese su ayuda todo tipo de movimientos irregulares que pongan el peligro y cumplimiento de los acuerdos de Esquipulas. Y a quienes no pertenecen a nuestro Latinoamérica, Para que saquen las manos de nuestro continente".

"No somos campo de experimentación de nadie -- agrega--, no somos campo de subordinación para nadie, somos países libres, legítimos, Y aunque tengamos otras culturas, otros colores, Y aunque seamos producto de otro mestizaje, se nos tiene que respetar en igualdad de condiciones".

La cuestión está en que Hispanoamérica ha juntado sus criterios en rescate de la independencia continental y en ello América Central surge como la prueba crucial de esa voluntad americanista. Por lo tanto, el rol de los países que integran el Grupo de Contadora y de Apoyo no puede quedarse en la plataforma declarativa, si no trascender a lo concreto y vital, el sustento económico capaz de darle los centroamericanos la capacidad apropiada para actuar por encima de las dependencias.

Es allí, pues, donde el presidente del Perú enfatiza ese nuevo rol latinoamericano: "Nosotros hemos señalado claramente en Acapulco, México, nuestra disposición a un programa de ayuda al desarrollo económico del área centroamericana. En breve plazo van a reunirse los ministros de economía de todos nuestros países para hacer un planteamiento de plazos y montos y de procedimientos para aplicar en ese plan de emergencia".

En estas condiciones, la independencia de criterio y acción, de dignidad y nacionalismo se vuelven inexcusables. Máxime que no solo se trata de un espaldarazo entre americanos -- incluyendo las iniciativas en ese sentido en el Congreso de los Estados Unidos--, sino a la Europa comunitaria, Japón, y otras grandes naciones de buena voluntad hacia la paz centroamericana.

Es así como el acuerdo de Guatemala ha hallado el ámbito para desarrollar su propia dinámica y poner en funcionamiento un proceso admirable y admirado ya a nivel mundial, con la participación de grandes latinoamericanos como los que hoy presiden a los países del Grupo de Contadora y de Apoyo.

"Tiempo". 3 de diciembre de 1987

NO PIENSA VETAR AZCONA PRÓRROGA DE FRANQUICIAS

TEGUCIGALPA.- El presidente José Azcona Hoyo dijo ayer a una nutrida misión de los empresarios, en reunión celebrada en Casa Presidencial, que no está dispuesta a vetar la ley sobre la prórroga de los incentivos fiscales.

Insistentes versiones circularon la última semana que el mandatario estaba inconforme con la decisión de los diputados que en la última sesión anual aprobaron la prórroga en el marco de la discusión de la nueva nomenclatura arancelaria.

La prórroga que vence en junio de 1988 favorece las Industrias clasificadas en el Ministerio de Economía por la Comisión de Incentivo Fiscales, con exoneraciones de impuestos, así como empresas de transportistas y cooperativas.

Jorge Gómez Andino, presidente del Consejo Hondureño de la Empresa Privada (COHEP), dijo que el gobernante José Azcona le expresó ayer que no estaba dispuesto a vetar la ley.

Gómez andino dijo que el poder ejecutivo está de acuerdo con que haya un lapso de transición en el cambio de la nomenclatura unificada centroamericana (NAUCA) por la estructura de Bruselas, y que por lo tanto está de acuerdo con la vigencia de los incentivos por seis meses.

Indicó el dirigente empresarial que el consenso entre el gobernante y los empresarios es que no será sensible el cambio del arancel, sobre todo para el personal que elaboren las aduanas. (NL).

ME NOMBRÓ AZCONA NO EL PACTITO: DISCUA

SAN PEDRO SULA.- El ministro del trabajo, Adalberto Discua Rodríguez, expuso Aquí que su nombramiento en esa cartera ministerial no fue producto de ningún pacto político con el Partido Nacional, por lo que cualquier decisión de renunciar al cargo tendrá que analizarla en función de su proyección política con respecto a los intereses partidistas.

"Ni fui llamada a desempeñar el cargo bajo un pacto político ni por mi condición de nacionalista, sino que el Ministerio se me ofreció desde el punto de vista personal, y en ese sentido tengo que analizar Qué debo hacer ante la decisión de mi partido, aún cuando el licenciado calleja ha sido claro al decir que los ministros de relaciones exteriores y de trabajo no son incluidos en esta decisión porque fuimos llamados en carácter personal y no partidario", precisó el ministro Discua Rodríguez.

"Soy nacionalista no de ahora ni de ayer y lo seguiré siendo, pero fui llamado desde el punto de vista personal y no como nacionalista", acoto disco a Rodríguez.

"Recuerdo --dijo-- que en esa ocasión el ingeniero Azcona más o menos me dijo textualmente: "no lo llamó como nacionalista ni bajo ninguna otra condición político social sino que lo llamó como un profesional que tiene experiencia en materia laboral, como un ciudadano que creo necesitar para que conduzca los negocios de la Secretaría del trabajo".

"También recuerdo que en esta ocasión el presidente Azcona dijo lo anterior entre alguna reserva mías para aceptar el cargo, Pero él me insistió que su deseo era el de gobernar con hondureño y no como político y eso a mí me agradó porque coincido con él en la necesidad de reconciliar a la familia hondureña y de trabajar todos juntos porque la patria es de todos, no solo de Azules y colorados", dijo Discua Rodríguez.

"En ese sentido --acotó-- yo me comprometí con el ingeniero Azcona a desempeñar a la secretaría de trabajo sin directrices políticos sectarias, y creo que lo había cumplido porque en esa secretaría se nombra y se da censos al personal no por su filiación azul o colorada, si no en base a sus méritos".

Por otra parte, el ministro disco a Rodríguez dijo que la comisión política de su Partido Nacional debe hacer un planteamiento serio orientado estructural lo que su diligencia ha dado en Llamar la oposición constructiva.

"Debe alinearse todo aquello que constituirá la oposición constructiva, que es una oposición no se hace a lo loco, tiene que ser racional, científicamente fundamentada, técnicamente apoyada, y moralmente proyectada", indicó.

"Creo que si el licenciado callejas ha hecho un llamado a la oposición constructiva es porque ya se habrá delineado algún basamento, y eso habría que verlo, porque en mi caso soy un nacionalista racional que ni se cierra ante la realidad del país ni ante las verdades relativas ante las cuales nos desenvolvemos", precisó.

Por último, el ministro disco Rodríguez dijo que la oposición constructiva que plantea su partido debe ser cuidadosamente estructurada y delineada Para no caer en contradicciones, pues dijo que habrá muchos aspectos en los que su partido tendrá necesariamente que coincidir con acciones y políticas que está ejecutando el gobierno del ingeniero Azcona porque son democráticas y van orientadas al bien común y al bienestar general del país, aunque Indicó que necesariamente tendrá críticas Porque ninguna institución es perfecta Y es ahí donde la crítica constructiva es oportuna. (CAH)

"TIEMPO" 4 DE DICIEMBRE DE 1987

ME NOMBRÓ AZCONA NO EL PACTITO: DISCUA

SAN PEDRO SULA.- el ministro del trabajo, Adalberto Discua Rodríguez, expuso Aquí que su nombramiento en esa cartera ministerial no fue producto de ningún pacto político con el Partido Nacional, por lo que cualquier decisión de renunciar al cargo tendrá que analizarla en función de su proyección política con respecto a los intereses partidistas.

"Ni fui llamada a desempeñar el cargo bajo un pacto político ni por mi condición de nacionalista, sino que el Ministerio se me ofreció desde el punto de vista personal, y en ese sentido tengo que analizar Qué debo hacer ante la decisión de mi partido, aún cuando el licenciado calleja ha sido claro al decir que los ministros de relaciones exteriores y de trabajo no son incluidos en esta decisión porque fuimos llamados en carácter personal y no partidario", precisó el ministro Discua Rodríguez.

"Soy nacionalista no de ahora ni de ayer y lo seguiré siendo, pero fui llamado desde el punto de vista personal y no como nacionalista", acoto disco a Rodríguez.

"Recuerdo —dijo— que en esa ocasión el ingeniero Azcona más o menos me dijo textualmente: "no lo llamó como nacionalista ni bajo ninguna otra condición político social sino que lo llamó como un profesional que tiene experiencia en materia laboral, como un ciudadano que creo necesitar para que conduzca los negocios de la Secretaría del trabajo".

"También recuerdo que en esta ocasión el presidente Azcona dijo lo anterior entre alguna reserva mías para aceptar el cargo, pero él me insistió que su deseo era el de gobernar con hondureño y no como político y eso a mí me agradó porque coincido con él en la necesidad de reconciliar a la familia hondureña y de trabajar todos juntos porque la patria es de todos, no solo de Azules y colorados", dijo Discua Rodríguez.

"En ese sentido --acotó-- yo me comprometí con el ingeniero Azcona a desempeñar a la secretaría de trabajo sin directrices políticos sectarias, y creo que lo había cumplido porque en esa secretaría se nombra y se da censos al personal no por su filiación azul o colorada, si no en base a sus méritos".

Por otra parte, el ministro disco a Rodríguez dijo que la comisión política de su Partido Nacional debe hacer un planteamiento serio orientado estructural lo que su diligencia ha dado en Llamar la oposición constructiva.

"Debe alinearse todo aquello que constituirá la oposición constructiva, que es una oposición no se hace a lo loco, tiene que ser racional, científicamente fundamentada, técnicamente apoyada, y moralmente proyectada", indicó.

"Creo que si el licenciado callejas ha hecho un llamado a la oposición constructiva es porque ya se habrá delineado algún basamento, y eso habría que verlo, porque en mi caso soy un nacionalista racional que ni se cierra ante la realidad del país ni ante las verdades relativas ante las cuales nos desenvolvemos", precisó.

Por último, el ministro disco Rodríguez dijo que la oposición constructiva que plantea su partido debe ser cuidadosamente estructurada y delineada Para no caer en contradicciones, pues dijo que habrá muchos aspectos en los que su partido tendrá necesariamente que coincidir con acciones y políticas que está ejecutando el gobierno del ingeniero Azcona porque son democráticas y van orientadas al bien común y al bienestar general del país, aunque Indicó que necesariamente tendrá críticas Porque ninguna institución es perfecta Y es ahí donde la crítica constructiva es oportuna. (CAH)

"TIEMPO" 4 DE DICIEMBRE DE 1987

GOBIERNO LIBERAL HACE ECO DEL DOLOR POPULAR

El presidente José Azcona lamentó ayer la muerte del General Juan Alberto Melgar Castro y, en un decreto ejecutivo sobre el particular, resaltó que el fallecido prestó relevante servicio a la patria.

El decreto, que fue entregado a los medios de comunicación hasta ayer por la secretaría de prensa de la presidencia, pero que está fechado el día del suceso dice textualmente:

EL PRESIDENTE DE LA REPÚBLICA, EN CONSEJO DE MINISTROS,

CONSIDERANDO: Que hoy a las 11:30 a.m. falleció el general JUAN ALBERTO MELGAR CASTRO, ex jefe de estado de la República, entre el dolor de sus familiares y pueblo Hondureño que supo apreciar sus cualidades de ciudadanos ejemplar.

CONSIDERANDO: Que el ilustre desaparecido prestó relevante servicios a la patria, desde distintas posiciones de la Administración pública.

CONSIDERANDO: Que el general JUAN ALBERTO MELGAR CASTRO fue un esforzado defensor de la soberanía nacional e integridad territorial.

CONSIDERANDO: Qué es una obligación del Estado rendir honores a los ciudadanos que se han distinguido por su entrega y devoción a la Patria.

POR TANTO: DECRETA:

1º. Lamentar el deceso de la industria general JUAN ALBERTO MELGAR CASTRO, ex jefe de estado de la República y declarar, por tal motivo, tres días de duelo sin suspensión de labores, debiendo mantenerse la bandera nacional izada media asta en los edificios públicos.

2º. Disponer que las autoridades militares tributen a la industria extinto los honores de ordenanza; y;

3º. Poner en manos de honorable esposa hijos, copia del presente decreto.

COMUNÍQUESE.

SIMÓN AZCONA HOYO
PRESIDENTE

ROMUALDO BUESO PEÑALBA
EL SECRETARIO DE ESTADO EN LOS DESPACHOS DE LA PRESIDENCIA DE LA REPÚBLICA,

CELEO ARIAS
EL SECRETARIO DE ESTADO EN LOS DESPACHOS DE RELACIONES EXTERIORES,

POR CARLOS LÓPEZ CONTRERAS
EL SECRETARIO DE ESTADO EN LOS DESPACHOS DE SALUD PÚBLICA,

RUBÉN ANTONIO VILLEDA BERMÚDEZ
EL SECRETARIO DE ESTADO EN LOS DESPACHOS DE TRABAJO Y PREVISIÓN SOCIAL,

ADALBERTO DISCUA
EL SECRETARIO DE ESTADO EN LOS DESPACHOS DE CULTURA Y TURISMO,

ARTURO RENDÓN PINEDA
EL SECRETARIO DE ESTADO EN LOS DESPACHOS DE HACIENDA Y CRÉDITO PÚBLICO,

J. EFRAÍN BU GIRÓN
EL SECRETARIO DE ESTADO EN LOS DESPACHOS DE RECURSOS NATURALES,

RODRIGO CASTILLO AGUILAR
EL SECRETARIO DE ESTADO EN LOS DESPACHOS DE ECONOMÍA Y COMERCIO,

POR REGINALDO PANTIN PEÑATE
EL SECRETARIO DE ESTADO EN LOS DESPACHOS DE EDUCACIÓN PÚBLICA,

ELISA ESTELA VALLE DE MARTÍNEZ PAVETTI
EL SECRETARIO DE ESTADO EN LOS DESPACHOS DE COMUNICACIONES OBRAS PÚBLICAS Y TRANSPORTE,

JUAN FERNANDO LÓPEZ LEIVA
EL SECRETARIO DE ESTADO EN LOS DESPACHOS DE DEFENSA NACIONAL Y SEGURIDAD PÚBLICA,

LUIS ALONSO CARDONA MACÍAS
EL SECRETARIO DE ESTADO EN LOS DESPACHOS DE PLANIFICACIÓN, COORDINACIÓN Y PRESUPUESTO.

FRANCISCO FIGUEROA ZÚÑIGA
SEÑOR DIRECTOR DE EJECUTIVO DEL INSTITUTO NACIONAL AGRARIO, MARIO ESPINAL ZELAYA

Tegucigalpa, 2 de diciembre de 1987

"LA TRIBUNA" 4 DE DICIEMBRE DE 1987

GOBIERNO DE AZCONA ES DÉBIL

***No es capaz de controlar a los militares, sostiene

El gobierno hondureño es presentado como débil Al momento de tomar decisiones, a la vez que se le señala que no tiene control sobre el poder legislativo y los militares y su incapacidad de mantener y consolidar las coaliciones.

Lo anterior fue presentado en un seminario preparado por el Instituto Centroamericano de Administración de Empresas (INCAE), al cual asistieron inversionistas y dirigentes empresariales de Centroamérica que se desarrolló en fecha reciente.

De acuerdo al material de estudio utilizado en el evento, se realiza un análisis de las variables que puedan influir en la determinación del espacio político regional y las perspectivas para 1988.

El documento de estudio comienza con una evaluación de la política exterior y la asistencia externa de los Estados Unidos a los países de la región, excepto Panamá, en la cual se destaca que la ley Gram-Rudman-Hollings afectará al departamento de estado al reducírsele su presupuesto, y lo mismo se sentirá en la región.

En el anexo de la consolidación del gobierno del seminario destaca la debilidad de los gobiernos, la falta de control de los otros poderes, así como la capacidad de mantener las alianzas.

Sin embargo, en el apartado de disturbios políticos en los países, aparecen Guatemala, El Salvador, Nicaragua y y Panamá con problemas de Rebeldes armados o disputas políticas.

En cuanto a la actitud de los gobiernos hacia la intervención estatal en la economía, solo Honduras aparece libre de ese señalamiento Mientras que el resto de administraciones son sindicadas como tal. En cuanto a serios roces entre el sector público y el sector privado tampoco aparece la nación, junto a Costa Rica, con problemas en este aspecto.

En cuanto a un incremento en la polarización política, Guatemala, El Salvador y Panamá son considerados los estados que soportarán mayores disputas internas.

Sobre las perspectivas para 1988,el documento señala que en Honduras habrá mayor fragmentación (división) en los partidos políticos, igual situación acontecerá en la cámara legislativa, la capacidad de la oposición al gobierno será mayor; sin embargo considera que será menor la capacidad de consolidación del gobierno e igual caso para tomar e implementar decisiones.

Sobre el papel de los militares, el estudio indica que se incrementará y que los actuales problemas de seguridad interna se mantendrán o se profundizarán.

En cuanto a los parámetros para medir los problemas de sindicatos-huelgas se considera que los mismos aumentarán el año entrante y que sus políticos hacia el sector empresarial se mantendrán o pueden empeorarla, mientras que la eficiencia del aparato público continuará deteriorándose.

En el cronograma hondureño se considera como sectores de apoyo (externo e interno) al gobierno de José Azcona Hoyo a los Estados Unidos, con sus diversas agencias, Israel, los gobiernos del área, los movimientos políticos de Jorge Maradiaga, la desaparecida Alianza liberal del pueblo (ALIPO), las fuerzas armadas, los empresarios agrupados en las cámaras Honduro-Americana y la Universidad Nacional Autónoma.

Como grupo de oposición el sector externo los gobiernos de Cuba, Nicaragua y los movimientos sandinistas y Farabundo Martí, la banca privada internacional, los movimientos internos del Partido Liberal de Carlos Montoya, Carlos Flores Facussé, Ramón Villeda Bermúdez y Enrique Ortez Colindres, El Congreso Nacional, los grupos del Consejo Hondureño de Empresa Privada (COHEP), escribiendo así como los grupos armados de los frentes Morazanista y "Lorenzo Zelaya".

AZCONA NO PAGA FAVORES EMPLEANDO FUNCIONARIOS

El presidente José Azcona negó ayer que había nombrado funcionario en su gobierno para pagar favores personales, tal y como lo manifestó el secretario ejecutivo del instituto de previsión del magisterio (IMPREMA), Cecilio Castro Brands.

Castro Brands habría asegurado lo anterior a un matutino de esta ciudad, pero en la casa presidencial se negó todo lo anterior.

Un comunicado oficial ordenado por el mandatario afirma que con relación a un suelto aparecido en el diario El heraldo, atribuido el secretario ejecutivo del IMPREMA, bajo el título "presidente me nombró en pago a un favor personal", se aclara que el presidente Azcona no ha nombrado ningún funcionario ni empleado público atendiendo a razones de orden personal sino por estrictos motivos de capacidad y honestidad.

En este caso particular, Castro Brands fue nombrado, por un lado, a petición del Primer Colegio Profesional de Maestros de Honduras (PRICMA) y, por otro, porque reúne las condiciones que se requieren para ocupar el cargo y sus funciones, efectivamente, están asignadas por la eficiencia y honradez que caracterizan a este gobierno en el manejo de administración pública, finaliza diciendo el comunicado oficial.

"LA TRIBUNA" 3 DE DICIEMBRE DE 1987

Aclara el gobierno:
AZCONA NO PAGA FAVORES AL HACER NOMBRAMIENTOS

TEGUCIGALPA.- El presidente José Azcona Hoyo, "no ha nombrado a ningún funcionario ni empleado público atendiendo a razones de orden personal, si no por estrictos motivos de capacidad y honestidad", según la secretaría de prensa de la presidencia de la república.

La secretaría de prensa se refirió, a través de un comunicado, respondiendo a la publicación aparecida ayer en un diario capitalino, en la que se afirma que el secretario ejecutivo del Instituto Nacional de Prevención Magisterial (IMPREMA), José Cecilio Castro, reveló que él se encuentra en ese puesto como pago a un favor personal que le hizo al presidente Azcona.

"En este caso particular, el licenciado Cecilio Castro Brands fue nombrado, por un lado, a petición del Primer Colegio Profesional de Maestros de Honduras (PRICMMA) y por el otro, porque reúne las condiciones que se requieren para ocupar el cargo, y sus funciones, efectivamente, están asignadas por la eficiencia y honradez que caracterizan a este gobierno en el manejo de la Administración pública", dice el boletín. (TDG)

"TIEMPO" 3 DE DICIEMBRE DE 1987

DUELO NACIONAL POR MUERTE DE JUAN A. MELGAR

TEGUCIGALPA.- el presidente José Azcona hoyo cuando daba el pésame con su esposa Doña Miriam, a la ex primera dama de la nación Doña Alba Nora de Melgar por el fallecimiento de su cónyuge el ex jefe de gobierno y general en retiro Juan Alberto Melgar Castro. Félix mandatario falleció la mañana de ayer en su Hacienda "San Juan", de la jurisdicción de San Antonio, Cortés, pero su sombra fue una vez tienen lugar en esta ciudad capital en calidad de jefe de estado y expresidente del Comité Central del Partido Nacional. Su resto mortales permanecerán en Capilla ardiente en la sede de la fuerza aérea y en la casa de esa institución política, desconociéndose cuándo será su sepelio. Más información en páginas 4,5,8,9,10 y 11.

APUNTA AZCONA:

FUE BUEN MILITAR Y GOBERNANTE MODERADO

***En su gobierno se recuperaron ferrocarriles

TEGUCIGALPA.- Dic. (ACAN EFE).- El presidente de Honduras José Azcona lamentó la muerte del jefe de estado general Juan Alberto Melgar Castro, que fue, según sus palabras, "un hombre valioso, un gobernante moderado y buen militar".

Melgar Castro, quien gobernó desde el 22 de abril de 1975 al 7 de agosto de 1978, murió a las 11:15, hora local, en su finca de Cortés, al norte de esta capital.

El ex-militar, que también fue comandante de la Fuerzas Aérea y ministro de Gobernación, contaba con 57 años de edad.

Los tres poderes del Estado, instituciones públicas y privadas emitieron acuerdos de duelo lamentando su fallecimiento.

Durante su administración se abrió una nueva política bananera y se recuperaron los muelles y ferrocarriles que durante un siglo habían estado en poder de compañías transnacionales de Estados Unidos.

"LA TRIBUNA" 3 DE DICIEMBRE DE 1987

PRESIDENTES AZCONA DONA LPS. CIEN MIL, AL COMITÉ OLÍMPICO HONDUREÑO

TEGUCIGALPA.- EL COMITÉ OLÍMPICO HONDUREÑO, recibió 100,000 lempiras como ayuda económica personal del señor presidente de la república ingeniero José Simón Azcona hoy como contribución para que se dirige la preparación de los contingentes nacionales para los cuartos juegos deportivos centroamericanos, a realizarse en el país.

Que el cheque recibido por el comité olímpico hondureño es el número 2076984 contra la cuenta especial de la partida confidencial del señor presidente del Banco Central de Honduras.

"TIEMPO" 3 DE DICIEMBRE DE 1987

Hoy
DIALOGARÁS CON LA CON DIRIGENTE EMPRESARIALES

TEGUCIGALPA.- Para este día se encuentra previsto una reunión entre el presidente José Simón Azcona y los directivos del Consejo hondureño de la Empresa Privada.

Durante dos oportunidades ese diálogo no se había podido llevar a cabo por distintas circunstancias, entre ellas la visita que el mandatario afectó en su momento a Estados Unidos, por lo que se oficializó para este jueves a partir de las 10 de la mañana en la casa de gobierno.

Directivos del Consejo Hondureño de Empresa Privada manifestaron a LA PRENSA que será una buena oportunidad para conocer algunos aspectos relacionados con el trabajo cumplido por el gobierno de Azcona durante 1987,así como las proyecciones que en el campo económico piensa llevar a cabo durante el próximo año.

Se Indicó que la presunta intención del presidente Azcona para vetar el decreto autorizado por el Congreso Nacional durante su recién clausurado periodo legislativo, extendiendo los efectos legales de las extensiones Fiscales y de la industria hasta junio de 1988, será uno de los temas que ocupará la atención en el cambio de las impresiones del mandatario con los empresarios. El consejo hondureño de la empresa privada desea conocer si el ingeniero Azcona piensa efectuar cambio en su gabinete durante el próximo año, Aunque en general desean saber las circunstancias que continuarán moviéndose las relaciones de la empresa privada con el gobierno.

Si confirmar se Indicó que los directivos del COHEP entregarán al presidente Azcona un documento que contiene sus puntos de vista sobre la situación económica del país, así como ciertas sugerencias que eventualmente pudieran ser puestas en práctica por el régimen liberal para superar varios problemas que caen directamente en ese campo.

"LA PRENSA" 3 DE DICIEMBRE DE 1987

AZCONA PRESENTE EN EL VELATORIO DEL GENERAL MELGAR CASTRO

TEGUCIGALPA.- el presidente osco no hoyo llegó anoche a la vela Alex jefe de estado Juan Alberto Melgar Castro para dar su pésame a los familiares.

Azcona Hoyo llegó a la capilla del "Sagrado Corazón" en la Base Aérea "Hernán Acosta Mejía" junto a su esposa Miriam Azcona a las 8:15 de la noche, en medio de decenas de políticos liberales y nacionalistas.

El mandatario como de costumbre era acompañado por una fuerte custodia, hizo fila para poder ver en el féretro al general Melgar Castro. Después, rindió su pésame a doña Nora Gúnera de Melgar y a sus hijos.

Azcona durante su permanencia en el lugar conversó con políticos y militares activos y retirados que estaban en la vela.

Se supo que otros miembros del gabinete de gobierno y otros funcionarios amigos del ex jefe de la Fuerza Armada llegaron también a dar su pésame a la familia Melgar Gúnera.

Entre ellos se observó anoche el secretario privado del presidente Williams Hall Rivera, al ministro de hacienda, Efraín Bú Girón y el ministro de trabajo, Adalberto Discua.

Discua fue secretario general del Comité Central que presidió Melgar Castro en 1985.

En el lugar también se encontraban altos jefes militares y se esperaba la llegada del jefe de las fuerzas armadas, general Humberto Regalado Hernández. (GP)

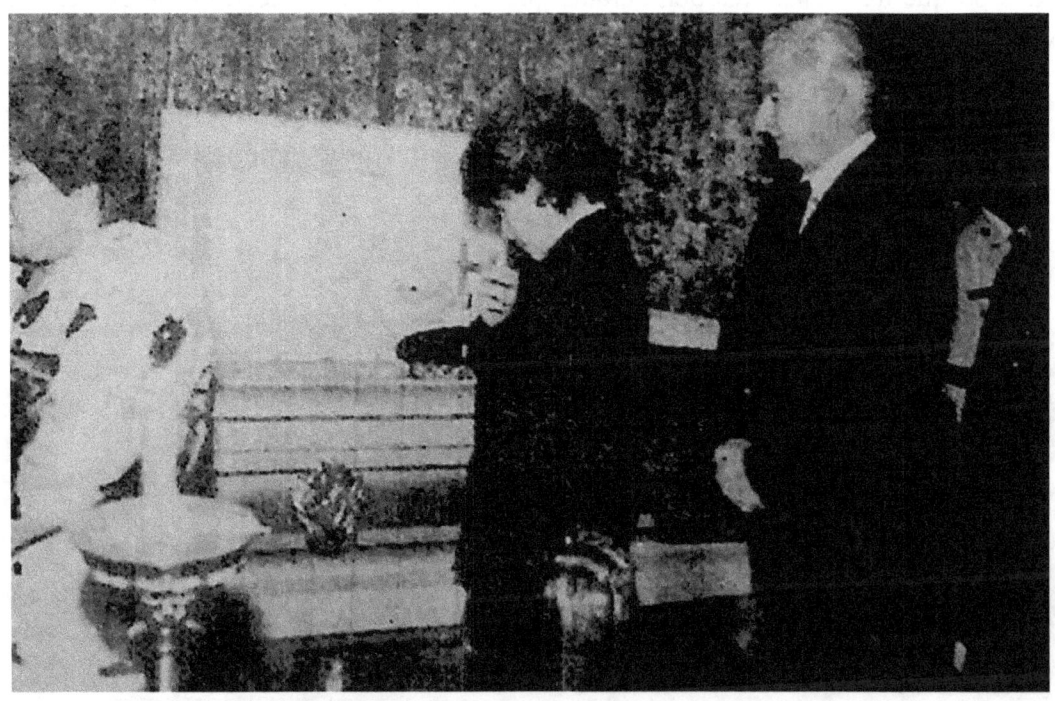

El presidente José Azcona y su esposa Miriam Bocock
observan el cadáver del General Melgar Castro.

COHEP: URGE LIMPIAR LA IMAGEN HONDUREÑA

*****El sector empresarial planteó ahí al presidente José Azcona la necesidad de buscar la forma de mejorar la mala imagen que tiene Honduras en el exterior.*

Jorge Gómez Andino, presidente del Consejo hondureño de la empresa privada dijo que en los actuales momentos el gobierno sandinista tiene una imagen mil veces mejor que la de Honduras.

Durante una hora el gobernante dialogó con los presidentes de 20 organizaciones afiliadas al COHEP, quieren el expresaron su preocupación por el deterioro del concepto que del país tienen en el ámbito internacional.

"Tiene que haber un compromiso de todos los hondureños para darle a Honduras una imagen positiva, de lo bueno que tenemos, de la Democracia que vivimos, de La Paz, de la tranquilidad", señaló.

El dirigente empresarial comentó que, no obstante en el país nadie produce cocaína, " se nos está presentando en el exterior como si aquí funciona el Cartel de Medellín. Eso se origina en Colombia y a nuestro país solo utilizan como puente, pero se nos presenta como si fuéramos gente contrabandista de drogas".

Indicó que es urgente del gobierno empresa privada y medios de comunicación aún en esfuerzo para limpiar la imagen del país, "principalmente los Estados Unidos de América donde tal concepto es malísimo y puede incidir enormemente en una reducción de la ayuda económica".

"El próximo año será crucial para la cooperación económica que recibió Honduras de los Estados Unidos porque hay senadores demócratas que propongan recomendó quién es este creo que viene por la de por no dar asistencia a este país a causa de esto asuntos negativos por lo que es necesario darle una nueva imagen a la nación, recomendó.

Gómez Andino señala, que los demás países de la región Incluyendo a Nicaragua pagan anualmente alrededor de 350,000 a compañía publicitarias norteamericana para que les promocionen diversos países.

Los dirigentes empresariales durante la reunión con el presidente José Azcona, a quien propusieron que se haga una campaña internacional para mejorar la imagen de Honduras, la cual se encuentra seriamente afectada.

126

AZCONA PROMETE AL COHEP QUE RESPETARÁ PRÓRROGA

El presidente José asco no prometió llegar al consejo hondureño a la empresa privada que no vetará la prórroga de los incentivos fiscales aprobadas por el Congreso Nacional.

La continuidad de los incentivos fiscales o exoneraciones para el sector Industrial estaba contemplada en el decreto del nuevo arancel, cuyo propósito fundamental era eliminar toda la franquicias.

Los industriales tenía informe de que el mandatario detalla la decisión congresal de la exoneraciones porque desnaturaliza el objetivo del nuevo arancel, cuya aprobación obedece a un compromiso con la agencia para el desarrollo internacional.

El presidente del COHEP, Jorge Gómez Andino, dijo que los incentivos fiscales solamente quedarán vigentes los primeros seis meses del próximo año para ver cómo funciona la aplicación del nuevo arancel.

"En todos los países donde se ha cambiado la ley arancelaria existen problemas y se tiene que dejar en evidencia por algún tiempo algunas disposiciones a fin de ir implantándolas poco a poco", señaló.

El dirigente empresarial manifestó que al mandatario comprende la situación y que les dijo que ni siquiera ha pensado en vetar esa prórroga de los incentivos fiscales.

"LA TRIBUNA" 4 DE DICIEMBRE DE 1987

CON ELECTRICIDAD PAGAREMOS DEUDA QUE TENEMOS CON TICOS

Honduras espera pagar la mitad de su deuda comercial con Costa Rica mediante el suministro de energía eléctrica, informó ayer el director general de Integración Económica, Mario Perdomo.

El funcionario dijo que representantes de los bancos centrales de ambos países negocian un mecanismo para liquidar el débito por el intercambio comercial.

"Se busca que la deuda documentada, explicó, se puede negociar a unos 4 años y más que el producto de las ventas de energía eléctrica, que suman mensualmente 800 mil dólares, sea cargado en el 50 por ciento al saldo comercial".

El intercambio de bienes con Costa Rica, día tratado bilateral, está suspendido desde noviembre del año anterior, fecha en la cual la deudo alcanzaba los 56 millones de lempiras.

La semana anterior, los ministros de economía de ambos países firmaron un nuevo contrato bilateral de comercio, pero para que entre en vigencia se requiere que sea ratificado por el Congreso Nacional.

El titular de economía, Reginaldo Panting, envió el convenio al poder legislativo jueves anterior, pero no fue discutido porque el período de sesiones fue clausurado el lunes de la presente semana.

Ante esto, el director de Integración dijo que este tratado podría ser ratificado por el presidente de la República en consejo de ministros para que el comercio entre ambos países se reinicia la mayor brevedad.

4 DE NOVIEMBRE DE 1987. "EL HERALDO"

AZCONA NO VETARÁ INCENTIVO FISCALES A INDUSTRIA NACIONAL

El mandatario José Azcona hoyo aseguró que la cúpula empresarial hondureña, la sostener un encuentro ayer en la casa presidencial, que no votará el decreto de incentivo Fiscales que fueron prorrogados por el Congreso Nacional para 1988.

La afirmación la realizó el estadista cuando recibió 20 presidentes de la asociaciones empresariales agrupadas por el Consejo Hondureño de la Empresa Privada (COHEP), el máximo organismo de la iniciativa privada conformado por un total de 29 agrupaciones.

Jorge Gómez Andino, presidente del COHEP, atribuyó a Azcona Hoyo la información en el sentido de que el gobernante respetará la decisión de la cámara legislativa de prolongar los incentivos de la Industria, mientras entren en vigencia la nueva legislación arancelaria Y aduanera a partir de enero de 1988.

El jefe empresarial manifestó que le hicieron ver a Azcona Hoyo la necesidad de la vigencia de los incentivos fiscales que recibe el sector Industrial en forma transitaria mientras comience a trabajar el arancel.

Apuntó que la anterior es básico para observar el comportamiento del nuevo arancel y su impacto en la industria y el sector privado. Así mismo dijo que pasar de la vieja estructura, conocida como NAUCA I, a la nueva, llamado El arancel de Bruselas, se enfrentan a dificultades las personas que trabajan en el sector aduanero.

SE NECESITA NUEVO PLAN ECONÓMICO PARA 1988

Gómez andino dijo que los dirigentes empresariales le plantearon al mandatario la necesidad de un "Nuevo Plan Económico" para 1988 y en ese sentido le brindaron algunos adelantos de lo que piensan los inversionistas, quedando con la promesa de presentarle un trabajo completo sobre el punto en los días venideros.

Indicó que el actual plan económico ya se cumplió en su mayoría y que solo faltan por ejecutarse ciertos aspectos del Plan Monetario, que elaborará anualmente el directorio del Banco Central, para cumplir con las metas del gobierno en este campo.

El dirigente no precisó Cuáles pueden considerarse los mayores logros y qué metas era la que se había impuesto el gobierno en el referido plan.

La propuesta de los dirigentes de la iniciativa privada es reestructurar el plan del presente año, Aunque ellos prefieren un nuevo plan económico para 1988 En vista que esperan aportarle nuevos elementos.

PREOCUPANTE MORA SE MANTIENE CON INDUSTRIA DE LA CONSTRUCCIÓN

Los dirigentes de las asociaciones empresariales manifestaron al presidente su preocupación por la Mora que se mantiene con la industria de la construcción, ya que de hace meses el gobierno no les paga.

El dirigente del COHEP apuntó que existen hasta 4 meses que los empresarios de la construcción no reciben fondos y conocen Que los desembolsos del Banco Interamericano de Desarrollo (BID), más los trámites burocráticos oficiales crean estos problemas.

Le indicaron al mandatario Azcona Hoyo que no corregirse estas fallas existe el pedido que muchos proyectos públicos que realiza la industria de la construcción se vean paralizados en el futuro y que el nuevo plan económico del gobierno para 1988 debe tener en cuenta lo anterior.

*El presidente José Azcona hoyo escucha la posición que le manifestaron ayer
los líderes empresariales hondureños en la casa de gobierno. (foto Alejandro Serrano).*

GOBIERNO LAMENTA DECESO DEL GENERAL MELGAR CASTRO

DECRETO EJECUTIVO No. 11-87 Tegucigalpa, D.C.   2 de diciembre de 1987.   EL PRESIDENTE DE LA REPÚBLICA, EN CONSEJO DE MINISTROS.

CONSIDERANDO: Que el día de hoy a las 11:30 a.m falleció el general Juan Alberto Melgar Castro, ex jefe de estado de la República, entre el dolor de sus familiares y pueblo Hondureño que supo apreciar sus cualidades de ciudadano ejemplar.

CONSIDERANDO: Que ilustre desaparecido prestó relevante servicios a la patria, desde distintas posiciones de la Administración pública.

CONSIDERANDO: Que el general Juan Alberto Melgar Castro fue un esforzado defensor de la soberanía nacional e integridad territorial.

CONSIDERANDO: Que es una obligación del Estado rendido honores a los ciudadanos que se han distinguido por su entrega y devoción a la patria.

POR TANTO:

DECRETA:

1º. -Lamentar el deceso ilustre general Juan Alberto Melgar Castro, el jefe de estado de la República y declarar por tal motivo tres días de duelo sin suspensión de labores debiendo mantenerse la bandera nacional izada a media asta en los edificios públicos.

2º. Disponer que las autoridades militares tributen a la ilustre extinto los honores de ordenanza; y;

3º. Poner en manos de honorable esposa e hijos, copia del presente decreto.

COMUNÍQUESE.

JOSÉ SIMÓN AZCONA
Presidente

"TIEMPO". 4 DE DICIEMBRE DE 1987

EN REFORMAS PRESUPUESTARIAS:
NACIONALISMO "TRAMPEÓ" AL GOBIERNO DE AZCONA

La federación de cooperativas agropecuarias de la reforma agraria de Honduras solicitó en carta pública al presidente del Congreso Nacional para que interponga sus buenos oficios para que se modifique el decreto de aprobación del presupuesto de egresos e ingresos de la República, a la vez que afirma que el gobierno liberal cayó en una trampa del Partido Nacional.

FECORAH dice que le consta por lo que ha visto y oído de los grandes problemas que enfrenta el presidente Azcona, tales como huelgas de sindicatos, que muy sabiamente los ha sabido resolver pero utilizando los recursos económicos, materiales y humanos con que cuenta el país.

Se afirma que el Partido Nacional, en una táctica política tomó la iniciativa de reducir el déficit fiscal recurriendo hacer recortes y ajustes al presupuesto y, por ende, afectando partida de instituciones tan importantes como recursos naturales, Instituto Nacional Agrario y otros que tienen como función mejorar y aumentar la producción del agro, de donde dependen la tranquilidad y la economía del país.

La organización declara que, para reducir el déficit fiscal, es necesario aumentar cuantitativa y cualitativamente la producción agrícola, agroindustrial e industrial, forestal y otras que puedan tener buenos precios en los mercados, logrando con ellos traer más ingresos para mejorar la economía del país.

Tal como se aprobó el presupuesto, lo que se ha hecho es darle las manos al gobierno liberal, para que no pueda atender las demandas y necesidades del pueblo, de lo que sin duda alguna sacará provecho el Partido Nacional, que desde ahora está adoptando las posiciones políticas, apartándose de más lógicamente de la unidad nacional y así alegar en el futuro que no han tenido ninguna responsabilidad en la crisis que lógicamente va a provocar esta "trampa", afirma el documento.

De ser posible interponga sus buenos oficios a fin de que se reforme el decreto de aprobación del presupuesto y se puedan hacer algunas consideraciones de acuerdo al proyecto presentado por el Poder Ejecutivo convocando para ellos Si fuera necesario a una "sesión extraordinaria", dice finalmente.

NECESITAMOS GANAR UNA IMAGEN MÁS POSITIVA EN EL EXTERIOR: GÓMEZ A.

TEGUCIGALPA.- la imagen que tiene el país a nivel internacional y la posibilidad de apoyo a los programas económicos gubernamentales fueron los principales temas abordados ayer por el presidente Azcona y los representantes de las organizaciones que integran el consejo hondureño de la empresa privada (COHEP).

El presidente de esta agrupación, Jorge Gómez Andino, dijo que los empresarios se muestran preocupados por la mala imagen de Honduras y en ella estarían representados todas las organizaciones incluidos los medios de comunicación social.

"Necesitamos una imagen más positiva en el exterior y en eso ustedes (los medios), tienen que jugar un papel bastante importante y definitivo para crear una imagen Clara dentro de Honduras que refleje lo mismo en el exterior", declaró.

"La comisión de trabajo, a juicio del dirigente empresarial, también apoyará a los programas económicos que se propone ejecutar el gobierno en los próximos años en los cuales la empresa privada colaborará en lo que esté a su alcance.

Gómez Andino opinó que en Honduras se maximizan las cosas y se refiere al problema del narcotráfico que ha tenido matices internacionales.

"Yo acabo de venir de Europa y ahí la imagen de nuestro país es totalmente negativa", relató el presidente del COHEP.

Los empresarios al momento de despedirse al presidente Azcona, después de la reunión efectuada ayer en Casa de Gobierno. (Foto de Aulberto Salinas).

Según Gómez andino la convulsión centroamericana ha ocasionado la presencia de los contrarrevolucionarios nicaragüenses en nuestro país y ha contribuido a proyectar una imagen negativa entre los países europeos.

"Hemos perdido los centroamericanos nuestro destino, estamos en manos de Reagan y de Gorbachov, entonces debemos tomar nuestro destino y para mí la cuestión de Esquipulas es una

131

cosa hermosa, es por eso que los empresarios apoyamos al señor presidente en la implementación de los compromisos", manifestó.

Reveló que Azcona estuvo anuente a la sugerencia de los empresarios y sus ofrecimientos de cooperar.

Finalmente sostuvo que Nicaragua tiene una imagen "mil veces" mejor que la nuestra en virtud que ellos pagan alrededor de 400 mil lempiras a organizaciones especializadas para conseguir estos fines.

MEJORES ALUMNOS SERÁN RECIBIDOS POR AZCONA

El presidente de la república, José Azcona recibirá en los próximos días a los 18 mejores alumnos en educación primaria del país, quienes visitarán además diversos lugares turísticos de Tegucigalpa e instituciones públicas y de carácter privado.

El Ministerio de Educación a través de la dirección de Educación Primaria con el apoyo del mandatario Azcona, ha creado el premio "mejor estudiante" en el sector primario en el cual consiste en la selección de aquel alumno que ha obtenido calificaciones excelentes durante toda su educación primaria, dicha selección se realiza en cada departamento del país, para contar en los últimos meses del año con la lista de los mejores estudiantes en el nivel primario.

Los alumnos también visitarán a la titular de Educación, Elisa Valle de Martínez y otras autoridades que rectoran la enseñanza a nivel nacional, y para finalizar se le brindará un almuerzo en Casa de Gobierno.

El responsable de Educación primaria, Amílcar Rivera Calderón, dijo que como una forma de estímulo hacia los niños se les premiará con una beca para que realicen sus estudios secundarios en el centro de enseñanza que sus padres determinan conveniente.

Así mismo se les entregará diploma de reconocimiento por su grado de aprovechamiento y sus respectivos estudios primarios.

AJEDREZ CAPITALINO SOLICITA AYUDA AL PRESIDENTE AZCONA

TEGUCIGALPA.- (Russell E. Ramos).- Julio César Maríni, presidente de la liga central de ajedrez, dio declaraciones a deportes LA PRENSA mostrando su preocupación por la posición que ha adoptado el gerente de la CONAPID, Rolando Polio Garay, cuando se ha informado por varios medios de comunicación escritos que desocupen el local que ocupa actualmente las instalaciones del Estado Nacional.

En sus declaraciones manifestó que "Esta es una liga pobre, no tiene lo suficiente fondo para conseguir un nuevo local que sea adecuado. Tenemos un promedio de 600 ajedrecistas --dijo--Le estamos prestando la colaboración a las Fuerzas Armadas de Honduras, Ministerio de Educación Pública y la Universidad Nacional Autónoma de Honduras.

"Le hemos enviado al presidente constitucional de la república, Ing. José Azcona Hoyo, una nota planteando el problema que estamos pasando ya que es el presidente de la CONAPID y estamos seguros que nos ayudará para que nos saquen de este local", añadió Marini.

"Se están haciendo los contactos respectivos para poder asistir al Campeonato Mundial de Ajedrez que se realizará en Grecia", concluyó Marini.

"LA PRENSA" 4 DE DICIEMBRE DE 1987

AZCONA Y REGALADO PRESIDIRÁN ACTOS EN EL DÍA DEL EJÉRCITO NACIONAL

SAN PEDRO SULA.- El presidente de la república, ingeniero José Azcona Hoyo, y el jefe de las fuerzas armadas de Honduras, general Humberto regalado Hernández, asistirán a los festejos del 163 aniversario del ejército nacional, que tendrán lugar en esta ciudad el viernes 11 de los corrientes.

Por su parte la oficina de relaciones públicas de las Fuerzas Armadas, en un boletín especial dio a conocer ayer que en las celebraciones del día del ejército nacional darán inicio desde el 8 hasta el 11 de diciembre próximos a las diferentes instalaciones militares de San Pedro Sula y lugares aledaños, aparte de que en los campos "Jaar" situado frente al plantel de las Bodegas municipales, "Dandy" del barrio Medina, se harán demostraciones de destreza militar y manejo de equipos bélicos para que el pueblo pueda presenciarlos.

Los días 8 y 9 en los mencionados campos se desarrollarán variados programas que incluyen exhibición de armamentos y uniformes, demostraciones de salto libre y prácticas de autodescenso, así como extracción vertical. También los Caballeros Cadetes de la Escuela Militar "Francisco Morazán" realizarán demostraciones de destreza militares y gimnasia.

Por su parte, el departamento de historia militar de las FF.AA. Participará con una exposición de fotografía relacionadas con la historia del ejército. El día 9 de diciembre, a partir de las 6 de la tarde con una duración de tres horas, la banda del Comando en jefe ofrecerá un concierto en el parque central, acto al cual se invita a asistir a toda la ciudadanía Sampedrana.

Entre tanto, el día 10 de diciembre se desarrollará un programa de diversiones para la tropa en las diferentes instalaciones militares aledañas a San Pedro Sula.

Empero, ya en la fecha consagrada Al Día del Ejército Nacional (el 11 de noviembre) el programa especial a desarrollarse contempla una ceremonia singular en la sede de la 105 brigada de Infantería, la cual dará inicio a las 9 de la mañana inmediatamente concluido dicho acto se realizará un grandioso desfile militar por las principales calles de la ciudad.

" LA TRIBUNA" 5 DE DICIEMBRE DE 1987.

PRESIDENTE RINDE HOMENAJE A MEJORES ALUMNOS DEL PAÍS

El presidente usas con Arlin dio un homenaje ayer al mediodía A los 18 mejores alumnos de las escuelas primarias del país que en el presente año lectivo finalizaron sus estudios básicos, en un acto muy emotivo que se desarrolló en el Salón Azul de la Casa Presidencial.

Al evento se hizo presente la ministra de educación, Elisa Valle de Martínez, y director del Patronato Nacional de la Infancia, Roberto Galindo, instituciones que se encargaron de coordinar el evento que se realiza cada año para estimular a un niño por cada departamento del país.

"Estos actos me llenan el espíritu de entusiasmo y alegría. Reconozco que estos jóvenes son grandes luchadores, porque la mayoría proviene de lugares donde es difícil adquirir conocimiento, es decir, de aldeas y caseríos", dijo el presidente.

Pero esto demuestra que la educación está llegando los rincones más apartados del país, lo que significa una esperanza para la patria, porque si no hay educación difícilmente se puede pensar en el desarrollo nacional. Mi gobierno se compromete a continuar luchando por fomentar la educación en Honduras. A ustedes los éxitos a que sigan adelante", dijo el mandatario.

La ministra de Martínez reconoció los esfuerzos de los muchachos y expresó que todo se debió, fuera de su interés por estudiar, a Qué provienen de núcleos familiares bien integrados.

Los niños primero recorrieron las instalaciones de la presidencial. Luego de los actos oficiales, el presidente Azcona almorzó con ellos en la segunda planta de la Casa de Gobierno.

Los infantes lucían sumamente cansados porque estuvieron esperando al presidente por espacio de una hora, de pie. EL PANI informó que les brindó transporte, hospedaje y alimentación y le dio 100 lempiras y un pergamino como premio.

El gobierno, por su parte, les concede una beca de 50 lempiras mensuales para que estudien, siempre y cuando sea en un colegio del Estado.

El presidente José Azcona estrecha la mano de los 18 mejores alumnos del país en el nivel primario, de este año, que ayer visitaron la Casa Presidencial. (Foto de Aquiles Andino)

Un alumno entrega un obsequio típico al presidente Azcona. (Foto de Aquiles Andino)

AZCONA HOYO:
NO ES NUEVO EL TRÁFICO DE DROGAS

Fuerza Armada seguían en la pista, desde hace más de dos meses,
a la cocaína descubierta en Estados Unidos, sostiene

La imagen de Honduras en el exterior "es bastante buena", expresó ayer el presidente José Azcona, y afirmó que las declaraciones de Jorge Gómez Andino, presidente del COHEP, "no fueron extendidas" pues lo que este quiso decir es que Nicaragua se publicita más en el extranjero, incluso en los Estados Unidos.

Lo que Gómez Andino quiso decir es que "debemos esforzarnos todos para formar una mejor imagen de Honduras, periodista y medio de comunicación; es cierto que hay problemas, acoto azcona, pero lo importante es que en vez de dar noticias perjudiciales para Honduras debemos de dar noticias beneficiosas".

Hay que hacer resaltar las cosas buenas, no solo las malas. Se ha descubierto un tráfico de cocaína y eso quiere decir que las autoridades están preocupadas y se está dando todo el seguimiento, dijo el mandatario. No creo que haya un país en toda Latinoamérica, agregó el presidente, sobre todo los que están cerca de los Estados Unidos, (que no participe en este negocio) unos producen drogas, otros sirven de Estación; esto es difícil, dijo, porque esa gente tiene una organización muy grande y se juegan miles de millones de dólares.

En Colombia, que es un gran país, amenazan hasta el gobierno, pero hay que destacar el hecho de que las autoridades están preocupadas por esclarecer esta situación.

Quiero decirles, apuntó que esto (el tráfico de drogas)no es de ahora, hace dos meses y medio se me informó de las fuerzas armadas que se le seguía la pista todo y se solicitaría ayuda a los Estados Unidos, Cómo se hizo, por lo que no fue casualidad ya que la investigación se hace de hace varios meses.

"EL HERALDO" 5 DE DICIEMBRE DE 1987

INFORMAN AZCONA SOBRE REFUGIADOS

TEGUCIGALPA.- (Faustino Ordóñez Baca).- el representante en Honduras del alto comisionado de las Naciones Unidas (ACNUR), Waldo Villalpando, se reunieron ayer con el presidente José Azcona Hoyo a quien le entregó un informe pormenorizado de la situación de los desplazados de guerra en el país.

El gobernante también tuvo conocimiento oficial de la agresión a que fue objeto Hace algunos días en uno de los campamentos salvadoreños, el coordinador de la Comisión Nacional de Refugiados (CONARE), Coronel (r) Abraham García Torres.

Este año más de 9000 refugiados han sido repatriados de los cuales 1 5000 son salvadoreños, dijo el representante de ACNUR agregando que posiblemente a las próximas semanas otra cantidad de desplazados de este vecino país vuelvan a sus tierras.

Además de los salvadoreños los refugiados misquitos nicaragüenses han mostrado su interés en repararse por lo que se está trabajando en este aspecto, dijo Villalpando.

Durante el presente año han ingresado en calidad de refugiados, más de 3000 ladinos nicaragüenses, alrededor de 700 misquitos y 40 salvadoreños pero en su mayoría estas personas ya habían estado bajo la protección de ACNUR.

En cuanto a la agresión que fue objeto García Turcios, el entrevistado dijo que ACNUR lamenta este incidente, pero recalcó que no fue una agresión grave y que tal vez fue motivada por la "situación difícil" en que viven los refugiados.

No obstante la preocupación del Ministerio de Relaciones Exteriores, que pidió al alto comisionado de las Naciones Unidas señor Jean Pierre Jocke, el retiro de los desplazados de guerra salvadoreños, Villalpando, dijo que esa inquietud es compartida por la representación en Honduras pero no dijo si la solicitud será aceptada.

Informó vi al Pando que Próximamente iniciará en la Mosquitia un programa de reforestación financiado por las Naciones Unidas y que será ejecutado en aquellos lugares que fueron talados por los grupos de refugiados.

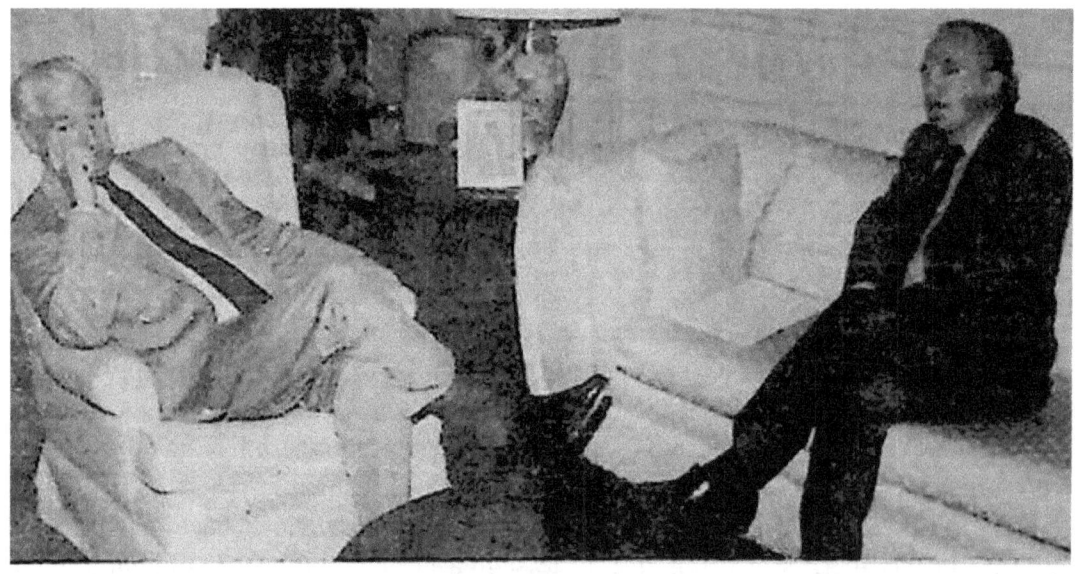

El señor Villalpando, representante de ACNUR informó ayer al presidente Azcona sobre los refugiados. (Foto Salinas).

Dijo que los nicaragüenses instalados en campamentos de Jacaleapa paulatinamente serán presentados en "Las Vegas" un lugar bastante alejado de esta comunidad oriental. ACNUR ha ingresado al país en los últimos 5 años alrededor de 50 millones de dólares (cien millones de lempiras) a razón de 25 millones por año, en el mantenimiento y protección de la población que huye de la guerras.

Además del servicio que ACNUR presta a los refugiados, también de empleo a unas 400 personas que laboran en los distintos campamentos, dijo el representante de este organismo mundial en Honduras.

PRESIDENTE SANCIONA DECRETO DE AMNISTÍA

El presidente Azcona Hoyo sancionó ayer el decreto mediante el cual se concede una amnistía amplia e incondicional a las personas sentenciadas, encausadas, detenidas o sujetas a procesos por delitos políticos o comunes conexos.

El decreto había sido aprobado por el Congreso Nacional en la sesión del pasado 29 de noviembre como parte de los acuerdos adoptados por los presidentes centroamericanos en Guatemala para lograr la pacificación del área.

El perdón gubernamental favorecerá a las personas acusadas de atentar contra la seguridad interior del Estado y los delitos similares que contempla el Código Penal Militar que hayan sido cometidos con anterioridad a la fecha de vigencia del decreto.

La amnistía también favorece a los campesinos que han participado en acciones colectivas, promovidas por grupos afiliados a la organizaciones campesinas, y que hayan sido sentenciados, encausados, detenidos o sujetos a un proceso en cualquier juzgado o tribunal de la República por actos delictivos, excepto asesinato u homicidio.

El decreto Establece que los extranjeros beneficiados con la amnistía "deberán abandonar el territorio hondureño con destino al país que escojan dentro del plazo que para ese fin le señale la Dirección General de Población y Política Migratoria".

La decisión de decretar amnistía en favor de muchos campesinos se adoptó por considerar que por fenómenos propios de una nación en desarrollo, algunas condiciones socioeconómicas adversas han conducido a los labriegos a participar en actos que, aún cuando están tipificados como delitos comunes, no se producen por la peligrosidad o ánimo de infringir la ley sino por su respetable ambición de mejorar las condiciones de vida en que ellos y sus descendientes se desenvuelven.

El proyecto de decreto que sirvió de base a la Declaratoria de Amnistía fue entregado al Congreso Nacional por la Comisión Nacional de Reconciliación integrada por el presidente José Azcona Hoyo a instancias de los acuerdos de Esquipulas II.

18 MEJORES ESCOLARES DEL PAÍS RECIBIDOS POR AZCONA

Los 18 mejores estudiantes de Educación primaria de la República fueron recibidos ayer por el presidente José Azcona Hoyo, Mejía para que en la ocasión representó, según sus propias palabras, "uno de los actos que verdaderamente me llenan de alegría".

Los alumnos sobresalientes, 13 varones y cinco niñas, provienen de la zona Rurales de sus distintos departamentos y fueron traídos a la capital en el marco de la ceremonia anual que promueve El patronato Nacional de la infancia (PANI).

La ceremonia llevada a cabo en la casa de gobierno revistió gran colorido y emoción debido a que los alumnos entregaron 18 presentes al mandatario, la mayoría confeccionados con materias primas locales entre ellas Junco de Santa Bárbara, la arcilla del Valle y la batana de La Mosquitia.

Los estudiantes, por su parte, recibieron diplomas de honor y medallas de oro por haber alcanzado las notas máximas al cursar Educación Primaria.

El presidente Azcona felicitó a los niños de todo el país "porque son grandes luchadores que han destacado en sus estudios en lugares donde es muy difícil adquirir conocimientos".

El mandatario recordó que para él fue muy difícil también salir adelante en sus estudios debido a que afrontó bastantes dificultades.

"Me esforcé todo lo que pude ya que cuando ingresé a la universidad hacía muchos años Que había salido de bachillerato, pero al final salí bien", confesó el gobernante.

Los 18 escolares sobresalientes cumplen en Tegucigalpa una jornada cultural y recreativa del dos al siete de diciembre.

Además de la casa presidencial, han llegado a cabo visitas a diario El Heraldo, Congreso Nacional, teatro Manuel Bonilla, biblioteca y museos nacionales, Basílica de Suyapa, emisoras unidas, Ministerio de Educación.

Dos botellas de batana, medicamento que usan los miquitos para evitar la caída del cabello, le fueron entregadas ayer al presidente Azcona por la niña Evelyn Walda Flores, de la escuela Francisco Morazán, de la comunidad de la punta, gracias a Dios.

El estudiante de Valle, José Antonio Santos, entregó al presidente Azcona el típico "gallo" de arcilla que se fabrica en la región sur del país. (Fotos Alejandro Serrano).

"El Heraldo". 5 de diciembre de 1987

MEJORES ALUMNOS DEL PAÍS HAN RECIBIDO POR AZCONA

El presidente de la república, José Azcona recibirá en los próximos días A los 18 mejores alumnos en educación primaria del país, quienes visitarán además diversos lugares turísticos de Tegucigalpa e instituciones públicas y de carácter privado.

El Ministerio de Educación a través de la dirección de Educación Primaria con el apoyo del mandatario Azcona, ha creado el premio "Mejor Estudiante" en el sector primario, el cual consiste en la selección de aquel alumno que ha obtenido calificaciones excelentes durante toda su educación primaria; dicha selección se realiza en cada departamento del país, para contar en los últimos meses del año con la lista de los mejores estudiantes en el nivel primario.

Los alumnos también visitarán a la titular de educación, Elisa Valle de Martínez y otras autoridades que el rector en la enseñanza a nivel nacional, y para finalizar su recorrido por la capital se le brindará un almuerzo en Casa de Gobierno.

El responsable de Educación primaria, Amílcar Rivera Calderón, dijo que como una forma de estímulo hacia los niños se les premiará con una beca para que realicen sus estudios secundarios en el centro de enseñanza que sus padres determinen conveniente.

Asimismo se les entregará el diplomas de reconocimiento por su grado de aprovechamiento en sus respectivos estudios primarios.

ESCOLARES MÁS SOBRESALIENTES DE 1987

TEGUCIGALPA.- Los 18 alumnos más destacados que egresados de sexto grado en las escuelas Rurales de los diferentes departamentos del país recibieron ayer un reconocimiento al presidente José Azcona, en casa de gobierno.

En la ceremonia celebrada en el salón de Los Espejos estuvo también la ministra de Educación, Elisa Valle de Martínez, y el director del patronato de la infancia (PANI) Manny Roberto Galindo.

Cada uno de los alumnos, acompañado por su padre, saludó al presidente, quien le dijo sentirse regocijado de recibirlos en la casa de gobierno, como reconocimiento al esfuerzo que hicieron.

Los estudiantes entregaron un regalo del presidente, y el mandatario les correspondió.

Además, los homenajeados recibieron una donación de 100 lempiras cada uno del PANI los gastos de transporte, alimentación y hospedaje.

El presidente José Azcona almorzó con todos ellos. (NL)

"TIEMPO". 5 DE DICIEMBRE DE 1987

EJECUTIVO SANCIONA DECRETO DE AMNISTÍA

TEGUCIGALPA.- El decreto de amnistía " amplia e incondicional", aprobado el sábado por el Congreso Nacional, fue sancionado ante noche por el presidente José Azcona.

Esta únicamente la publicación del decreto en "La Gaceta" para que salgan de las cárceles las personas que resultarán favorecidas, cuya cifras se calcula al menos 28.

La amnistía el segundo gran paso del gobierno de Honduras en el cumplimiento de los acuerdos de los presidentes el 7 de agosto. El primero lo constituye la integración de la comisión de Reconciliación nacional, el 6 de noviembre.

El gobierno, sin embargo, ha puesto como condición el cese del fuego de Nicaragua para cumplir con la obligación de permitir las visitas " in situ" a la comisión internacional de verificación y seguimiento (CIVS).

140

LA CIBS tiene que dar fe que los países han cumplido con Los acuerdos, y en Honduras particularmente tiene que verificar que los Rebeldes nicaragüenses, más conocidos Como contras, ya no tienen campos de operaciones. (NL)

"TIEMPO". 5 DE DICIEMBRE DE 1987.

AZCONA

AZCONA NO BUSCARÁ REFORMAR PRESUPUESTO

TEGUCIGALPA.- El presidente José Azcona mejor que tenga interés en impulsar las formas al decreto del presupuesto de 1988 que por un monto de 2.015.615.8 00 millones de lempiras por probado en la última sesión del Congreso Nacional.

Dijo que en base a decreto aprobados en el legislativo se pueden ampliar las partidas que resulten insuficientes, dado que han quedado flexibles las disposiciones generales del decreto de presupuesto.

Como ejemplo, el presidente manifestó que si resulta insuficiente el monto definido en el decreto para construir la carretera Sabá-Olanchito, él mismo se encargará de llamar los diputados de Colón, Yoro y Atlántida para que promuevan en el Congreso la emisión de otro ampliando la partida.

También dijo que, para el caso, no resulta suficiente de asignación para atender las demandas salariales que el gobierno se comprometió a cumplir con sindicato que ejecutaron huelgas en los últimos días, entonces "voy a mandar al Congreso" un decreto para que se amplíe.

Nadie se va a oponer a las conquistas cuando son justas, y los sindicalistas deben estar tranquilos porque van a pasar sea como sea los decretos en el legislativo, afirmó.

Indicó el mandatario que él está haciendo esfuerzo para reducir el déficit fiscal, sin que los diputados se lo pidan y aseguró que los 1.870 millones de lempiras aprobados en el presupuesto de 1988 en fondos nacionales solo se va a gastar 1.680.

Descartó completamente la versión de líderes de la Federación de cooperativas de la reforma agraria de Honduras (FECORAH) en el sentido que el gobernante va a pedir los gremios que presionen para que se aumenten partidas en el presupuesto.

"Yo no voy a presionar a nadie", subrayó el mandatario. "No voy a ser irresponsable".

Enfatizó que aunque los salarios siempre van hacia arriba y no en descenso "vamos a mantener el gasto corriente con mucho cuidado" para no agravar la situación financiera de la hacienda pública. (NL)

AZCONA

JOSÉ AZCONA: AÚN NO DECIDO HACER CAMBIOS EN EL GABINETE

El presidente Azcona todavía no ha decidido se introducirá cambios en la conformación de su gabinete de gobierno para 1988.

La versión fue confirmada por el propio gobernante entre las creciente rumores que se apresta a iniciar la mitad restante de su mandato constitucional con nuevas caras en la administración pública.

"Todavía no he decidido nada de eso", fue su lacónica respuesta a la inquietud sobre si sustituirá a partir de enero algunos de sus principales colaboradores.

Como es tradicional, en cada mes de diciembre los secretarios de estado presentan su renuncia al presidente para dejarlo en libertad para que lo ratifique los cambie.

Una fuente oficial de la casa de gobierno informó que hasta el momento ningún ministro ha presentado su renuncia, pero que el presidente está a la espera de que lo hagan.

"A lo mejor eso es lo que está esperando para decidirse a remover algunos", concluyó el informante.

AÚN EL PRESIDENTE NO RECIBE RENUNCIAS DE NACIONALISTAS

TEGUCIGALPA.- todavía no ha decidido si hará cambios en el gabinete de gobierno, aseguró el viernes el presidente José Azcona Hoyo.

A la vez Dijo que ninguno de los funcionarios nacionalistas ha presentado renuncia, en cumplimiento a la declaración de los líderes que declararon roto el llamado Pacto de Unidad Nacional.

Insistente inversiones circulan en la capital acerca de la renuncias de los funcionarios nacionalistas, sobre todo por parte del canciller Carlos López Contreras.

Pero el mandatario José Azcona hoyo dijo el viernes que por lo menos hasta ese día no había recibido una sola renuncia de parte de los funcionarios nacionalistas que ocupan " chambas" como consecuencia del acuerdo azcona-callejista.

También aseguró el gobernante que cuando falta menos de un mes para terminar el año, "todavía no hemos decidido nada" si habrá o no habrá cambios en el gabinete de gobierno. (NL)

"TIEMPO". 7 DE DICIEMBRE DE 1987

LÓPEZ CONTRERAS

Vaticina el presidente:

PRESIONES POPULARES OBLIGARÁN A DIPUTADOS A REFORMAR PRESUPUESTO

El presidente José Azcona hoy sostuvo el pasado fin de semana que no tiene intenciones de pedir reforma de presupuesto general de la república para 1988, porque " los mismos diputados se encargarán de hacerlas".

Explicó el gobernante que al quedar flexible las transferencias entre partidas de un mismo título, el Poder Ejecutivo tendrá la Facultad de transferir fondos de los proyectos que no avanzan a los que avanzan.

"Los mismos diputados se van a encargar de pedir las transferencias porque sus pueblos se los van a exigir", aseguró.

A manera de ejemplo, dijo que si la contrapartida para la pavimentación del tramo Saba-Olanchito es insuficiente y se necesita un millón de lempiras más, él personalmente llamará los diputados de la región para entregarles un anteproyecto de ley mediante el cual se puede ampliar o crear la partida correspondiente.

"Los diputados de cada departamento se van a encargar de presentar esas solicitudes en el Pleno de la Cámara, so pena de ser exigidos por sus pueblos", añadió Azcona, quien aseguró que con esa medida no pretende hacer presión o evitar reducir el déficit fiscal.

Azcona rechazó que esté tratando de utilizar algunas organizaciones sociales para presionar el Congreso a revisar el presupuesto.

"No he presionado a nadie, pues lo pude haber hecho antes y no lo hice. Lo que voy a hacer es que, para el caso, no alcanza la partida de la jornales en SECOPT, de conformidad al acuerdo que se llegó, voy a mandar esa petición al Congreso y estoy seguro que va a pasar", manifestó el mandatario.

Agregó que igual su actitud asumirá en lo que respecta Salud Pública.

"Los sindicatos de salud, él SEPCAMAT y otros deben estar tranquilos. Lo que el presidente les prometió va a pasar sea como sea, porque nadie se va a oponer a las conquistas que son justas", enfatizó.

El presidente expresó que sin necesidad de que se lo pidan los diputados siempre están pendiente de que el déficit se reduzca.

Explicó que en 1987 fue aprobado un presupuesto modificado de mil 870 millones para gastos corrientes y que únicamente se va a gastar unos 680 millones.

"Ello indica que hay ciento y pico de millones que no se van a gastar. Diputados porque muchas veces, en vez de pedir información, Se van a verlo aprobado, pero ocurren ocasiones que el presupuesto es aprobado y las partidas no se agotan", manifestó.

El gobernante dijo que En definitiva no hay porque alarmarse tanto, ya que el poder ejecutivo continúa aplicando medidas correctivas, especialmente en los organismos descentralizados como en el caso de BANASUPRO donde se van a limitar los gastos y se rebajarán los sueldos altos.

Azcona Hoyo

"Esa política la voy a seguir aplicando sin necesidad de que el Congreso nos presione o no nos presione. Somos austeros y lo hemos demostrado", señaló Azcona.

Insistió en que el crecimiento del gasto no puede tenerse porque los sueldos nunca van para abajo, pero que mantendrá con mucho cuidado el incremento del gasto corriente.

EL PRÓXIMO 12 DE DICIEMBRE:

PRESIDENTE INAUGURARÁ PROYECTO DE ELECTRIFICACIÓN EN PUERTO CORTÉS

***Tiene un valor de más de un millón de lempiras

PUERTO CORTES.- El presidente José Azcona estará presente en este Puerto el próximo 12 de diciembre en la inauguración de un proyecto de electrificación que llega hasta la frontera con Guatemala, el cual está valorado en 1 millón 200 mil lempiras, informó el gerente general de la empresa Nacional de energía eléctrica (ENEE), Jack Arévalo.

Arévalo se reunió con el alcalde municipal Rómulo de Montoya y los regidores de la corporación municipal para "acelerar la construcción del proyecto eléctrico del sector del pantano, cuyo estudio ya fue elaborado y el presupuesto aprobado" de acuerdo al expresado por Montoya.

El proyecto se realiza con aportaciones económicas de la ENEE, la municipalidad y el pueblo, quién aportará 6 centavos Por espacio de 7 años en su factura normal de consumo.

El gerente de la ENEE informó que pronto se instalará energía eléctrica en un área de 15 km donde la municipalidad local afectó trabajo como ser apertura de calles y avenidas.

Aspecto de la reunión en este Puerto entre miembros de la corporación municipal
y el gerente de la ENEE hablando sobre electrificación del pantano. (Foto Thomas)

El ingeniero Arévalo también anunció que al gerente Regional de este Puerto señora Aníbal Mejía, fue sustituido de su cargo por Xiomara Bautista.

Y la hizo la ingeniero Bautista procede de Tela y su nombramiento es en calidad de gerente regional interino.

Se especificó que además de la instalación de la electricidad en Milla 4 hasta la frontera con Guatemala, se tiene previsto construir una subestación en Cuyamel, misma que tendría un costo de 2 millones 800 mil lempiras.

La inauguración se realizará en Omoa y se espera la asistencia de numerosos funcionarios gubernamentales.

En la reunión con los municipales porteños estuvieron además el ingeniero Jack Arévalo el gerente de la empresa en San Pedro Sula, ingeniero Fernando Castro.

"TIEMPO". 7 DE DICIEMBRE DE 1987

Opinión editorial
CANDIL DE LA CALLE

NUNCA, como ahora, habíamos sido tan visitados. En las últimas semanas se dejaron venir dos presidentes sudamericanos para informarse personalmente sobre los avances del plan de Esquipulas. El tercero, Alfonsín, quien tenía la intención también de darse su pasadita, canceló a última hora.

Los mandatarios del grupo de contadora acompañadas por aquellos a los que denominan grupo de apoyo decidieron reunirse para analizar, entre otras cosas, los éxitos del Plan de Paz propuesto por Óscar Arias.

Y para llegar mejor informados a esa reunión, también decidieron bajarse en cada uno de los países centroamericanos.

Así que, tuvimos el honor de recibir a Sanguinetti de Uruguay y Alan García de Perú.

Y es que no deja de ser importante saber que contadores y el grupo de apoyo anda interesado todavía porque damos las pases los centroamericanos. Aún cuando en Panamá se ha armado la reyerta de once mil diablos, con la imposición de un estado casi dictatorial, nos entusiasma saber que ese país, miembro también de contadora, le interesa le interesa mucho la salud de la democracia y la paz de sus vecinos.

Mientras Alan García Andaba inspeccionando por aquí el cumplimiento del plan de Esquipulas, por allá en su propio patio las huelgas y la manifestaciones le tenían medio país paralizado. Cualquiera aquí, ignorante de las cortesías protocolarias, bien pudo haberle dicho: "Candil de la calle, oscuridad de la casa".

"Hay que dar el ejemplo", dijo el presidente peruano. La democracia son las que tienen que cumplir al pie de la letra El acuerdo de Esquipulas y hacerse de la vista gorda con el cumplimiento de los sandinistas.

A los nicaragüenses bien se les puede disimular que todavía no hayan dado amplia amnistía ni que no quieran hablar con los "Contras" como medida de Reconciliación A menos que esto se rindan en forma incondicional. Pero aquí hay que apuntarse para dar el ejemplo. Bien estuvo Azcona cuando, a lo suave, le planteó claramente la posición hondureña.

"Nosotros cumpliremos, pero estaremos alertas para que los demás también cumplan". No hay tales que aquí vamos a cumplir de la a la z y que allá van a interpretar a su manera, en los términos que a ellos mejor les parezca, lo convenido en Esquipulas.

¿Y por qué el mandatario peruano no fue a sacarles carrera a los sandinistas? Así más o menos como le están sacando carrera los de del "Sendero luminoso".

Y con prudencia y cortesía Azcona también le recuerdo a Alan García que el acuerdo descrito por las comprometo a la simultaneidad. En otras palabras, que todos cumplamos al mismo tiempo, no como aquel que dijimos que exige para unos dar el ejemplo mientras quiere que las cargas, para el otro, se compongan en el camino como mejor les convenga.

Distinto fue mensaje que trajo Sanguinetti. Este reiteró el respaldo moral que su país da al acuerdo de Paz. Pero también aclaró que la autoridad para solucionar el problema Descansa en los centroamericanos. El mensaje que escuchamos del presidente uruguayo no fue un cancionero de instrucciones, sino una pieza bien concebida de aliento y de Esperanza los propósitos de paz.

Bien hizo el presidente hondureño, respondiendo a su homólogo el peruano, al advertirle que aquí hemos cumplido dando plena amnistía, nombrando la junta de reconciliación, y que las puertas de nuestro país están abiertas a la Comisión Internacional de verificación y Control.

Porque así como vamos lo único que hace falta es que venga Henry Namphy, el general haitiano, a darnos el recetario de lo que tenemos que hacer y dejar de hacer, para afianzar la paz en Centroamérica. Y bien podría venir para completar la ironía, acompañado de Noriega.

"LA TRIBUNA" 5 DE DICIEMBRE 1987

LO ESPERABAN AYER:
NO VINO ÓSCAR ARIAS

TEGUCIGALPA.- para ayer se encontraba prevista la visita del presidente de Costa Rica, Óscar Arias Sánchez, para cambiar impresiones en forma relámpago, con el mandatario de nuestro país José Azcona Hoyo, pero sorpresivamente emisiones captadas en esta ciudad, procedentes de San José, manifestaron que lo hizo directamente a Guatemala para hablar con Vinicio Cerezo Arévalo.

El cambio de impresiones se había anunciado en horas de la tarde, pero el ingeniero José Simón Azcona, recibió en la mañana un grupo de congresistas norteamericanos, que actualmente recorren Centroamérica.

Radio Columbia informó que previamente el presidente costarricense, permaneció breve tiempo en la capital salvadoreña, en donde dialogó brevemente con el demócrata cristiano José Napoleón Duarte y con el canciller Ricardo Acevedo.

La misma transmisión noticiosa aseveró que Julio Campos, portavoz de la presidencia guatemalteca, dio a conocer qué área Sánchez y cerezo Arévalo, analizaron y evaluaron los adelantos que se han logrado Durante los últimos días en el plan de pacificación del área.

Con anterioridad los presidentes de El Salvador y Guatemala, hablaron sobre el mismo tema, cuando el mandatario del primer país hizo una escala técnica en la capital chapina, en su viaje de regreso procedente de Estados Unidos, hecho ocurrido el martes pasado.

El presidente Duarte, dijo a los periodistas que lo anterior forma parte de un recorrido por los distintos países de la región para Las evaluaciones sobre el tratado de paz.

Se desconoce si el señor Arias Sánchez vendrá a nuestro país esta semana, lo mismo que el mandatario salvadoreño.

SON MUCHOS LOS INVOLUCRADOS EN EL NARCOTRÁFICO: AZCONA

TEGUCIGALPA.- (por Faustino Ordóñez Baca).- El gobierno de Estados Unidos, a solicitud de Honduras, jugó un papel importante en el descubrimiento de una red de narcotraficantes que venía utilizando nuestro territorio como puente para el trasiego de drogas, reveló el presidente de la república, José Azcona Hoyo.

El mandatario dijo que el jefe de las fuerzas armadas, general Humberto regalado Hernández le comunicó, hace dos meses, que le seguía la pista a un grupo de narcotraficantes y que era necesario que pidiera colaboración al gobierno norteamericano en virtud de ser el principal mercado de la droga.

Fue así como se logró el decomiso de un millonario cargamento de cocaína en la ciudad de Miami, que transportaba un barco que presuntamente había salido de Puerto Cortés.

"Hay que Resaltar que las autoridades nuestras están preocupadas, como consecuencia del descubrimiento del tráfico de cocaína", declaró el gobernante informando que se continúa la lucha para combatirlo totalmente.

Por su posición geográfica algunos países sirven de puentes para el traslado de las drogas, justificó Azcona Hoyo, indicando que hay que admitir que en este delito están involucradas muchas personas ya que ahí se juegan miles de millones de dólares.

IMAGEN BASTANTE BUENA

No obstante estas informaciones que según el presidente el Consejo Hondureño de la Empresa Privada (COHEP), Jorge Gómez Andino, ponen entre dicho la imagen de Honduras en el exterior, el presidente afirmó que esta "es bastante buena".

Y a los periodistas no solo da las noticias malas sino que también deben Resaltar lo bueno. Dijo que comparte con los empresarios que el mejoramiento de la imagen del país debemos contribuir todos: gobierno, empresarios, dirigentes de otras organizaciones y periodistas.

"No es que Nicaragua tiene mejor imagen, lo que sucede es que el presidente de ese país, Daniel Ortega, viaja más al exterior que el gobernante de Honduras", explicó Azcona.

REFUGIADOS DEBEN RESPETAR TERRITORIO PRESUPUESTO SUFRIRÁ TRANSFERENCIA

Para echar a andar los programas del gobierno tal y como fueron concebidos en el presupuesto general de ingresos y egresos de la nación, que fuera modificado por el Congreso Nacional, el presidente dijo que "si un proyecto no avanza vamos a hacerle transferencia de aquel que ya haya avanzado".

Ejemplificó que si la contrapartida que sea destinado para la construcción de la carretera Sabá Olanchito, es insuficiente, y se necesita un millón de lempiras más, Llamar a los diputados de Yoro, Colon y Atlántida, para que soliciten ellos la ampliación de la partida presupuestaria para concluir el proyecto.

"Los diputados de cada departamento serán los encargados de meter estas solicitudes so pena de ser exigido por los pueblos de cada departamento", refirió Azcona, quién pidió que no se le interprete como que está haciendo algún tipo de presión.

Sostuvo que no va a ser irresponsable instando a determinada organizaciones para que hagan presión en la Cámara Legislativa, para que sea una reconsideración al presupuesto que fue reducido en más de 15 millones de lempiras.

Pidió a los sindicatos de la Secretaría de Comunicación y de Salud que estén "tranquilos" que si no alcanza el presupuesto para cumplir con los compromisos de ajustes salariales, el ejecutivo solicitará al Congreso una partida especial.

HERMETISMO EN CITA CON CONGRESISTA DE EE.UU.

TEGUCIGALPA.- El presidente José Simón Azcona, recibió ayer en su residencia a una delegación compuesta por varios congresistas norteamericanos, y encabezado por el embajador de ese país en Honduras, Everett Briggs, sin que fuese posible conocer los asuntos analizados.

Los políticos llegaron a casa del mandatario, exactamente a las once con treinta minutos de la mañana, observándose mínima medidas de seguridad, sin la presencia de funcionarios del Ministerio de Relaciones Exteriores, ni de la propia oficina de prensa de la Casa de Gobierno.

De la seguridad de la Embajada de Estados Unidos, señalaron el nombre de Steward Symington, como la persona que pudiera proporcionar los nombres de Los visitantes, mientras los mismos se encargaron de dejar a un periodista norteamericano, que llegó en busca de información sobre la cita.

Trascendió que se trata de una de las periódicas visitas que efectúan por Centroamérica, senadores y congresistas de Estados Unidos, a fin de conocer distintos puntos de vista sobre la situación que prevalece, luego de la paulatina vigencia del pacto de Guatemala, que todo hace indicarnos lleva a una distensión en el área.

El presidente recibió ayer por la mañana un grupo de congresistas norteamericanos, que procedentes de Costa Rica permanecieron breve tiempo en la capital. (foto Aulberto Salinas)

EL PRESIDENTE AZCONA Y SU GABINETE DE GOBIERNO VISITAN COMAYAGUA

COMAYAGUA.- A tempranas horas de este día hará su arribo a la ciudad de Comayagua, el presidente de la república, José Simón Azcona Hoyo; quién será acompañado por la primera dama de la nación Miriam de Azcona y el gabinete de gobierno, quienes permanecerán en la ex capital durante esta fecha para rendir homenaje en los 450 años de fundación de Comayagua.

Las autoridades civiles, militares y directivos del comité pero celebración del 450 aniversario de Comayagua, encabezados por su presidente Nicolás Ochoa Valle, la gobernadora política del departamento y el alcalde de la ciudad, en mancomunidad con las fuerzas vivas, han preparado actos de bienvenida para la ilustre mandatario y su comitiva gubernamental, que personalmente participarán en la celebraciones dedicadas a la antigua villa de Santa María de Comayagua.

Con la llegada del presidente Azcona Hoyo, los vecinos de Comayagua volverán a saborear -durante un día- el título de "Capital de Honduras", mismo que fue entregado a Tegucigalpa hace muchos años, por el exmandatario marco Aurelio Soto.

Hace 15 años en 1972, Comayagua fue declarada por el presidente de la república Ramón Ernesto Cruz, "Monumento Nacional" y "Bajo la Protección del Estado", mediante decreto número 64, constituyendo tal acción del legislativo y ejecutivo, como un alto reconocimiento a la antañona Ciudad. Al arribo de sus 450 años el ingeniero José Azcona Hoyo, le tributa otra honra a Comayagua, para que se quede impregnada imborrablemente en los anales históricos del pueblo.

Presidente José Azcona Hoyo.

150

MENSAJE DEL SEÑOR PRESIDENTE DE LA REPÚBLICA EN EL DÍA INTERNACIONAL DEL VOLUNTARIO

En este día que se conmemora el "DÍA INTERNACIONAL DEL VOLUNTARIO" como una feliz idea surgida de la asamblea general de las Naciones Unidas en 1985; es mi carácter de presidente constitucional de un país que ha recibido los beneficios de un número cada vez más creciente de voluntarios procedentes de países en desarrollo, en diferentes programas socio-económicos en las áreas urbanas y rurales; tengo la gran satisfacción de dormir unirme a los gobernantes de Naciones miembros de esta gran Cruzada que es en esta fecha estarán manifestando un merecido reconocimiento a este voluntariado: mismo que conlleva Un noble sentimiento de humanidad y fraternal servicio en pro del desarrollo de nuestros países.

SALUD VOLUNTARIOS EN VUESTRO DÍA!

ING. JOSÉ AZCONA H.

"TIEMPO" 8 DE DICIEMBRE DE 1987

151

MENSAJE DEL SEÑOR PRESIDENTE DE LA REPÚBLICA
EN EL DÍA INTERNACIONAL DEL VOLUNTARIO

En este día que se conmemora el "Día Internacional del Voluntario" como una feliz idea surgida de la asamblea general de las Naciones Unidas en 1985; es mi carácter de presidente constitucional de un país que ha recibido los beneficios de un número cada vez más creciente de voluntarios procedentes de países en desarrollo, en diferentes programas socio-económicos en las áreas urbanas y rurales; tengo la gran satisfacción de dormir unirme a los gobernantes de Naciones miembros de esta gran Cruzada que es en esta fecha estarán manifestando un merecido reconocimiento a este voluntariado: mismo que conlleva Un noble sentimiento de humanidad y fraternal servicio en pro del desarrollo de nuestros países.

SALUD VOLUNTARIOS EN VUESTRO DÍA!
ING. JOSÉ AZCONA H.

"LA TRIBUNA" 8 DE DICIEMBRE DE 1987

ING. JOSÉ AZCONA H.

"LA TRIBUNA" 8 DE DICIEMBRE DE 1987

TODAVÍA, DICE AZCONA, NO DECIDE CAMBIAR EL EQUIPO

***El presidente José Azcona manifestó que nadie se va a morir porque se haya pospuesto la convención del Partido Liberal, prevista ahora para el 19 y 20 próximos, según lo dispuso el Consejo Central Ejecutivo.*

En declaraciones brindadas el fin de semana, el presidente también resaltó la importancia y el impacto social que tendrá el Teletón y dijo que es un esfuerzo muy grande para ayudarlo a minusválidos y, por consiguiente, todo hondureños debemos apoyarlo.

Sobre el hecho de que el CCEPL había convocado previamente para la misma fecha en que se desarrollará el "Teletón", Azcona manifestó que en la convención liberada en mucho movimiento y contribuiría a rebajar el esfuerzo del "Teletón", mientras que este desluciría la convención, porque los hondureños están motivados para contribuir en favor de los minusválidos.

"Nadie se va a morir porque la convención se da en enero u otra fecha. Pero debo aclarar que yo no he emitido opinión sobre la convención sino que las autoridades del Central ejecutivo", indicó.

Sobre la agresión de que fue objeto por parte de los inmigrantes salvadoreños el coordinador de la Comisión Nacional de refugiados Coronel (r), Abraham García, el presidente informó que habrá una reunión de alto nivel para ver qué medidas se van a tomar, Pues el gobierno tiene que hacer respetar el territorio nacional.

Los refugiados no están como en una embajada. Han sido acogidos por el gobierno con toda humanidad, dijo Azcona, a la vez que resaltó que ACNUR le informó que algunos de sus oficiales también han sido agredidos.

El presidente resaltó, por otra parte, que los mismos diputados se han metido a problemas al haber recortado el proyecto de Presupuesto General enviado por el Ejecutivo al Congreso Nacional.

Van a exigir que cumplan con proyectos y es entonces donde tiene que entrar en juego las contrapartidas. Pero ellos son quienes tienen que solucionar esto, advirtió.

El mandatario aseguró que no está utilizando organizaciones populares como la Federación de Cooperativas para la Reforma Agraria de Honduras para presionar al Congreso con relación al presupuesto, en vista de que recientemente la organización lanzó una enérgica misiva al Poder Legislativo.

"Si hubiera querido presionar, lo hubiera hecho antes afirmó. No he presionado a nadie.

Nadie se va a oponer a los diputados siempre y cuando tomen medidas justas.

"De lo que sí deben estar seguros las organizaciones populares, cómo los sindicatos, es que sus conquistas no se verán afectadas por la rebaja presupuestaria. Sus incrementos salariales y sociales saldrán, sea que el Congreso nos presione o no", manifestó.

Se le preguntó si al fin está dispuesto a cambiar su gabinete de gobierno y el presidente Azcona contestó que " todavía no hemos decidido eso".

También afirmó que ningún funcionario callejista ha renunciado, después del anuncio de que abandonarían sus cargos, como parte del Pacto de Unidad Nacional (PUN).

"LA TRIBUNA" 7 DE DICIEMBRE DE 1987

LA MALA IMAGEN DE HONDURAS Y LA COOPERACIÓN PARA LA PAZ

Veinte presidentes de las 30 empresas que integran el consejo hondureño de la empresa privada(COHEP) se reunieron el jueves anterior con el presidente de la República, ingeniero José Simón Azcona del Hoyo, para cambiar impresiones sobre importantes asuntos de interés empresarial que atañen al gobierno y al país, entre ellos el de la política exterior.

Los empresarios fueron unánimes en Resaltar al mandatario la preocupación que los embarga por la " mala imagen" de Honduras en la comunidad internacional, y la necesidad de mejorarla cuanto antes en estos momentos en que se decidirán, definitivamente, programas de cooperación bilateral de los Estados Unidos y otros países desarrollados hacia Honduras y, sobre todo, un posible paquete de ayuda económica internacional para respaldar el proceso de pacificación de América Central con la aplicación del tratado Esquipulas II.

La inquietud del sector empresarial es compartida por lo más importante sectores del país. Honduras, en efecto, tiene una pésima imagen en el exterior, como consecuencia de una política sintetizada en una sumisión casi absoluta a la administración griega en Centroamérica y el apoyo consiguiente a los " contras".

La firma del tratado Esquipulas II atenúa un poco esta posición negativa en la simpatía mundial, pero la lentitud, alambicamiento y doblez con que se ha venido cumpliendo los compromisos de este instrumento, usando conceptos de simultaneidad absurdos y retóricos prejuiciadas, han ido deshaciendo la escasa reivindicación de la firma del acuerdo.

El presidente del COHEP, doctor Jorge Gómez Andino, hay que meter un esfuerzo de los empresarios para colaborar con una iniciativa para " cambiar la imagen" de nuestro país, ha revelado que solicitaron al presidente asco a la creación de "una comisión, con gente de gran capacidad, tanto de la empresa privada como de otros medios, para que solucionemos los problemas que se vayan presentando".

"Especialmente en Estados Unidos —dice el doctor Gómez Andino— tenemos una imagen malísima, y el próximo año va a ser muy difícil para Honduras porque hay senadores norteamericanos que se muestran renuentes a dar ayuda a nuestro país por estos asuntos negativos".

En consecuencia, el sector empresarial se pronuncia vehementemente por que se cumplan cabalmente - y con la debida presteza- las obligaciones derivadas del Acuerdo de Guatemala.

Hasta el momento, lo que tenemos es una actuación confusa del gobierno, en que el ministro de relaciones exteriores compromete al Estado de Honduras ante la comunidad mundial en la OEA con un plan, y el presidente de la república los desautoriza después, sin más trámite.

La cuestión es trascendental porque, en efecto, quiérase que no el proceso de pacificación centroamericana ha adquirido su propia dinámica y, en algunos aspectos notables pudiera afirmarse que en forma irreversible. De tal suerte que, previsoramente, la planificación de la paz va entrando en la etapa de la implementación económica -a través de la cooperación internacional- para consolidar la paz ,pues sin esto la paz no sería más que efímera.

Esto lo han comprendido los congresistas y senadores norteamericanos -que ahora tienen un determinante poder de decisión en la política exterior de los Estados Unidos en América Central- igual que la comunidad Europea, Japón y otros gobiernos en el mundo industrializado.

En este ámbito, por supuesto, se darán ya posibles alternativas para solucionar el problema de la ayuda económica Centroamérica, un asunto en el que la Organización de las Naciones Unidas -y su secretario general-han escudriñado y promovido con mucha dedicación y acierto. De ahí que existen bases para conformar y canalizar un "paquete" conjunto, qué es la mejor forma para dedicarlo a los a lo efectivamente necesario, sin duplicación de esfuerzo y exageradas y posiciones.

Un ejemplo de esto lo vemos en la forma cómo se ha aplicado en la reciente asamblea la Organización Marítima Internacional la resolución de la Asamblea General de la ONU A/4/ 42/L2 que "insta a la comunidad internacional aumentar la asistencia técnica, económico y financiera los países de centroamericanos y solicita al secretario general que promueva un plan especial de cooperación para Centroamérica".

El gobierno de Honduras logre el entusiasta y rápido apoyo de todos los centroamericanos para sacar " una resolución excepcional de la cooperación para Centroamérica", en el campo de la marina mercante, como lo ha expresado un miembro de la delegación, el Doctor Roberto Herrera Cáceres, que presentó precisamente la moción.

De acuerdo con eso, se abre la puerta de los países Centroamericanos obtenga la colaboración de los países industrializados para el desarrollo de su marina mercante, lo cual está ligado, a su vez, con el incremento de nuestra producción para la exportaciones.

Este modelo puede servir para la ayuda integral económica mundial hacia América Central, y en ello nuestro país ha dado un aporte, como lo dejamos consignado. Pero hay que hacer mucho más, positivamente, para no vernos en la penosa situación de que tengan que presionarnos para darnos el apoyo económico que necesitamos.

"TIEMPO" 8 DE DICIEMBRE DE 1987

Notifica el presidente:

NO HABRÁ CAMBIOS EN EL GABINETE

***Descarta idea de convertir base de Palmerola en Aeropuerto Internacional.

Comayagua.- El presidente José Azcona Hoyo declaró ayer en esta ciudad que no reestructurará su gabinete de gobierno en 1988.

Además, dijo que su gobierno ya cumplió con casi todos los compromisos de paz suscritos en Guatemala y qué, de ahora en adelante, todo depende de lo que ocurra internamente en El Salvador y Nicaragua.

"Lo que Honduras tenía que cumplir no era mucho. además, el problema para la paz no radica en nuestro país sino que los problemas grandes tienen que resolverse internamente en El Salvador y Nicaragua", agregó el gobernante.

Destacó que al solucionarse los problemas de esos países se resolverá la situación de paz en el área centroamericana.

Azcona mantiene su posición de que el cumplimiento de los compromisos de paz "avanza muy lentamente", pero Confía en que la situación sea evaluada en las próximas reunión presidencial de San José, Costa Rica, programada para el 15 de enero.

Con respecto a las posibilidades de introducir cambios en su gabinete de gobierno, el mandatario no cree que pueda llevarse a cabo una reestructuración.

"No creo que de cambiar gabinete y empezando con nueva gente las cosas caminarían mejor", observó.

El presidente Azcona también se refirió a la petición de la cámara de comercio de Comayagua para que la base aérea de Palmerola se convierte en el Aeropuerto Internacional que sustituye al de Toncontín.

"No sé qué ventajas tendría convertir esa base aérea en Aeropuerto Internacional.

Habría que construir una autopista de aquí a Tegucigalpa, la cual costaría más de 100 millones de lempiras", comentó.

Agregó que no es imposible construir el nuevo aeropuerto sino que "lo que falta es dinero y hay otras prioridades".

El presidente Azcona dijo que la Laguna del Pedregal es un sitio aceptable para construir el nuevo aeropuerto, pero "existen mayores prioridades que deben ser atendidas antes de ese proyecto".

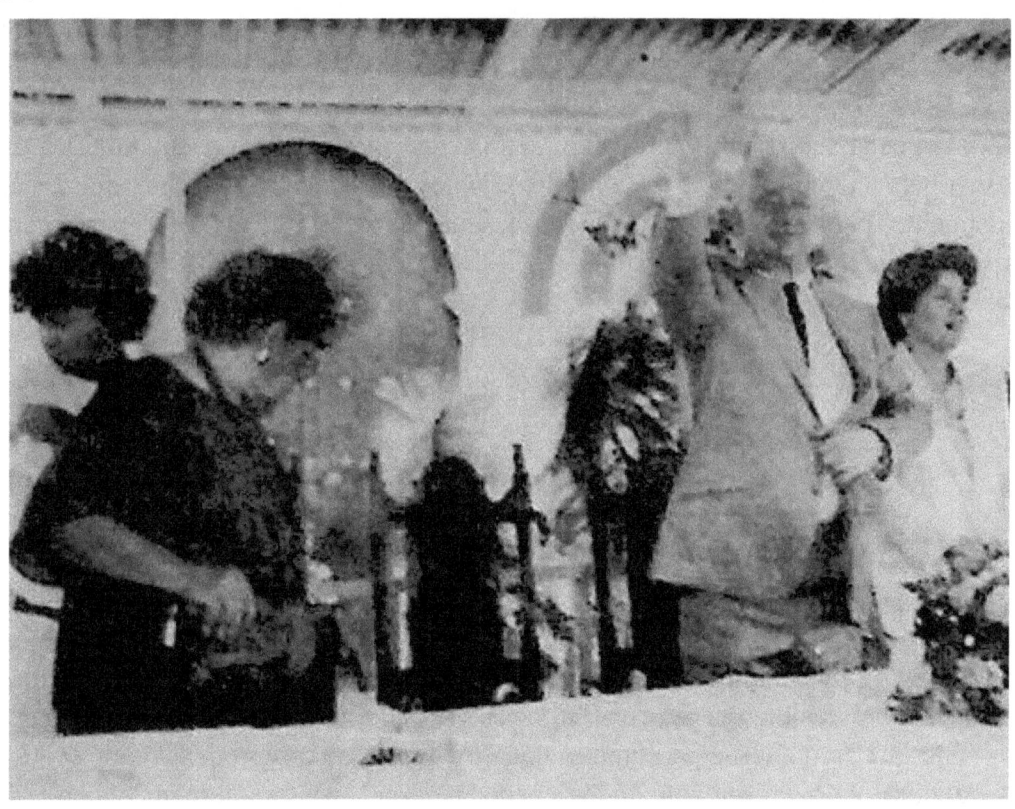

El presidente Azcona Saluda al pueblo de Comayagua, Durante
los actos realizados ayer en la ex capital (Foto Alejandro Serrano)

YA AYUDAMOS SUFICIENTE AL GOBIERNO DE JOSÉ AZCONA

***No nos retiraremos de la corte, Ejecutivo no tiene por qué interferir en los otros poderes del estado, dice.*

El Partido Nacional le está dando una bella oportunidad al presidente José Azcona Hoyo para que aglutine a su partido e integre Un gobierno con los mejores hombres de liberalismo, sostuvo ayer el dirigente nacionalista Mario Rivera López.

Sin embargo, señaló que los magistrados nacionalistas se retiraron de la Corte Suprema de Justicia porque están obedeciendo un mandato del Congreso Nacional, que los eligió por un periodo de 4 años.

Rivera López dijo que su partido ya ayudó lo suficiente a la administración del presidente Azcona, porque "el régimen está consolidado y puede seguir solo adelante".

El diputado nacionalista aseveró que su partido ha actuado con moralidad política en el marco del pacto de Unidad Nacional que suscribió con la corriente liberal que dirigía el presidente Azcona.

Al respecto, indicó que el Partido Nacional aceptó la alternativa "B" y sus resultados y le brindó un apoyo consistente al gobierno, además de seguir interesado en apoyar la democracia hondureña.

Rivera López enfatizó que su partido no se retirará de la Corte Suprema de Justicia, ya que la administración del presidente Azcona "no tiene por qué abarcar a los otros dos poderes del Estado".

"Los hondureños debemos acostumbrarnos a que los poderes del Estado no sean del mismo partido que gobierna el país", añadió.

No obstante, el político reconoció que el nacionalismo controla la mitad de los tribunales de justicia de la República Y ejercerá en ellos la misma influencia que la ejercida por el Partido Liberal en los tribunales que les correspondieron a resultas del pacto político.

"Creo que en el futuro Será muy difícil que un solo partido con toda la mayoría del Congreso Nacional. Por ello, los próximos gobiernos deberán ser coaligados", finalizó Rivera López.

SEGUIRÁN EN FORMA ININTERRUMPIDA
LAS COSAS NO MEJORARÍAN CAMBIANDO EL GABINETE: AZCONA

El gabinete de gobierno "no será objeto de ninguna reestructuración y por consiguiente todo su integrante seguirán prestando su colaboración en forma ininterrumpida", declaró ayer el presidente José Azcona.

El mandatario fue entrevistado cuando asistía los actos de celebración de los 450 años de fundación de la ciudad de Comayagua y señaló que no cree que reestructurando el gabinete y comenzando con nueva gente las cosas caminarían mejor. "yo creo que no", dijo con una sonrisa el mandatario.

Refiriéndose al acuerdo de paz de Guatemala, aseguró que se siente satisfecho con su cumplimiento, aunque Honduras no era mucho lo que tenía que acatar.

"El problema para la pacificación de Centroamérica no radica en Honduras, reiteró, sino en dos países como ser El Salvador y Nicaragua, pues resueltos sus problemas internos se solventa" la situación.

A un mes para que se vuelvan a reunir los presidentes del área, el mandatario hondureño señaló que su expectativa "es que va lenta la cosa".

Explicó que no pudo recibir al presidente costarricense Oscar Arias, quién antes de viajar a Noruega a recibir el premio Nobel de la paz visitó El Salvador y Guatemala, debido a que dentro de la agenda y la hora que solicitaba el gobernante coincidía con la llegada de algunos ganadores norteamericanos, entre ellos Cristopher Dood.

Pero dijo que habló por teléfono con áreas y lo felicitó por la atención del premio.

Informó además que en la reunión realizada en la alcaldía municipal de Comayagua se habló sobre la colaboración que se le puede brindar a esa ciudad a través de las distintas secretarías de Estado, lo cual quedó plasmado en un acta especial levantada al efecto.

El mandatario José es con la reiteró ayer que todos los miembros de su gabinete de gobierno (que aparecen en los actos de los 450 años de Comayagua) continuarán en sus puestos el próximo año, incluyendo los dos ministros nacionalistas. (Foto Ángel Espinal).

"EL HERALDO" 9 DE DICIEMBRE DE 1987.

LOS TRES PODERES DEL ESTADO Y EL CONSEJO SUPERIOR DE LA FF.AA. SESIONAN EN LA CIUDAD

***Por Ludovico Sánchez Turcios

Comayagua. Ya volvió a ser la capital de la república, por un día, al concurrir los representantes de los tres poderes del estado y el consejo superior de las fuerzas armadas a los órdenes actos de celebración de sus 450 años de fundación.

Los actos conmemorativos de la fundación de la antañona " Ciudad de los obispos" se iniciaron desde el pasado 4 de noviembre, cuando se coronó a la reina de la feria patronal, señorita Ana Elizabeth Maradiaga.

Empero, el punto culminante esta celebración estuvo lugar ayer al celebrarse los 450 años de la refundación de la capital de la República, con un programa especial en el que participaron los presidentes de la República, José Azcona, del Congreso Nacional, Carlos Montoya, de la Corte Suprema de Justicia, Salomón Jiménez Castro y el comandante en jefe de las Fuerzas Armadas, general Humberto regalado Hernández.

ALBORADA JUBILOSA

A las 6 de la mañana se inició la celebración del cuadragésimo quinto aniversario de la fundación de Comayagua, con la izada de la bandera en los altos del Cabildo municipal a los acordes del himno nacional de Honduras.

Aproximadamente a las 8 de la mañana ingresaron a la ciudad los nueve magistrados propietarios de la Corte Suprema de Justicia, encabezado por su presidente Jiménez Castro. Los magistrados se reunieron con los titulares Y el personal de los juzgados de paz y de letras para conocer las necesidades así como la urgencia de mejorar las instalaciones físicas de los tribunales locales. Poco más tarde empezaron a llegar los diputados al Congreso Nacional y especialmente los integrantes de la comisión permanente, entre ellos los liberales.

El embajador norteamericano Everet Briggs, visto firmando el "libro de oro"
de visitantes a los actos conmemorativos de los 450 años de
fundación de Comayagua. (Foto Ángel Espinal).

159

Flanqueado por la reina de la feria patronal de Comayagua, Ana Elizabeth Maradiaga, por el jefe de las fuerzas armadas Humberto regalado Hernández y el presidente de la Corte Suprema de Justicia, el mandatario José Azcona camina hacia el centro de la ciudad. (Foto Ángel Espinal)

*Monseñor Gerardo Scarpone, obispo de Comayagua, Saluda al jefe de las fuerzas armadas, general Humberto regalado Hernández, poco antes de oficiar el Te-Deum.
(Foto Ángel Espinal)*

El presidente José Azcona es saludado por el alcalde de Comayagua, Maximiliano Maradiaga, quien entregó las llaves de la ciudad, aparece el presidente del Congreso Nacional, Carlos Montoya. (Foto Ángel Espinal).

DECRETO DEL TRASLADO DE LA CAPITAL

EL PRESIDENTE CONSTITUCIONAL DE LA REPÚBLICA EN CONSEJO DE MINISTROS, en aplicación a los artículos 245, numero 11, 248 y 252 de la Constitución de la república,

DECRETA:

1º. Participar en los actos de celebración del 450 aniversario de la fundación de la histórica ciudad Comayagua, trasladando a esa, en forma simbólica, la sede del poder ejecutivo, durante las horas hábiles del día martes 8 del presente mes y año.

2º. El Presidente Constitucional de la República, acompañado de su Gabinete de Gobierno, se hará presente en la ciudad en la fecha indicada, y después de los actos protocolarios, se instalará con el Consejo de Ministros en el Palacio Municipal para celebrar sesión especial.

Dado en Tegucigalpa, Municipio del Distrito Central, en la Casa de Gobierno, a los cinco días del mes de diciembre de mil novecientos ochenta y siete.

JOSÉ SIMÓN AZCONA HOYO
PRESIDENTE

SOSTIENE AZCONA
PALMEROLA NO SE CONVERTIRÁ EN AEROPUERTO INTERNACIONAL

"Cuatrocientos cincuenta años de nacionalidad se han acumulado en la vía de Santa María de Comayagua, fundada por Alonso de Cáceres el 7 de diciembre de 1537, y constituida en capital de la gobernación de la provincia en 1537, hasta 1880, año en que la capital de la República de Honduras fue trasladada a la ciudad de Tegucigalpa".

161

Con estas palabras inició su discurso el presidente José Azcona, durante su participación en los actos conmemorativos a la fundación de la antañona "Ciudad de Los Obispos".

En esos años de formación como país y de tránsito del estado colonial a la soberanía Independencia republicana, agregó el mandatario, Comayagua fue testigo de grandes hechos históricos.

Azcona hizo una reseña de tales hechos de los que fueron protagonistas entre otros Francisco Morazán, Dionisio de Herrera, José Trinidad Cabañas, José Santos Guardiola, Céleo Arias, Gregorio Ferrera ,Rafael López Gutiérrez, Teodoro Aguiluz, Francisco vaquero, Gonzalo Guardiola, Ángela Ochoa Velázquez, Joaquín Soto, Ramón Ortega, Santiago, Jesús y José R. Castro, Eugenio Berlioz, Antonio José Rivas y otras personalidades que representan un singular prestigio para el país.

"por eso, añadió, deseo resaltar la importancia que tiene como hay agua como gestora y como abanderada de nuestra nacionalidad. Ese atributo, por sí solo, merece todo el respeto de los hondureños", recalcó.

Pero la historia en Comayagua no se detiene, apuntó Azcona, nuevos elementos de diversas naturaleza, políticos, sociales y económicos han venido en los tiempos actuales a incentivar las fuerzas vivas y la dinámica general de la producción.

Hoy día, recalcó el mandatario, la historia de los pueblos solo puede conseguirse en términos de desarrollo, de Progreso y de bienestar que son, en definitiva, términos productivos, sin el aporte de los cuales no es posible el avance de las naciones.

Desde este punto de vista, prosiguió, es correcto señalar que esta ciudad, enclava en el centro mismo del Valle que lleva su nombre, se está convirtiendo rápidamente en un nuevo poro de desarrollo nacional, porque su mercado laboral crece a grandes pasos y porque sus fuerzas políticas van orientadas hacia el objetivo básico de estabilizar la armonía entre los sectores que forman el conglomerado social.

Fábricas, centros agrícolas, escuelas, colegios, hospitales, Comunicaciones, instituciones cívicas y sociales, van dándole a esta ciudad la fisonomía de un centro dinámico de desarrollo, que absorbe la tecnología moderna y las nuevas formas de producción con facilidad y eficiencia, resaltó el presidente Azcona.

Este aniversario de la fundación de Comayagua, concluyó, es una ocasión propicia para reafirmar ante el propio extraño que nuestro principal objetivo como gobierno es Buscar el bienestar de los hondureños todos, sin excepciones de ninguna naturaleza.

BASE DE PALMEROLA

Entrevistado con relación a la conversión del aeropuerto de Palmerola en internacional para Tegucigalpa, el mandatario expresó que el mismo funciona quizás la única base aérea del país y habría que analizar esa conveniencia, que por ahora descartó.

Explicó sin embargo que convertir la base de palmeral en un aeropuerto internacional para Tegucigalpa no es posible, pero existen prioridades dentro del actual gobierno y se debe considerar que se deberá construir una autopista de unos 100 km que costaría igual cantidad de millones de lempiras.

Autoridades locales y diputados de los dos partidos han venido planteando en los últimos días que Palmerola se convierte en el nuevo aeropuerto capitalino, para evitar gastos en la construcción de una nueva obra.

INVITADAS CON LA PRESIDIR CONVENCIÓN LIBERAL

TEGUCIGALPA.- El presidente de la república, José Azcona, ha sido invitado para que presida los actos de inauguración de la gran convención del Partido Liberal a realizarse el 18 y 19 de diciembre en esta capital.

El coordinador de la convención en representación del Consejo central ejecutivo, licenciado Iván Matute, dijo ayer que todos los movimientos políticos que participaron en las elecciones internas de septiembre pasado esperan contar con el presidente Azcona en el evento.

Matute informó a sí mismo que ha que se ha determinado que la convención deberá arrancar a las 9 de la mañana del día sábado, y que ya se escogió como local el conocido centro "Discoteca Metro".

Tradicionalmente las convenciones se han realizado en el cine Centenario de Comayagüela, pero debido a que esta vez eran 835 los convencionales que participarán en la Cumbre liberal, es necesario Buscar un local que de facilidades para albergarlos.

Matute aclaró asimismo que la próxima convención será muy diferente a las que se han realizado en toda la historia de los liberales.

Los convencionales ya no le llegarán como borregos a esta capital, ellos son producto de una elección popular donde ya se decidió Quiénes Serán las autoridades del partido", dijo.

También Indicó que se ha determinado que los convencionales de cada movimiento sean traídos a Tegucigalpa por sus propias corrientes políticas, las que escogerán los hoteles donde se alojarán.

"LA PRENSA". 9 DE DICIEMBRE DE 1987

AZCONA HOY EN SAN PEDRO SULA

TEGUCIGALPA.- El presidente José Azcona Hoyo viajará hoy a las dos de la tarde a San Pedro Sula, para participar mañana en los actos conmemorativos al 162 aniversario del Ejército Nacional, se informó ayer en la Casa Presidencial.

Las Fuerza Armadas de Honduras celebrará mañana 11 de diciembre el día del Ejército, para lo cual han programado una serie de actos que comenzarán con un desfile militar que saldrán horas tempranas desde la sede de la 105 Brigada de Infantería pasando por las principales calles de la ciudad.

La ceremonia oficial se efectuará en la "Plaza de Los Héroes" de esta unidad militar y estarán presentes, además del Consejo Superior de las Fuerzas Armadas y el Presidente de la República, representante del Poder Judicial, del Congreso Nacional, Gabinete de Gobierno, agregados militares y del cuerpo diplomático.

El presidente Azcona y el jefe de las fuerzas armadas, general Humberto Regalado Hernández, pronunciarán discursos alusivos a este importante acontecimiento.

"LA PRENSA". 9 DE DICIEMBRE DE 1987

RESOLUCIONES POR SU DESARROLLO TOMÓ EL GOBIERNO EN COMAYAGUA

COMAYAGUA.- (Tulio Renán Martínez).- Los tres poderes del Estado así como el consejo superior de las Fuerzas Armadas, sostuvieron reuniones especiales ayer aquí, durante los actos de celebración del 450 aniversario de fundación de esta ciudad convertida por un día en la capital de la república.

"La historia del país que se escribió con la sangre de los héroes y con las ideas luminosas de los pensadores republicanos, está plasmada aquí en esta tierra cálida", dijo el presidente Azcona Durante los actos que tuvieron lugar en el atrio de la vieja catedral.

Ahí se instalaron también los magistrados de la Corte Suprema de Justicia encabezados por su presidente Salomón Jiménez Castro, los integrantes de la comisión permanente del Congreso Nacional, su presidente Carlos Orbin Montoya, el consejo superior de las Fuerzas Armadas y el gabinete en pleno del gobierno.

Haciendo una reseña el papel que en la historia del país desempeñó la antañona ciudad, el mandatario manifestó que "en Comayagua fue fusilado en 1845 el prócer don Joaquín Rivera por mantener en alto las ideas liberales que preconizaban el bienestar y el progreso como aspiraciones legítimas de todos los pueblos".

Enseguida manifestó que Herrera, Morazán y cabañas dejaron en este solo pródigo de Honduras, imperecedera huellas del patriotismo centroamericano. También luchas fratricidas que dividieron a la gran familia centroamericana, tuvieron en esta ciudad el escenario de sus operaciones devastadoras como el sitio que le impuso justo mía en 1827.

Por eso y otros hechos históricos dijo que exaltaba la importancia que tiene Comayagua como gestora y como abanderada de nuestra nacionalidad ya que esos atributos merecen por sí solos, todo el respeto de los hondureños.

También resaltó su importancia porque esta ciudad se está convirtiendo rápidamente en un nuevo Polo de desarrollo nacional ya que su mercado laboral crece A pasos agigantados y las fuerzas políticas van orientadas a estabilizar la armonía entre los sectores sociales, según expresó.

"Fábricas, centros agrícolas, escuelas, colegios, hospitales, Comunicaciones, instituciones cívicas y sociales, van dándole a esta ciudad, la fisonomía de un centro Dinámico de desarrollo que absorbe la tecnología moderna y las avanzadas formas de producción con facilidad y eficiencia", agregó.

Destacó la participación que su gobierno ha tenido en el desarrollo de Comayagua Al haber inaugurado obras de salud, de Comunicaciones, de reforma agraria, de electrificación y de educación "que demuestran con hechos tangibles nuestro permanente interés por mejorar las condiciones de vida de nuestro pueblo".

El mandatario llegó acompañado de su esposa Miriam Bocock de Azcona, a quien la gobernadora política de Comayagua, Haydee Aguiluz de Méndez, le impuso un corsaje en el pecho por su meritoria labor como Primera Dama de la Nación.

Mientras que el presidente recibió las llaves de la ciudad de mano del alcalde Maximiliano Maradiaga y el jefe de las Fuerzas Armadas, general Humberto regalado Hernández fue declarado hijo predilecto de la ciudad.

Por su parte el presidente del Congreso Nacional, Carlos Orbin Montoya manifestó en su discurso que se hacen gestiones para trasladar otros polos de desarrollo al fértil Valle de Comayagua cuya cabecera es un compendio de hechos históricos y un punto obligado de convergencia nacional, según expresó.

"Al Congreso nacional le cabe la satisfacción de estar sentando las bases para lograr un mayor desarrollo de esta zona al crear partidas para la ejecución de nuevas obras", señaló.

En el desarrollo del programa intervinieron además el comandante de las fuerzas armadas, general Humberto Regalado Hernández; El presidente de la Corte Suprema de Justicia, Salomón Jiménez Castro; el presidente del comité organizador del evento, Nicolás Ochoa Valle; la gobernadora política Haydee Aguiluz de Méndez y el alcalde, Maximiliano Maradiaga.

Todos ellos resaltaron los principales hechos históricos y la importancia de la ciudad que fueron fundadas por Alonso de Cáceres el 7 de diciembre de 1537 con el nombre de Villa de Santa María de Comayagua.

TE DEUM

Después de los actos en el atrio de la catedral, los asistentes pasaron a su interior donde se llevó a cabo un "te deum" oficiado por el obispo de Comayagua, Gerardo Scarpone.

El ilustre privado dijo en su homilía que a Comayagua se le conoce más por su trayectoria histórica y por la base militar en Palmerola que por su desarrollo económico.

Agregó que la ciudad no ha tenido todo el apoyo necesario del gobierno y que si alguna vez se ha hecho llegar algún subsidio a través de las manos de un diputado, "ha servido más para comprar la voluntad política que para la realización de obras de beneficio comunal".

Señaló además que existe una mala interpretación de lo que en realidad deben ser la fuerzas vivas de Comayagua, ya que estas "son organizaciones creadas por empresas comerciales que buscan resolver solo las necesidades superfluas".

Considera que la fuerza vivas deben estar integradas por los sectores populares para resolver las necesidades básicas que tiene la población.

El alcalde de Comayagua, Maximiliano Maradiaga, entrega
las llaves de la ciudad del presidente Azcona. (Foto Lemus).

El presidente y su gabinete acordaron dar un mayor impulso al desarrollo de Comayagua durante la reunión que llevaron a cabo en el local del Cabildo municipal. (Foto Max Lemus).

"LA PRENSA". 9 DE DICIEMBRE DE 1987

RECHAZAN A AZCONA UNA PETICIÓN DE TRANSFERENCIA EN PRESUPUESTO

TEGUCIGALPA.- El director general de presupuesto, Héctor Medina Irías, devolvió al Ministerio de Comunicaciones una solicitud de transferencia por 850 mil lempiras para dar mantenimiento a las carreteras del país, que había autorizado el presidente José Azcona. El presidente Azcona dio su visto bueno al Ministerio de Comunicaciones para la contratación de equipo y compañías constructoras para dar un mantenimiento a las carreteras.

Sin embargo, el director general de presupuesto negó la petición importándole muy poco que la solicitud contará con el respaldo del presidente José Azcona.

"Para mí lo que ha ocurrido es inconcebible, y en la primera oportunidad le haré saber al presidente Azcona lo ocurrido", dijo el viceministro de Comunicaciones, Alejandro Castro Ruiz, al comentar la decisión de Medina irías.

El funcionario indicó que para ellos es inexplicable la conducta asumida por el director de presupuesto, ya que con su acción, lo que provocará serios problemas en las carreteras del estado en las que se encuentran.

Señaló que el presidente José Azcona estuvo de acuerdo con efectuar la transferencia, debido a que es una necesidad dar mantenimiento a las carreteras.

La preocupación de las autoridades de la SECOPT por reparar las carreteras, ocurre debido a la proximidad del verano, pero Medina sostuvo que no puede tocar dinero de otras obras para destinarlo a las vías de comunicación.

Para tomar la decisión de solicitar la transferencia se reunieron el ministro de SECPLAN, el ministro de Hacienda y Crédito Público y el Ministerio de Comunicaciones, pero todo esto ha sido ignorado por el funcionario.

Finalmente Castro Ruiz indicó que el director general de Presupuesto solamente se limitó a devolver los documentos donde se solicitaba la transferencia, y con ello ha condenado a la ciudadanía a soportar las carreteras en mal estado.

Por otra parte, Castro Ruiz indicó que el recorte de 67 millones de lempiras al presupuesto del Ministerio de comunicaciones no permitirá que se realicen varios proyectos licitados y listos para arrancar.

Por ejemplo, No se podría iniciar la construcción de la carretera Unión (Olancho) mame (Olanchito), pavimentación Saba-Olanchito, San Lorenzo-Olanchito, y otros proyectos del Bajo Aguan.

Viceministro de SECOPT,
Alejandro Castro Ruiz.

"LA PRENSA" 9 DE DICIEMBRE DE 1987.

LOS QUE DEFRAUDAN AL FISCO

En EL HERALDO hemos visto consumo agrada la preocupación de algunos empresarios hondureños por crear una mejor imagen de Honduras en el exterior.

Consideramos que es un deber ineludible de toda hembra o varón nacido en nuestro territorio como todos aquellos que han hecho de Honduras su segunda patria, forjar con su trabajo, con su intelecto y con su Espíritu innovador el prestigio de Honduras.

El señor presidente del Consejo Hondureño de la Empresa Privada, doctor Jorge Gómez Andino, declaró para este rotativo que la imagen de Honduras en el extranjero, está por los suelos o, lo que es lo mismo, que con el nombre de Honduras se puede barrer las calles de otras metrópolis en donde sus habitantes se preocupan por su buen nombre, su honor y su orgullo.

Dijimos anteriormente que el prestar nuestro territorio para el comercio mundial de estupefacientes no desacredita y crea un ambiente en otros países hacia esta tierra de esperanzas; una de grandes talentos que no hemos aprendido a Resaltar en el continente americano y lo que nos daría renombre internacional.

Uno de los grandes problemas de Honduras, es que los gobiernos ,sin excepción alguna, NO HAN HECHO QUE SE RESPETEN LAS LEYES, de ahí que centenares de disposiciones que deberían ser de inexcusable cumplimiento, se vuelven de letra muerta, sin ninguna efectividad para bien de la comunidad, burlada así Por quienes la administran.

El licenciado Gonzalo Carías Pineda, presidente del Banco Central de Honduras, la institución gubernamental más respetada y que goza de enorme prestigio dentro y fuera del país, acaba de disparar un cañonazo capaz de conmover hasta los meros interesados de lo que sucede en el lugar donde viven. El alto funcionario de la banca Estatal declaró para el heraldo que al finalizar 1987, podría llegar a registrarse una cantidad superior a los DOSCIENTOS MILLONES DE DÓLARES (200.000,000.00) que no han ingresado como Divisas a Honduras.

Es importante que el doctor Gómez andino anoten su libreta de apuntes, lo dicho por el funcionario de mayor jerarquía en el Banco Central de Honduras, al puntualizar que esta fuga de divisas se ha venido operando desde hace mucho tiempo y ejecutada por alguna "exportadores e importadores, AL SOBREVALORAR los precios de los artículos que se compran en el exterior y por la SUBVALUACIÓN DE EXPORTACIONES".

Gonzalo carias Pineda no se anduvo por la rama al precisar que esta multimillonaria fuga de Divisas, tan necesarias para nuestro país, se produce mediante la alteración "de la facturas de los artículos comprados en el exterior con dólares hondureños y bajan el precio de los productos en el mercado internacional".

El presidente del Banco Central de Honduras en su declaración para EL HERALDO, dijo que "solo en 1987...Un 30 o 40 por ciento de las divisas generadas por nuestra exportaciones se han quedado en los bancos del exterior por su valuación de exportaciones y sobrevalorización de las importaciones".

Para que todos hondureños se convencieran de todas las operativos ilegales y que perjudican directamente al país, por cuanto no ingresan los dólares que requiere nuestra nación para cumplir con los compromisos de la deuda y promover su desarrollo, si todo el caso de una Cooperativa de productores y exportadores de melón que operen la zona sur de nuestro territorio, la que "estaba vendiendo la caja de melones de 12 y 18 unidades a 12 dólares (promedio) y una vez deducidos todos los gastos, transporte, pago de comisiones,   quedaba una venta neta de 7 dólares por caja, pero LA EMPRESA SOLO REPORTABA 4 DOLARES POR CAJA".

Cuando expuso enseguida el caso de una empresa camaronera que opera en la zona norte ,se nos viene a la memoria la enorme inversión en las empresas camaroneras y empacadoras de carne de vacuno de Temístocles Ramírez de Arellano, el que permaneció por muchísimos años enviando carne de res y camarones y langostas al rico mercado norteamericano, sin que nadie fiscalizara lo que el hombre transportaba en sus propios barcos, sin abonar a este país lo justo en los impuestos de ley.

Pues bien, otras firmas camaroneras establecidas en el norte, según Carías Pineda, SE NIEGAN A REPORTAR AL ESTADO DE HONDURAS CUÁNTOS KILOS DE

168

CAMARONES Y LANGOSTAS Y OTRAS ESPECIES MARINAS SE LLEVAN PARA LOS ESTADOS UNIDOS DE AMÉRICA.

¡Habrase visto semejante irrespeto para un país democrático y de leyes!

Y la pregunta viene como disparo de misil.

¿Por qué la fuerza naval de Honduras no ha procedido a la detención de todos los barcos camaroneros de las empresas que tienen su asiento en la zona norte del país y que se niegan rotundamente a declarar lo que llevan en sus bodegas y sobre cuyo cargamento tiene que reportarse ineludiblemente al gobierno de Honduras?

Lo importante Por ahora es saber si el ministro de Hacienda y Crédito Público abogado Efraín Bú Girón, habida cuenta de la comunicación al segundo que tiene que existir entre él y Carías Pineda, ya hizo los planteamientos necesarios ante el Señor Presidente de la República, a fin de tomar las providencias del caso, tanto en lo que se refiere a las notificación dirigida al gobierno de los Estados Unidos de América, como también y sin retardo alguno, dirigirse al Señor comandante en jefe de las fuerzas armadas de Honduras para que este, a su vez, proceda a ORDENAR que el comandante de la fuerza naval de Honduras detenga por la fuerza o la razón a todos los barcos camaroneros que están explotando nuestras aguas territoriales y que se están llevando valiosos recursos naturales sin dejarnos ningún tipo de beneficio, solo a millares de morenos a lo largo de la costa que de tanto trabajar en aguas profundas se han quedado como vegetales ¿Por qué no nos hacemos respetar? ¿Por qué los funcionarios no hacen cumplir las leyes? ¿Dónde está la moral y la decencia de los funcionarios públicos y de todos aquellos que tienen jurisdicción y competencia en estos casos denunciados por las propias autoridades bancarias del estado?

EL HERALDO, de manera inusual, quiere en este momento, felicitar al licenciado Carías Pineda por CUMPLIR CON SU DEBER, al denunciar fuga de capitales y a empresas nacionales y extranjeras que no pagan los tributos al Estado.

"SI AZCONA QUIERE VOLARME, ME VOLARÁ", AFIRMÓ DISCUA

El ministro del trabajo, Adalberto Discua, declaró ayer que no presentará su renuncia al presidente José Azcona hoyo porque "de todas maneras, si él quiere volarle, me volará".

Discua, quién pertenece al Partido Nacional, sostuvo que el comité central de esa agrupación política únicamente ha pedido la renuncia a los funcionarios nacionalistas que son producto del Pacto de Unidad Nacional.

En su caso personal, aseguró que fue nombrado a instancia del presidente azcona, quién aseguró que le asignaba el Ministerio de trabajo no como nacionalista sino como ciudadano.

"El mandatario me dijo que depositaba mi persona toda su confianza, incluso despúes de advertirle que debía ser consecuente con la realidad nacional y evitar los problemas que le pudiera ocasionar un elemento nacionalista en su administración", añadió Discua.

El funcionario rechazó que su nombramiento obedezca al pago de un favor que le hizo al presidente Azcona cuando fungió como delegado de su partido ante el tribunal Nacional de Elecciones.

"Quién Afirma eso es un irresponsable", dijo Discua, para añadir que "la decisión de votar contra los pretensiones del suazocordovismo de inhabilitarás con la como candidato, fue tomada por mi partido y no por mi persona".

"La impugnación contra Azcona no tenía basamento legal, porque se decía que era extranjero pero no se presentaban las pruebas y su partida de nacimiento nunca fue impugnada. En resumen, era una barbaridad lo que se quería hacer", continuó el ministro de trabajo.

Al preguntarle si te pondrá su renuncia como una cortesía de fin de año, el funcionario dijo que es falso que los ministros presenten sus dimensiones en diciembre, porque "el presidente quita quien quiere".

"La cortesía no existe, porque cuando yo he trabajado en distintos gobiernos Y si el presidente se lo quiere volar a uno, se lo vuela", concluyó Discua.

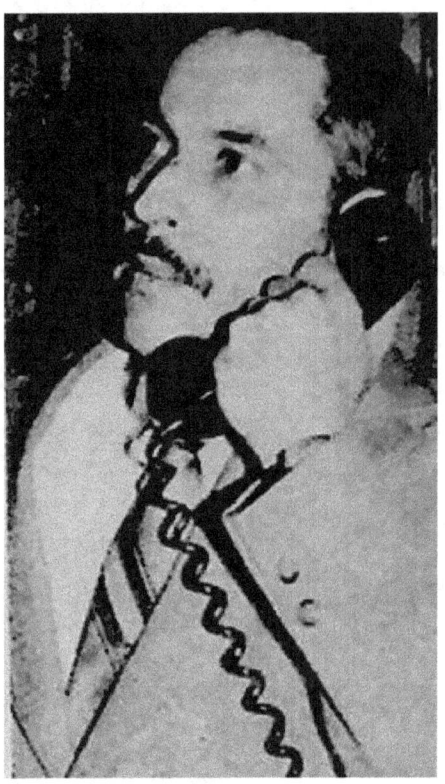

Discua Rodríguez.
"El Heraldo" 9 de diciembre de 1987

PARA LOS EMPRESARIOS:

AZCONA SE EQUIVOCA AL CREER QUE AID HARÁ DESEMBOLSO POR RAZONES POLÍTICAS

Los 20 presidentes de la asociaciones Patronales apoyadas al Consejo Hondureño de la Empresa Privada (COHEP), que se reunieron la semana anterior con el presidente José Azcona Hoyo, le entregaron al mandatario un documento considerado como reservado y que contiene ciertas medidas para comenzar a atacar los graves problemas de la economía hondureña.

El documento en mención -de dos páginas- señal al presidente hondureño que el país Necesita 100 millones de dólares anuales, ya que es el desfase que tiene entre sus ingresos y sus gastos en divisas fuertes. Se le precisa al mandatario que virtualmente no hay posibilidad de producir bienes servicios por esa cantidad en los años venideros.

Otro de los problemas que se le enumera es la brecha fiscal de 640 millones de lempiras, que represente el 8% del producto interno bruto, y se advierte que la misma debe ser atacada.

De acuerdo a una fuente empresarial que estuvo en la cita, en el documento se le dieron lineamientos generales Azcona Hoyo sobre Cómo enfrentar estos dos problemas, pero a raíz de ciertas interrogantes se le prometió al presidente elaborarle un documento más amplio con recomendaciones para enfrentar la crisis, mismo que sería entregado a principios de enero.

Tras la reunión con el presidente Azcona Hoyo la semana anterior, Jorge Gómez Andino, presidente del COHEP, informó que habían discutido sobre la imagen negativa del país en el exterior y que le habían ofrecido prepararle un documento, pero no dijo que le entregaron un pequeño planteamiento de dos páginas.

Otra de las recomendaciones que se formó el titular del poder ejecutivo es poner un "lobby cabildeador" hondureño en Washington y para ello ofrecieron cooperación, aunque no precisaron si la misma sería monetaria para sostener la compañía que se encargue de mejorar la imagen del país.

Según el informante, la preocupación de los empresarios hondureños consiste en que la mala imagen, aunada al problema de la crisis centroamericana, los "contras" y otros, debe agregarse ahora la conexión del país como puente para el narcotráfico, lo que provocan saliendo en la comunidad de inversionistas norteamericanos y de otras regiones, de ahí que el esfuerzo para traer empresarios a que se radiquen en el país su estrella en el muro de la imagen negativa que tiene la nación.

Otro elemento de preocupación reciente para la comunidad de dirigentes empresariales hondureños son las declaraciones que brindó a finales de la semana anterior el presidente del Banco Central, Gonzalo Carías Pineda, en el sentido que 200 millones de dólares se han fugado producto de las acciones de exportadores e importadores que sus valoran o sobrevaloran sus operaciones, de manera que se puedan quedar con un margen de divisas.

Según la Fuente, la declaración de Carías Pineda tiene otras connotaciones o esconde otros problemas graves de la economía, como la falta de dólares en el sistema bancario. La interrogante de los empresarios con relación a lo afirmado por el titular del Banco Central radica en que la cifra 200 millones de dólares la consideran demasiado alta en relación al monto exportado, aunque admiten que si se presentan los casos de subvaloración y sobrevaloración de precios en la venta y compra de mercaderías en el exterior.

Indicó que la Agencia para el Desarrollo Internacional (AID) no ha desembolsado los 40 millones de dólares adicionales, porque todavía no se ha cumplido el Programa Monetario, que forma parte del plan económico que se suscribió entre Honduras y esa agencia norteamericana.

Viajábamos un error que advirtieron los empresarios es que el presidente Azcona Hoyo cree que al final esa agencia desembolsará esos fondos por motivos políticos, independientemente si se cumple con lo pactado, pero los dirigentes empresariales tienen conocimiento que la orden de no hacer la entrega proviene precisamente de la central de la AID en Washington.

"EL HERALDO" 9 DE DICIEMBRE DE 1987

AZCONA Y ROSENTHAL TAMBIÉN SON PRODUCTO DEL "PACTITO"

SAN PEDRO SULA.- los cargos que en la actualidad ostentan en el gobierno de la República José Azcona Hoyo, Carlos Montoya y Jaime Rosenthal Oliva también son producto del pacto ninguno de ellos puede reclamar que renuncia y no funcionarios nacionalista si no empiezan por renunciar ellos.

Así lo afirmó el diputado nacionalista por el Departamento de Cortés, Olman Serrano, al referirse las declaraciones que recientemente formularon el presidente del Congreso Nacional y el designado presidencial Jaime R. Oliva, refiriéndose al Pacto de Unidad Nacional (PUN).

El congresista dijo que era desconcertante las posiciones que ASUME el presidente del Congreso, ya que recientemente defendía el PUN afirmando que difícilmente en Honduras se va a poder dar gobiernos que no sean integrados con el adversario que pierde las elecciones por un pequeño margen.

"el presidente del Congreso es un hombre plástico, pues Hace unos días defendía una cosa y ahora firma todo lo contrario y está exigiendo que los nacionalistas deben salirse del gobierno, lo cual me parece una actitud radical" dijo Serrano.

El parlamentario también emprendió contra el designado presidencial Jaime Rosenthal Oliva , debido a que expuso que el pacto entre nacionalista y liberales está desprestigiado.

"desde el presidente de la república hasta el presidente del Congreso no hay nadie que tenga la solvencia política y moral para señalar como bueno o como malo a ningún funcionario, porque todos ellos son producto de ese pacto y si el acto está desprestigiado los liberales están desprestigiados también", apuntó. (DRM).

"TIEMPO" 9 DE DICIEMBRE DE 1987

Olman Serrano.

REFUGIADOS E INTERCAMBIO COMERCIAL, PRIORIDADES PLANTEADAS POR GOBIERNOS DEL ISTMO Y LA ONU

* Plan emergente esa organización depende del éxito de Esquipulas II.
* Para Azcona, son vitales las áreas de Educación y Salud.

Los gobiernos Centroamericanos plantearon como prioridades para solventar a corto tiempo el problema de refugiados y desplazados -los cuales deben incorporarse a la población económicamente activa- una solución adecuada a la crisis de la deuda externa que impide el desarrollo regional, la recuperación de los niveles de intercambio comercial intrazonal y la apertura de nuevos mercados a los productos del área.

Lo anterior fue señalado por el ex canciller colombiano Augusto Ramírez Ocampo, jefe de la Misión Técnica de la Organización de las Naciones Unidas (ONU), que ayer se entrevistó con el presidente José Azcona Hoyo, el canciller Carlos López Contreras y el gabinete económico del país con la finalidad de conocer las prioridades básicas de Honduras en materia económica y social.

El grupo de funcionarios y consultores de la ONU se reunieron ayer con el gobernante y sus colaboradores y recibieron un memorando donde se define claramente y con orden las necesidades que a juicio del gobierno deben solventarse. Esta misión presentará un plan especial a la asamblea general de la ONU para que apruebe fondos a invertirse en el desarrollo del istmo.

Ramírez Ocampo señaló que en materia de refugiados y desplazados los gobiernos centroamericanos (han visitado cuatro naciones con Honduras) han coincidido en resolver este problema, pero no desde el ángulo de la Caridad O sea la ayuda internacional para su manutención, si no incorporando a esta población a la producción en los cinco estados.

Se calcula que entre refugiados y desplazados por los conflictos bélicos en Guatemala, El Salvador y Nicaragua hay más de un millón de centroamericanos y todos los países, con grados diferentes, padecen de estos problemas, ya que unos tienen refugiados y otros son receptores, como Honduras y Costa Rica, así como hay desplazados de guerra en sus propios países.

En materia económica la misión de las Naciones Unidas observó la necesidad de restablecer los niveles de interrelación e intercambio comercial en la región, que en 1980 eran de mil millones de dólares y que para el presente año ha caído más de 30por ciento. Señalador Ramírez Ocampo que hay necesidad de remover los obstáculos provocados por la falta de liquidez y la descompensación en el intercambio.

Otro de los puntos encontrados por el grupo de la ONU es la necesidad de la apertura de los mercados a la región en manera ventajosa a los productos centroamericanos, de manera que las exportaciones logran incrementarse. El ex canciller colombiano apuntó que la reunión del grupo de los ocho (México, Panamá, Colombia, Venezuela, Brasil, Uruguay, Argentina y Perú), el comunicado de "Acapulco", producto de la Cumbre de presidentes de las naciones citadas, dan un ejemplo al respecto al abrir sus mercados, señalando que lo mismo deben hacer la comunidad económica Europea y los Estados Unidos, con su Iniciativa para la Cuenca del Caribe.

DEUDA DEL ÁREA ES DE 18 MIL MILLONES DE DÓLARES

El jefe del grupo Indicó que otro grave problema es la deuda centroamericana, que en conjunto asciende a 18 mil millones de dólares y que tiene un efecto dramático en la región al consumir virtualmente la mitad, 9000 millones de dólares de sus ingresos por exportaciones.

Cubrir el servicio de la deuda externa impide el crecimiento económico de la región, afirmó Ramírez Ocampo, de ahí que se requieren fórmulas imaginativas de los bancos y agencias para resolver el asunto.

El portavoz del grupo dijo que los países Centroamericanos han señalado nosotros su incapacidad para hacer frente a la deuda, sino que una reestructuración de la misma no debe incluir solamente a la banca comercial, si no al organismo institucionales, de fomento y gobiernos.

Así mismo planteó que el presidente José Azcona Hoyo, hizo énfasis en el aspecto social, Cómo abordar los problemas de Educación y salud para atacar los niveles de pobreza de la región.

PLAN DE COOPERACIÓN LIGADO ÉXITO DE ESQUIPULAS II

El ex-canciller colombiano advirtió que el éxito del plan especial de cooperación que la ONU desea desplegar en Centroamérica está obligado directamente los resultados positivos del Plan de Paz suscrito por los cinco presidentes de la región en Guatemala, en agosto pasado.

Ramírez Ocampo aclaró que el esfuerzo de este plan especial nace de Esquipulas II, de manera que uno afecta al otro.

Así mismo señaló que "no tiene la pretensión de elaborar un nuevo plan de desarrollo para América Central", ya que a su juicio se ha diagnosticado suficientemente sobre las necesidades, y que la misión presentará para las prioridades en un plan de acción inmediata que logre el apoyo de la comunidad internacional.

El gabinete económico y el canciller López Contreras,
plantearon las prioridades hondureñas en la misión técnica de la ONU

El excanciller colombiano Ramírez Ocampo (derecha) -jefe de la delegación
de la ONU- al reunirse con el presidente José Azcona (foto Alejandro Serrano).

DETECTA COMISIÓN DE ONU
REFUGIADOS, PROBLEMAS PRIORITARIO

TEGUCIGALPA.- el enviado especial del Programa de las Naciones Unidas para el Desarrollo (PNUD), Augusto Ramírez Ocampo se entrevistó ayer con el presidente José Azcona Hoyo, quién le presentó las prioridades que a juicio de su gobierno, deben contemplarse en el plan de cooperación de la ONU.

El enviado de este organismo mundial realiza una gira por los países Centroamericanos para obtener una información general sobre temas relacionados con los desplazados de guerra, la deuda externa, la pobreza, relaciones comerciales y el desempleo, entre otros.

Refugiados en el curso de su gira por Centroamérica la comisión técnica de las Naciones Unidas,(ONU), ha detectado que uno de los problemas prioritarios para los gobiernos del área es el de los refugiados y desplazados de guerra.

Así lo dio a conocer ahí el coordinador de la referida comisión, doctor Augusto Ramírez Ocampo, durante una conferencia de prensa horas antes de partir hacia Guatemala, último país que visitarán. Indicó que coincidieron en la necesidad de restablecer los mecanismos de interrelación entre los países de la región, que permitan volver a los niveles de intercambio que en su momento tuvo en el área.De 1980 llegó a ser de más de mil millones de dólares y ahora ha decaído a menos de 350 mil millones de dólares.

Agregó que es necesario abrir las posibilidades de Mercado a la región, y en esa materia han dado un excelente ejemplo a los países sudamericanos que suscribieron el llamado acuerdo de Acapulco, en el que se establecen ventajas especiales a los productos de Centroamérica para que incrementen su comercio.

Ramírez Ocampo señaló que el tema de la deuda externa de los países del área es otra de las prioridades que se les han indicado, ya que ascienden a más de los 18 mil millones de dólares, que afecta de manera dramática la situación actual de esta región, a tal punto que compromete casi la mitad de sus ingresos por importaciones, con lo que se limita la posibilidad de crecimiento para los cinco países.

Finalmente el excanciller colombiano manifestó que una de las recomendaciones que la comisión que coordina presentará la asamblea general de la ONU, es la necesidad de atacar a fondo las causas de la pobreza.

"LA PRENSA" 10 DE DICIEMBRE DE 1987

[SEGÚN EMISARIO DE LA ONU]
REFUGIADOS, ESCASEZ DE MERCADOS PARA LA EXPORTACIÓN Y DEUDA EXTERNA AGOBIAN A CA

TEGUCIGALPA.- Las principales necesidades de los países de Centroamérica giran alrededor de la escasez de mercado para los productos de exportación, atender el problema de la deuda externa y el de los refugiados, según el emisario de la Organización de las Naciones Unidas doctor Augusto Ramírez Ocampo.

El excanciller colombiano cumple la misión de averiguar las principales necesidades de cooperación de la comunidad internacional, que contemplará los esfuerzos de paz en la región.

Durante la pasada asamblea general de la ONU aprobó el 5 de octubre una resolución mediante la cual se "inste a la comunidad internacional a aumentar la asistencia técnica, económica y financiera a los países centroamericanos" al elogiar "la voluntad de paz expresada por los presidentes en la suscripción del acuerdo de Guatemala".

Augusto Ramírez Ocampo, enviado especial de la ONU para conocer las necesidades prioritarias en materia económica de los países centroamericanos, se entrevistó ayer con el presidente Azcona Hoyo. (foto Aulberto Salinas).

Con el fin de echar a caminar el proyecto de forjar un plan especial de cooperación de todas las naciones, que en forma abrumadora aprobaron la resolución, el secretario general de la ONU, Javier Pérez de Cuéllar envió a Ramírez Ocampo a los países de la región para definir las prioridades en cada uno.

Ayer el excanciller colombiano sostuvo entrevistas con el canciller Carlos López Contreras, el presidente José Azcona y con el gabinete económico dirigido por el designado Jaime Rosenthal oliva y el titular de la secretaría de planificación coordinación y presupuesto (SECPLAN), Francisco Figueroa.

El gobierno le presentó un memorándum que recoge todas sus inquietudes sobre lo que se consideran son las necesidades prioritarias de Honduras que deben incluirse en un programa de ayuda de esa naturaleza.

"Hemos cumplido a cabalidad con el encargo del secretario general", expresó Ramírez Ocampo en una conferencia de prensa, en la cual estuvo acompañado el designado Jaime Rosenthal, el ministro Figueroa y el representante de la ONU en Honduras, Ricardo Tichauer.

"Hemos recibido unos indicadores muy claros sobre cuáles son las prioridades de los países Centroamericanos y en primerísimo lugar aparece el tema de los refugiados y los desplazados son problema común para los cinco países, solo que algunos lo sufren en mayor grado que otros y sostuvo que existen coincidencia el asunto no debe "seguirse tratando como caritativo y los gobiernos Centroamericanos piden que sean atendidos al elaborarse el plan especial".

"hay una conciencia muy grande y en cuanto a restablecer los mecanismos de interrelación volver a los niveles de intercambio que tuvo la región", agregó.

Citó a manera de ejemplo, que en 1980 el intercambio comercial andaba por el orden de los 1.000 millones de dólares y ha bajado a menos de los 350 millones de dólares "más devaluados".

Dijo que los gobiernos del área consideran "indispensablemente remover los obstáculos que radican en la falta de liquidez para el intercambio" comercial.

"Así mismo --añadió--, parece necesario abrir la posibilidad de nuevos mercados y en esto ha dado un excelente ejemplo el compromiso de Acapulco, Estableciendo ventajas especiales para los productos centroamericanos.

Dentro de marco "aparece la necesidad de mercados como los de la comunidad Europea sean más operativos y permitan a estos países aumentar sus niveles de exportación", precisó.

El otro tema que según Ramírez Ocampo constituye una de las prioridades atender en América Central es la de "la deuda externa que está sobre los 18,000 millones de dólares y que compromete casi la mitad de sus recursos generales por su exportación y elimina las posibilidades de crecer".

Sobre este tema, específico que los gobiernos "han hecho dos señalamientos básicos, el primero es la tremenda incapacidad para pagar y lo segundo la necesidad de que una reestructuración de la deuda no solamente ocupe a los acreedores de la banca comercial sino también a la banca multinacional de fomento".

Adicionalmente, Augusto Ramírez Ocampo dijo que está claro que para que una estrategia de desarrollo en Centroamérica pueda dar resultados positivos requiere de lo que han sido los productos básicos tradicionales.

Pues añadió que los países se ven afectados por los desequilibrios de los niveles de intercambio y subrayó que en ese sentido se han enfatizado en la necesidad de reconstruir los estímulos y garantizar los precios de productos tan estratégicos para la región, como el café, banano, algodón, azúcar que son el pan de cada día en esta zona.

A la vez advirtió necesario "adelantar planes de producción de alimentos (pues) hay países en estos momentos que tiene una situación simplemente dramática, prácticamente de hambre".

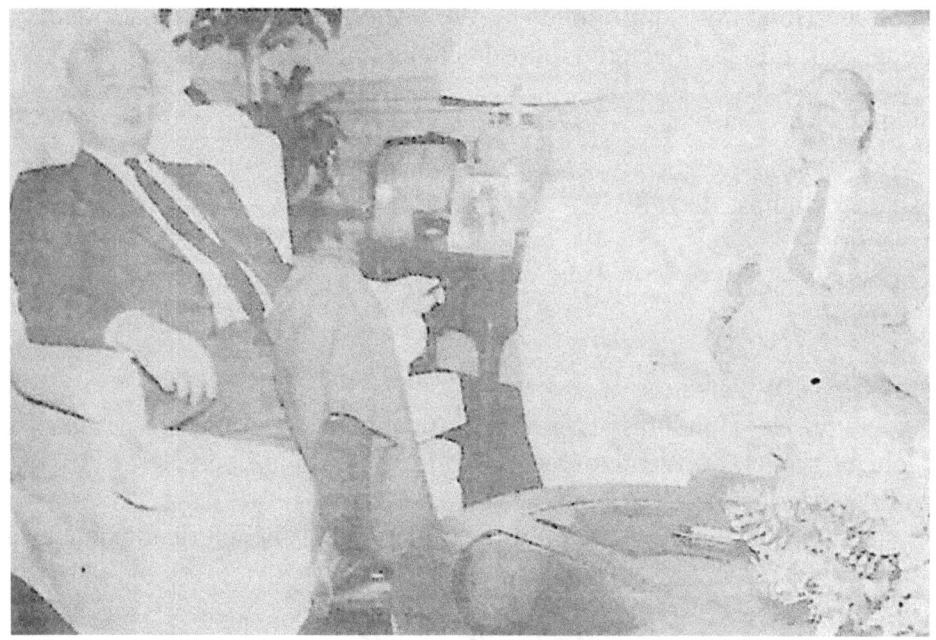

El presidente José Azcona hoyo recibió ayer en casa presidencial al enviado especial de la ONU Augusto Ramírez Ocampo.

Como la dieta alimenticia radica fundamentalmente en arroz,frijoles,maíz deberían producirse de manera rápida apuntó recalcando que "el sector agropecuario es uno de los sectores estratégicos que habrá necesidad de estimular para avanzar en un programa de apoyo a Centroamérica".

Explicó que su visita a la región obedece a que el interés del secretario general de la ONU es que sean los propios países los que expongan sus prioridades, a efecto de incluirlas en el plan de cooperación y nosotros con el mandato que hemos recibido estamos procurando establecer estas prioridades para presentarlas ante la comunidad internacional.

Javier Pérez de Cuéllar tiene que presentar el Plan de Acción Inmediata al pleno de la asamblea de la ONU antes del 30 de abril, dijo.

En la visita de Tegucigalpa "hemos recibido un memorando perfectamente ordenado que señala las prioridades de Honduras y todas, ellas para nuestra satisfacción, coinciden casi plenamente con las que ha sido señaladas por los otros gobiernos", apuntó.

Subrayó que el esfuerzo del Plan de Acción Inmediata "está ligado de manera directa con el esfuerzo de paz de Esquipulas II ha dicho que no puede haber paz sin desarrollo".

"En caso que el programa de paz pueda verse afectado Este programa (de cooperación) se vería afectado", manifestó. (NL)

"TIEMPO" 10 DE DICIEMBRE DE 1987.

AZCONA SOLIDARIO CON ALLAN GARCÍA POR TRAGEDIA DEL CLUB ALIANZA-LIMA

El presidente José Azcona expresó ayer el mandatario peruano Alan García, en nombre del gobierno y pueblo de Honduras "su profunda consternación" por el trágico accidente aéreo que se registrara en aquel país, donde fallecieron todos los integrantes del famoso equipo Alianza-Lima.

El telex es el siguiente:

Tegucigalpa, 10 de diciembre de 1987.
Excelentísimo señor
Doctor Alan García
Presidente del Perú
Lima - Perú
Telmex número 20167 PW Palacio
El pueblo y gobierno de Honduras expresan al pueblo y al gobierno peruano su profunda consternación por el trágico accidente aéreo ocurrido ayer, donde perecieron los integrantes del equipo de fútbol Alianza - Lima y sus acompañantes.
Reciba usted y su pueblo las muestras de nuestra solidaridad latinoamericana ante esta irreparable tragedia.

JOSÉ AZCONA H.
PRESIDENTE DE HONDURAS
11 de diciembre de 1987

PRESIDENTE AZCONA Y GENERAL REGALADO PRESIDIRÁN ACTOS ANIVERSARIO DEL EJÉRCITO

SAN PEDRO SULA.- hoy a las 8 de la mañana darán inicio en la "Plaza de los Héroes" de la 105 brigada de Infantería, los actos conmemorativos al 162 aniversario de fundación del Ejército Nacional, con una ceremonia especial que será presidida por el jefe de las Fuerzas Armadas, general Humberto regalado Hernández, y el presidente de la República, José Simón Azcona Hoyo, comandante general del instituto armado.

A los actos asistirán, además, miembros del Consejo Superior de las FF.AA., representante del Congreso Nacional, del Poder Judicial, del Gabinete de Gobierno, del cuerpo diplomático y agregados militares así como autoridades civiles y militares de la localidad.

Entre los puntos a desarrollarse en la ceremonia, figuran: Himno Nacional e himno al ejército ejecutados por la banda del Comando en jefe de las FF.AA.; minuto de silencio en honor a los héroes caídos en el cumplimiento del deber; invocación espiritual por el obispo de la Diócesis Sampedrana, monseñor Jaime Brufau y finalmente los discursos alusivos a la conmemoración del presidente de la república y el jefe de las Fuerzas Armadas.

Posteriormente dará inicio el desfile de las tropas, el cual partirá de la 105 brigadas de Infantería y recorrerá por toda la céntrica tercera avenida, pasando por el estado de honor que estará ubicado frente a la catedral ,donde las tropas rendirán honores al presidente constitucional de la república. (CAH).

José Azcona Hoyo.

"TIEMPO" 11 DE DICIEMBRE DE 1987

Azcona:
LA TELETÓN: UN ACTO DE HUMANIDAD

TEGUCIGALPA.- el presidente José Azcona Hoyo hizo ayer un llamado a la población para que contribuya con el Teletón, por considerarlo un "acto de humanidad" mediante el cual se pretende recaudar fondos para construir tres centros de rehabilitación a beneficio de los minusválidos.

Los medios televisivos y radiales transmitirán un mensaje del mandatario, que entre otras cosas apunta que tal actividad "requiere la cooperación de todos, para alcanzar El noble objetivo de construir tres centros de rehabilitación para minusválidos".

"De esta manera la nación estará contribuyendo a resolver un problema social que por sus grandes dimensiones amerita el esfuerzo común de los hondureños", afirma el mandatario.

Habría que este aporte "será de incalculable beneficio para centenares de familias que tienen en sus hogares niños, adultos con problemas de limitación física y que no tienen medios para incorporar a estos compatriotas a una vida útil dentro de la sociedad".

Esta actividad se desarrollará a partir de mañana viernes y concluirá el sábado, y tendrá la colaboración de todos los medios de comunicación del país.

"Tengamos presente, que no existe causa suficiente ni impedimento alguno para que todo hondureño se incorpore al desarrollo de nuestra patria, si le ayudamos oportunamente", declaró el jefe del ejecutivo.

"LA PRENSA" 10 DE DICIEMBRE DE 1987

PRESIDENTE AZCONA: NO A LOS CAMBIOS

El señor presidente de la República, Don José Azcona, en su reciente visita oficial a Comayagua proclamó, con absoluta firmeza, que no cambiará a ninguna de los miembros de su gabinete pues no cree que con ello mejoraría la situación del país.

Si nos atenemos a la letra de la constitución (y aún a su espíritu) el jefe de estado está en su derecho. De acuerdo con la ley fundamental él es el administrador general de la nación y el único responsable de poner o quitar funcionarios en el Poder Ejecutivo o instituciones descentralizadas.

Si vemos el asunto es de una perspectiva menos formal, más amplia y sustentada en análisis lógicos, no podemos menos de afirmar que, aún cuando el mandatario está en su derecho sería extremadamente difícil decir que tiene la razón en este punto.

Desde que la nueva administración comenzó, han sido múltiples los señalamientos, tanto del movimiento sindical organizado como de la libre empresa, los dirigentes políticos de diferentes partidos y los medios de información, indicando que sería saludable un cambio que trajera dinamismo al gobierno y, sobre todo, que transmitiera la ciudadanía la impresión de que se ha abandonado la indefinición, el tortuguismo y la improvisación en los quehaceres del sector público.

Hay un hecho incuestionable en la valoración de los distintos sectores que hacen del actual gobierno: virtualmente todos los sectores coinciden en que el presidente Azcona es un hombre de intachable moral personal y de radical honestidad.

Pero, en otro orden de ideas, abundan las críticas a la falta de energía en la conducción del aparato administrativo, al vacío de Liderazgo que se registra en el gobierno, a la casi total ausencia de decisiones en el tratamiento de los grandes problemas nacionales.

Resulta evidente, en opinión de amplio segmentos de la población, que los Sedicentes colaboradores del gobernante no le ayudan.

Todo lo contrario: le cargan de trabajo forzando va a permanecer largas horas de vigilia en su despacho resolviendo conflictos menores que debieron haber sido solventados en los ministerios.

Un incidente relativo menor ilustra la situación: la Secretaría de Comunicaciones, obras públicas y Transporte (SECOPT) envió una solicitud de transferencia de fondos a la Dirección de Presupuesto. La petición llevaba el visto bueno de varios ministros y, en especial el aval del presidente Azcona. El director de Presupuesto (hombre que ha estado al frente de ese cargo por varios lustros y que es posiblemente el funcionario civil con más poder en el gobierno hondureño) sencillamente denegó la gestión. Sin explicaciones de ninguna especie de volvió los papeles e hizo que los altos funcionarios que la firmaban, incluido el mandatario, se la tragaran...Metafóricamente hablando.

El hecho, sin ser motivo de una crisis, es revelador de cómo anda el don de mando La Energía de Liderazgo y la función real de la estructura de poder. Es difícil de imaginar, en cualquier gobierno serio, una circunstancia semejante.

Pero esa es la realidad en la dulce y Hibueras.

Y mencionamos el detalle no para molestar al jefe de estado ,sino para evidenciar con una anécdota específica alguno de los problemas que se viven dentro de la actual administración.

Para nadie es un secreto que el problema número uno de Honduras, aún más perentorio que la amenaza leninista de Nicaragua, es la onda crisis económica que nos abate.

En ese campo no se ven iniciativas importantes, innovaciones sustantivas ni, Y esto es lo más grave, acciones de política coherentes y basadas en un cuerpo de doctrina, orientadas a superar los esquemas heredados del populismo castrense y a poner en marcha, efectivamente, la economía de Mercado que es la esencia misma del pensamiento liberal en el campo de la producción y distribución de bienes y servicios.

A nivel de la oficina del presidente hay varios altos funcionarios, incluido el que dirige el Ministerio de la Presidencia. Hasta hoy las acciones de coordinación de esa dependencia son pocas conocidas. Persiste la duda acerca de si realmente han ocurrido o si la falta de información se origina en un exceso de modestia.

Hay muchos elementos de juicio para esperar un cambio. Pero el jefe de estado ha sido rotundo: no habrá modificaciones. Tendremos más de lo mismo en 1988.Y con toda probabilidad, esa sería la situación en 1989.

Cristóbal Colón hizo cambios Aventureros en la cultura y ciencia predominante en su época. Sostenía la idea (peregrina para los eruditos de su era) que el mundo era esférico no plano.

Mucho de sus contemporáneos lo tildaron de loco y prefirieron persistir en el error. A veces se confunde la firmeza de carácter con la rigidez en la sustentación de posiciones equivocadas.

Ojalá no sea este el caso. Nuestro país necesita muchos cambios positivos para salir del Abismo.

Y deberíamos ejecutarlos hoy. Mañana podría ser demasiado tarde...

"LA PRENSA" 10 DE DICIEMBRE DE 1987

HAGÁMOSLO CON LA TELETON: AZCONA

El presidente José Azcona dijo ayer, al invitar al pueblo a contribuir con La Teletón, que no existe causa suficiente ni impedimento alguno para que todos hondurcño se incorpore al desarrollo de nuestra patria, si le ayudamos oportunamente.

"Este es el momento. Hagámoslo", dijo el mandatario en este mensaje:

Pueblo Hondureño:

El Teletón de Honduras es un acto de humanidad que requiere la cooperación de todos para alcanzar El noble objetivo de construir los centros de rehabilitación para minusválidos.

De esta manera la nación estará contribuyendo a resolver un problema social que por sus grandes dimensiones amerita el esfuerzo común de los hondureños.

Nuestro aporte será de incalculable beneficio para centenares de familias que tienen en sus hogares niños o adultos con problemas de limitación física y que no tienen medios para incorporar a estos compatriotas a una vida útil dentro de la sociedad.

Tengamos presente, que no existe causa suficiente ni impedimento alguno para que todo hondureño se incorpore al desarrollo de nuestra patria, si le ayudamos oportunamente.

Este es el momento.

Hagámoslo.

" LA TRIBUNA". 10 DE DICIEMBRE DE 1987

OPINIÓN EDITORIAL

APÓCRIFO

HACE algún tiempo, cuando otros dirigentes del Partido Liberal manifestaron la posibilidad de cambios en la Corte Suprema de Justicia, el presidente del Congreso salió desaforado a defender a sus socios acusando a sus compañeros de partido de pretender dar un golpe de estado por el tan solo hecho de expresar la aspiración.

Hoy el simpático personaje seguramente va a tener que recurrir a los servicios de un buen dentista para que le ponga placas, después de esa tremenda pedrada que él solito se ha dado en los dientes.

Honduras previo a la convención del Partido Liberal, el presidente del Congreso, dolido porque la comparsa cachureca lo abandona en el maridaje político que sostuvieron Durante los dos primeros años de cogobierno amenaza con pedirle la renuncia a los magistrados de la Corte Suprema.

El partido Nacional, que con todo el cálculo político solo ha tenido medio sacar la puntita, arremete contra el socio liberal y lo amenaza que si le quitan los magistrados lo quitan a él de presidente del Congreso.

La verdad de las cosas es que ninguno quiere aflojar la parte del botín que como recompensa le dejó el "pacto patriótico".

Ninguno está dispuesto a renunciar a nada. Uno lo que quiere hacer es la apangada que se va a la oposición, y el otro sacudirse de culpa frente a sus correligionarios por haber entregado la mitad del poder que le correspondía su partido.

Tanto está desprestigiado el pacto ese de Los Patriotas que los incubaron, que ya nadie quiere aceptar su paternidad.

Y como si fuera pelota de ping pong —el juego que tanto apasiona nuestro presidente, quién se echa de 40 a 50 partidos diarios— se pasan unos a otros la culpa por haberse metido en el PUN.

Tan en desgracia ha caído el "patriótico acuerdo" qué ocasionó tanta estabilidad democrática en el país que ya no se aguanta, hasta que una de las corrientes liberales que apoyó al presidente azcón en su campaña se ha desentendido de su responsabilidad.

Resulta, ahora, que el mal querido pacto a nadie lo firmó, nadie lo quería, y no tardan en decir, que en efecto, no existe y jamás existió. Apócrifo, moto, huérfano y abandonado el pobre PUN.

Solo hay uno que otro que todavía brinca a ponderar sus virtudes como un compromiso estabilizador del sistema; base y fundamento de la tranquilidad social del país, de la paz cristiana de que gozamos que nunca tuvo nada que ver con la repartición que, por milagro divino se hizo de la burocracia oficial del país.

Pero malo, perverso y diabólico cómo fue el pacto, la verdad es que quienes juran que lo quieren romper lo que menos quieren es eso.

Toda la vida del presidente del Congreso que va a pedirle la renuncia a los magistrados es para atemorizar a sus socios nacionalistas y obligarlos a que caigan otra vez en sus brazos.

Y la respuesta de aquellos es natural: nos quitas el tuco que nos diste y nosotros te quitamos el tuyo. Al final de cuentas van a convenir: "ustedes quédate vos con tu pedazo y déjanos a nosotros el nuestro".

Eso fue lo que salió como grito despavorido de un alegato que se tuvieron por un radio los señores socios del "Pacto de Unidad".

Y fue un diputado al que le dicen "Picho" hermano de Jacobo, hijo de don Boris, quién por encima de los alaridos y de los lamentos, expresó el sentimiento real: "No —dijo don Picho— cálmense señores; ni hablen de esas cosas tan feas que van a renunciar, si el país nos necesita ambos, para mantener la paz, la democracia, la alegría, El jolgorio y la eterna tranquilidad".

Así que ya está dicho... La verdad de todo es lo que dijo "Picho"...

"LA TRIBUNA" 10 DE DICIEMBRE DE 1987

AZCONA HOYO:
FF.AA. NO SON AGRESORAS NI GUERRERISTAS

SAN PEDRO SULA.- (Por Adelmo Argueta).- "He sentido profunda emoción está mañana cuando he visto en los brazos vigorosos de los representantes del ejército nacional enarbolar el pabellón nacional; Ese es el pabellón que deben enarbolar los ejércitos y estamos completamente seguros que en Honduras las fuerzas armadas y el ejército jamás enarbolarán extrañas como no sé para bien nacional de Honduras", dijo ayer el presidente José Azcona Hoyo, quién presidió los actos conmemorativos del 162 aniversario de fundación del Ejército Nacional.

Le voy a hacer una amplia exposición sobre la creación del ejército y de su profesionalización con el correr de los años, Azcona Hoyo manifestó que "es de suma importancia dejar aquí establecido que en las diferentes etapas que ha vivido el histórico de nuestro país, se ha hecho evidente la necesidad de una defensa organizada, permanente y razonable".

"No solo hemos tenido la urgencia de defender las instituciones internas, como la Constitución y la democracia, instituciones que sumen la esencia de la gran institución que es la República desde el punto de vista jurídico, la primera, y desde el punto de vista político, la segunda", expresó el mandatario.

Acotó que "no solo hemos que defender esa instituciones cuando por motivaciones de diversas naturaleza se han visto en precario o se han puesto en menoscabo". Indicó también que "hemos tenido que defender la soberanía y la integridad territorial cuando fuerza externa han pretendido circular estos atributos sagrados de nuestra nacionalidad".

"Por eso el ejército nacional se ha justificado históricamente y se justifica hoy cuando nos vemos envueltos en un conflicto centroamericano, que sin ser específicamente de nuestro incumbencia nos involucra por los efectos negativos que generen perjuicio nuestro y por el tono de fuerza que se quiere imponer en la región", anotó Azcona Hoyo.

"Sobre la situación actual de Centroamérica que representa dos versiones como conflicto armado y como conflicto ideológico, una vez más queremos recalcar dos hechos: el primero es que esa situación no concierne directamente a Honduras, sino que los efectos colaterales que genera y que son obviamente nocivos para nosotros. El otro hecho es que nuestras fuerzas armadas no son agresoras y no son guerreristas, sino por el contrario son respetuosas de la soberanía ajenas y en sus actos a las funciones que la Constitución les indica y quieren la paz tanto interna como externa", aseguró.

Siguió diciendo que las FF.AA. "las tampoco están ahí como instrumento de presión o para reprimir al pueblo en sus manifestaciones más libres; están ahí organizadas profesionalmente para servir al país como garantes de la soberanía la integridad territorial y el ejercicio irrestricto de los principios constitucionales por todos los ciudadanos".

El presidente José Azcona hoyo manifestó que las Fuerzas Armadas no son agresoras ni guerreristas. (Foto Morales).

"El ejército —dijo el presidente— como una de las cuatro ramas que integran el esquema de las Fuerzas Armadas, ha desempeñado papeles muy honrosos en el marco de los deberes patrióticos: defendió la soberanía nacional en Mocorón en 1957 y detuvo la dirección salvadoreña en 1969".

Apuntaló que todas sus armas, el arma de Infantería iniciada modernamente en 1954, el arma de artillería que tiene su origen el año de 1827, el arma de comunicaciones que se remonta a 1904, pero su moderna organización se registra en 1976, el alma de ingeniería que se crea en 1959 y el arma de caballería que tiene sus antecedentes en las acciones morazánicas, pero que nace como agrupamiento mecanizado en 1977, son armas que se han distinguido en los hechos bélicos motivados por la defensa de la soberanía y la integridad del territorio cuando se han visto amenazadas por agresiones externas.

MARADIAGA DEMANDA DE AZCONA URGENTE CAMBIO DE MINISTROS

TEGUCIGALPA.- El aspirante presidencial Jorge Maradiaga urgió al presidente José Azcona para que la estructura de su consejo de ministros e incorpore a funcionarios que desean realmente leales.

Mareada entrevistado por TIEMPO dijo que varios de los ministros del actual gabinete de gobierno deberían ser separados de sus cargos, aunque el político se abstuvo de nombre.

Advirtió que aunque está es una potestad del presidente Azcona, este debe recordar que "al final es responsable del éxito o fracaso" de su administración será él y no los ministros.

El político aseguró que dentro del gabinete de gobierno" hay gente que no funciona y que no trabaja con lealtad al gobierno".

Dijo que estos ministros "andan apoyando las aspiraciones presidenciales del político, olvidándose de su función pública".

Maradiaga sugirió al presidente Azcona incorporar a su gabinete " gente que mete el hombre en lleno" para trabajar en favor de su administración.

"Con lealtad al gobernante Azcona y no con lealtad aspirantes presidenciales", dijo.

Por otro lado, dijo que espera que la gran convención liberal logre la unidad del partido de gobierno y que cesen las luchas intestinas entre corrientes.

Anunció que su corriente introducirá la convención proyectos de resolución para que el Consejo Central Ejecutivo del Partido Liberal (CCEPL) respalde el gobierno de José Azcona.

Además, mocionará para que todos los militantes que aspiran a cargo dirección popular y puesto dentro de administración pública coticen obligatoriamente al partido, que 7 miembros de la junta directiva del Congreso sean liberales y que la bancada acate las directrices del CCEPL.

Maradiaga calificó como "teórico" el rompimiento del pactito azcona-callejista, pues Rafael Leonardo Callejas Romero conserva el control de la Corte Suprema de Justicia y la Procuraduría General de la República.

Aseguró que hasta ahora no se ha producido ningún contacto entre las bancadas liberales y especialmente con la de Carlos Montoya para la integración de la junta directiva del Congreso Nacional. (GP).

"TIEMPO" 12 DE DICIEMBRE DE 1987

PRESIDENTE AZCONA
"SE ESTÁ AYUDANDO AL GOBIERNO"

TEGUCIGALPA.- El presidente Azcona hoyo declaró a medianoche del sábado su satisfacción por los resultados alcanzados en La TELETON, y dijo que su gobierno será el más beneficiado con esta actividad que por primera vez se realiza en el país.

El gobernante agradeció a los artistas, empresarios, animadores y otras personalidades vinculadas con la actividad, por "haber tenido un corazón de oro" que al final tuvo como resultado de recaudación de más de dos millones de lempiras.

"esta mañana alrededor de las once horas cuando estaba viendo en la pantalla de mi televisor las escenas que se estaban desarrollando aquí y los filmados de algunos niños minusválidos, sentí que el gobierno no estaba ayudando, a quien en realidad se está ayudando es al gobierno".

Agregó que "los resultados de la TELETÓN ayudarán al pueblo Hondureño y al ayudar al pueblo Hondureño el primer beneficiado es el presidente de la república".

Por eso, "muchas gracias a ustedes, a Don Rafael Ferrari, que supo aceptar este reto formidable", dijo el presidente.

Finalmente anunció que ningún gasto ejecutado por su gobierno le ha llenado de satisfacción como lo sentirá Al momento de entregar esta semana el cheque que en concepto de aportación dará su gobierno al tiempo que entregará a la personería jurídica a la organización.

Inicialmente Azcona había prometido dar 5% del total de la recaudación lo que significa una aportación de aproximadamente 103 mil lempiras.

"LA PRENSA" 14 DE DICIEMBRE DE 1987

SITUACIÓN EN EL ÁREA JUSTIFICA EXISTENCIA DEL EJÉRCITO: AZCONA

SAN PEDRO SULA.- El presidente de la república, José Azcona Hoyo, calificó ayer aquí de "una necesidad" la fundación y existencia del ejército nacional al conmemorarse los 162 aniversario de esa rama castrense.

Hijos con audio que la existencia de éxito se justifica históricamente y también hoy, "cuando el país se ve inmerso en el conflicto centroamericano que no es específicamente de nuestra incumbencia, pero no Se involucra por los efectos colaterales negativos".

Señaló que en la región se quieren imponer por las fuerzas aspectos que van reñidos con el sistema democrático.

Sobre la actual situación en el área, la cual representa dos versiones como conflicto armado y como conflicto ideológico, el presidente recalcó dos hechos:

"La primera es que esa situación no concierne directamente a Honduras, sino que los efectos nocivos que genera; el otro hecho es que nuestras fuerzas armadas no son agresoras ni guerreristas, por el contrario son respetuosas de la soberanía ajenas y remitan sus actos a las funciones que la Constitución les dicta. Quieren la paz tanto interna como externa, tampoco están ahí como instrumentos de presión o para reprimir al público en sus manifestaciones más libres".

Indicó que están organizadas para servir al país como garante de la soberanía y la integridad. "El Ejército, como una de las cuatro ramas de las fuerzas armadas, han desempeñado papeles muy honrosos dentro de los deberes patrióticos".

Sostuvo el mandatario que las Fuerzas Armadas se enfilan cada día por la senda de una filosofía civilista que les induce a prepararse.

"Sin confrontaciones estériles y sin exceso de poder y de fuerza alcanzaremos la unidad nacional", prometió el mandatario.

En su discurso, Azcona Hoyo reseñó parte de la historia del ejército, citó la huestes conducida por Francisco Morazán, como los primeros indicios del mismo.

"Es de suma importancia dejar aquí establecido que en las diferentes etapas que ha vivido el proceso histórico de nuestro país se ha hecho evidente la necesidad de una defensa organizada, permanente y razonable. Y no solo hemos tenido la urgencia de defender instituciones como la Constitución y la democracia. Hemos tenido que defender la soberanía y la integridad territorial, cuando fuerza extraña se han pretendido usurpar los atributos sagrados de nuestra nacionalidad".

Recalcó al finalizar que el ejército se justificó antes y se justifica ahora.

"EL HERALDO" 12 DE DICIEMBRE DE 1987

FF.AA. NO SON GUERRERISTAS: AZCONA
NO ES INCUMBENCIA DE HONDURAS LA CRISIS REGIONAL

El presidente José Azcona libró a Honduras de cualquier responsabilidad directa en la crisis que actualmente azota a la región centroamericana, y afirmó que las fuerzas armadas "no son agresoras ni guerreristas", sino que quieren la paz tanto interna como externa.

Azcona calificó como un hecho extraordinario la creación del ejército nacional, pues este nació cuando Centroamérica recién había adquirido su independencia a la que estaba inminente peligro de desaparecer, engullida por las fauces de los imperios expansionistas.

En su discurso en ocasión del 162 aniversario del ejército, expresó que si vemos la razón a través del Derecho Internacional, hemos de concluir que solo es mínimo Grado las naciones reparaban las en las normas jurídicas y, por tanto, la fuerza terminaba imponiendo sus exigencias. Había que recurrir a la fuerza para mantener intacto el principio de la independencia.

Seguramente los fundadores de la República crearon el ejército nacional, motivado por esa razón fundamental de defender las instituciones nacidas de la independencia. Fue por ello nuestro ejército, un ejército de vocación independentista, republicano y libertador, cómo sigue siendo en nuestros tiempos. dijo.

Luego de hacer un reencuentro histórico desde que en 1900 1833el coronel Narciso Benítez fundara una Escuela Militar hasta nuestros días, Azcona expresó que el ejército no solamente ha tenido que defender la Constitución y la democracia, cuando uno cuando se ha visto en menoscabo, sino que han tenido que defender la soberanía integridad territorial. Cuando fuerzas extrañas han pretendido usurpar la nacionalidad.

"El ejército nacional se justificaba históricamente y se justifica hoy, afirmó cuando nos vemos envueltos en un conflicto centroamericano que sin ser específicamente de nuestra incumbencia, Lucas por los efectos negativos que generen perjuicio nuestro y por el tono de fuerza que se requieren imponer en la región".

Sobre la situación de Centroamérica, que presenta dos versiones como conflicto armado y como conflicto ideológico, soy presidente recalcó los hechos.

"En primer lugar, apuntó que esta situación no concierne a Honduras sino por los efectos colaterales que genera que son obviamente nocivos para el país y, en segundo lugar, que nuestras fuerzas armadas no son agresoras ni guerreristas, si no por el contrario, respetuosas de la soberanía ajenas, remiten sus actos a las funciones que la Constitución les indica y quieren la paz tanto interna como externa".

Aseguró que "tampoco están ahí como instrumentos de opresión o para reprimir al pueblo" y aclaró que las Fuerzas Armadas también se distinguen en tiempos de paz, haciendo hincapié en que por esa Senda alcanzaremos la unidad nacional sin confrontaciones estériles y sin exceso de poder o de fuerza.

También afirmó que "las Fuerzas Armadas jamás enarbolarán extrañas consignas, como no sea la del pabellón nacional de Honduras y estamos completamente seguros que así será, al ver en este acto los brazos vigorosos de los miembros del ejército, Cómo levantan ese emblema de nuestra nacionalidad".

Momento en que era entonado el himno nacional de Honduras, al centro, el jefe de las Fuerzas Armadas, general Humberto Regalado Hernández y el presidente José Azcona. (Foto Raúl Villalta)

Mañana sábado

PROYECTO ELÉCTRICO FRONTERIZO CON GUATEMALA INAUGURARÁ AZCONA

PUERTO CORTÉS.- Contando con la presencia del presidente de la república, José Azcona Hoyo, y altos personeros del gobierno central, se inaugurará en la comunidad de Potrerillos jurisdicción de Omoa, el proyecto de electrificación hacia el sector fronterizo con Guatemala, este sábado.

La inauguración de este proyecto beneficiará unas 3 mil 500 familias eminentemente campesinas dedicadas a la agroindustria, en un tramo que comprende 97 km desde la aldea de San Marcos hasta Potrerillos.

La electrificación de ese sector fue originalmente planificada por la administración del exmandatario Roberto Suazo Córdova, empero, ha sido durante la gestión del presidente Azcona

188

hoyo cuando se impulsó definitivamente otorgándole la licitación a la firma Sveco, de origen venezolano.

El valor global del proyecto inaugurarse es de 3.5 millones de lempiras, el cual ha traído la concebida alegría de los moradores del sector que entusiastamente se preparan para recibir al presidente hondureño y su comitiva, para agradecer la puesta en servicio del sistema eléctrico que vendrá a impulsar en mayor grado la producción agrícola y Ganadera De esta zona. (Pto).

"La Prensa". 11 de diciembre de 1987

TELEGRAMA PRESIDENTE PERUANO
CONSTERNACIÓN POR LA TRAGEDIA AÉREA

TEGUCIGALPA.- El presidente José Azcona expresó ayer a su colega de Perú Alan García, su "profunda consternación" ante la tragedia aérea ocurrida en aquel país, donde murieron todos los integrantes del conocido club de fútbol Alianza Lima.

En el télex número 20167 el gobernante hondureño afirma que tanto su gobierno como el pueblo "expresan al pueblo y gobierno peruano su profunda consternación" por tan irreparable tragedia, que hay llenado de luto a la afición deportiva peruana, en particular.

"Reciba usted y su pueblo las muestras de nuestra solidaridad latinoamericana", concluyas con en su mensaje de condolencia dirigido a García, que recientemente estuvo en el país en una gira que realizó por los países centroamericanos.

"LA PRENSA". 11 DE DICIEMBRE DE 1987

ACUSA VICEMINISTRO DE SECOPT:
DIRECTOR DE PRESUPUESTO DESACATA ORDEN DEL PRESIDENTE JOSÉ AZCONA

Pasando por alto a la disposición emitida por el presidente del ejecutivo, José Azcona Hoyo, el director general de Presupuesto, Héctor Medina, desautorizó el desembolso de un fondo especial para la reparación y mantenimiento de carreteras.

Lo anterior lo confirmó el viceministro de la Secretaría de Comunicaciones, Alejandro Castro Ruiz, quien manifestó que ante el recorte que le hicieron al presupuesto de esa cartera tuvieron que solicitar ayuda al mandatario.

Indicó que Azcona hoy dio el visto bueno para la creación de un fondo especial, a fin de arreglar ciertos tramos carreteros que se encuentran en mal estado.

Una vez aprobado por los ministros de la Secretaría de Coordinación y Presupuesto y de Hacienda, se envió la documentación a la Dirección General de Presupuesto, pero arbitrariamente Medina dijo que no se haría el desembolso.

"No me explico como un funcionario de cuarta categoría puede echar atrás la disposición del presidente de la república y de los ministros", se preguntó.

Castro Ruiz sostuvo que con el recorte de dos millones de la Dirección de Mantenimiento se enfrentarán con serios problemas para mantener en buen estado las carreteras.

Reconoció que actualmente la mayor parte de la partida de mantenimiento es para pagar al personal supernumerario con que cuenta, el cual se ha contratado por razones "políticas" y se han ido quedando poco a poco. Finalmente dijo que con el desacato de Medina a la orden del presidente, las vías de acceso no podrán ser reparadas.

"EL HERALDO" 11 DE DICIEMBRE DE 1987

DESCARTADA CONSTRUCCIÓN AEROPUERTO CAPITALINO

El gobierno del presidente José Azcona hoyo ha desistido de construir el nuevo aeropuerto capitalino, reveló ayer el viceministro de comunicaciones, obras públicas y Transporte, Alejandro Castro.

El funcionario informó que la decisión de posponer indefinidamente el proyecto le fue comunicada por el propio presidente José Azcona Hoyo, en reciente conversación.

"Hay asuntos más prioritarios que atender, sobre todo en las áreas de Salud y Educación", dijo el presidente Azcona al viceministro de SECOPT.

Añadió que él "tiro de Gracia" a la ejecución del proyecto provino del recorte presupuestario que se operó en el Congreso Nacional y que, en el caso de ese ministerio superó los 100 millones de lempiras.

Durante el presente año, SECOPT ejecutó algunos trabajos de topografía en el sitio denominado "Laguna del Pedregal", pero en el presupuesto para 1988 no contempla ninguna partida para continuar esas tareas preliminares.

Además, los ofrecimientos de algunos gobiernos, como el de España y Venezuela, no han sido del todo satisfactorios para la administración Azcona.

"EL HERALDO" 11 DE DICIEMBRE DE 1987.

AZCONA LAMENTA TRAGEDIA EN PERÚ

El presidente José Azcona hoyo se sumó ayer al pesar que embarga el pueblo peruano por la desaparición física de los integrantes del equipo de fútbol Alianza Lima ocurrida el pasado martes. El mandatario hondureño envió a su colega peruano Alan García un mensaje de condolencia, cuyo texto es el siguiente:

Tegucigalpa, D.C., 10 de diciembre de 1987
Excelentísimo señor doctor Alan García
Presidente del Perú
Lima, Perú.
El pueblo y gobierno de Honduras expresan al pueblo y al gobierno peruano su profunda consternación por el trágico accidente aéreo corrido ayer, donde perecieron los integrantes del equipo de fútbol Alianza lima y sus acompañantes.
Reciba usted y su pueblo las muestras de nuestra solidaridad latinoamericana ante este irreparable tragedia.
José Azcona H./Presidente de Honduras

"EL HERALDO" 11 DE DICIEMBRE DE 1987

MARADIAGA: AZCONA DEBE CAMBIAR SU GABINETE

El aspirante presidencial Jorge Roberto Maradiaga dijo ayer que el presidente José Azcona tiene que hacer algunos cambios en su gabinete de gobierno, aunque no precisó cuáles son los ministros que deben ser retirados de sus cargos.

Según Jorge Maradiaga hay algunos secretarios de estado que no trabajan con lealtad al gobierno y otros se dedican a activar por uno u otro aspirante presidencial.

Luego dijo que Azcona hoyo debe integrar gente con capacidad y que se dedique a trabajar por entero dentro de la Administración pública.

Los cambios le corresponden hacerlos al ingeniero José Azcona Hoyo, pues él será el responsable del éxito fracaso de su administración, enfatizó Maradiaga.

Jorge R. Maradiaga

Por otra parte, el aspirante presidencial criticó el rompimiento del PUN, el que según su criterio ha sido más teórico que práctico. Para que su disolución sea una realidad, los nacionalistas deben renunciar a todos los cargos que lograron por medio del pacto, opinó.

"Yo mismo estoy dispuesto a renunciar a la vicepresidencia que ostento dentro del Congreso", dijo Maradiaga. Vale aclarar que prácticamente el político ha concluido en dichas funciones, porque en enero se elegirá una nueva directiva.

"EL HERALDO". 12 DE DICIEMBRE DE 1987

EXISTENCIA DEL EJÉRCITO SE JUSTIFICA HOY MÁS QUE NUNCA

SAN PEDRO SULA.- El presidente de la república, José Simón Azcona Hoyo, expresó, en su discurso con motivo de la celebración del 162 aniversario del Ejército Nacional, que la existencia de este cuerpo armado se justifica históricamente y hoy más que nunca cuando el país se ve envuelto en un conflicto centroamericano que, sin ser específicamente de su incumbencia, lo involucra por los efectos negativos que genera en su perjuicio y por el tono de fuerza que se le quiere imponer en la región.

"La situación actual de Centroamérica representa dos versiones: el conflicto armado y el conflicto ideológico. Sobre esto una vez queremos recalcar dos hechos", dijo. "El primero es que esa situación no concierne directamente a Honduras sino que los efectos colaterales que genera, y que son obviamente nocivos para nosotros, y el otro es que nuestras fuerzas armadas no son agresoras y no son guerreristas sino que, por el contrario, son respetuosas de la soberanía ajena y remiten sus actos a las funciones de la Constitución les indica y desean la paz tanto interna como externa".

"Tampoco las fuerzas armadas son un instrumento de opresión o para reprimir al pueblo en sus manifestaciones más libres. Por el contrario, están organizadas profesionalmente para servir al país como garante de la soberanía, la integridad territorial y el ejercicio irrestricto de los principios constitucionales para todos los ciudadanos", acoto Azcona.

Recordó que el ejército como una de las cuatro ramas que conforman el esquema de las fuerzas armadas ha desempeñado papeles muy honrosos en el marco de los deberes patrióticos como ser la defensa de la soberanía nacional en Mocorón en 1957 y la detención de la dirección salvadoreña en 1969.

"Todas sus armas —dijo— se han distinguido los hechos bélicos motivados por la defensa de la soberanía y la integridad territorial cuando se han visto amenazadas por agresiones externas, así como también se han distinguido en los hechos en pro de la paz".

Recalcó que "es evidente que el ejército ha alcanzado ya un elevado nivel profesional que lo conduce por la senda de una filosofía civilista, mediante la cual alcanzaremos la unidad nacional es sin confrontaciones estériles y sin exceso de poder o de fuerza. (CAH).

"TIEMPO". 12 DE DICIEMBRE DE 1987

DIPUTADO DEMÓCRATA CRISTIANO
A TIENTAS Y A LOCAS VA EL GOBIERNO DE AZCONA

TEGUCIGALPA.- El presidente José Azcona más que reestructurar su gabinete de gobierno, que no ha funcionado, debe establecer objetivos nacionales especialmente en el aspecto financiero y de política exterior, dijo a TIEMPO Efraín Díaz Arrivillaga.

El parlamentario demócrata cristiano dijo que la reestructuración del gabinete de gobierno "es una decisión propia del presidente Azcona, que tiene que tomar".

"Es necesario hacer una revisión después de dos años de administración, en que el gobierno no ha caminado del todo bien", dijo Díaz Arrivillaga, quién advirtió las necesidades de revisar el área educativa, económica y de trabajo.

Aunque advirtió que se debe reestructurar el gabinete, dijo que "más que hombres, el problema es de políticas, de la búsqueda de objetivos, de metas que alcanzar por parte del gobierno".

De acuerdo a lo expresado por el político democristiano el gobierno de Azcona "camina a tientas y a locas" debido a que no se ha trazado un programa de trabajo ni fijado posiciones ante problemas concretos.

En el área económica dijo que el gobierno Aunque habla de la necesidad de disminuir el déficit fiscal "no ha adoptado una disciplina para evitar su aumento. En materia de trabajo, el problema del desempleo se agrava y no se hacen esfuerzos serios por reducirlo".

En lo que respecta la política exterior, se presenta una situación de contradicción al anunciar públicamente el presidente Azcona su disposición para cumplir el acuerdo de paz de Guatemala y el canciller Carlos López Contreras advertir que Honduras no permitirá en territorio nacional el trabajo de la comisión encargada de verificar el cumplimiento convenio.

Dijo que Honduras y especialmente el gobierno con su actitud pareciera que trata de obstaculizar el cumplimiento del acuerdo de paz firmado por los mandatarios centroamericanos.

Días Arrivillaga se negó a señalar nombres de los ministros que según él deberían ser separados en aplicación a la reestructuración, argumentando que no me gustaría particularizar". (GP).

"TIEMPO". 14 DE DICIEMBRE DE 1987

EDITORIAL
EJÉRCITO, SOBERANÍA Y EL BIENESTAR COMÚN

El ejército de Honduras celebró el 162 aniversario de su fundación con un masivo operativo militar de tres días, que combinó con un vistoso desfile el viernes anterior, en el que estuvieron presentes el presidente de la república, ingeniero José Simón Azcona del Hoyo, jefe de las Fuerzas Armadas, general Humberto Regalado Hernández, los integrantes de la cúpula castrense y los más altos dignatarios gubernamentales.

La cuenta de 162 años de existencia del ejército de Honduras se hace en base a la organización de la primera fuerza militar en el país en 1825, bajo el gobierno de D. Dionisio de Herrera y El comando del General Francisco Morazán.

Empero, la organización del ejército de Honduras —como una institución profesional con continuidad— es mucho más reciente, después de la Segunda Guerra Mundial, cuando se organizó en el gobierno del doctor Juan Manuel Gálvez el Estado Mayor —cuyo primer jefe fue el coronel Armando Velázquez Cerrato —, y el reglamento aprobado el 30 de octubre de 1951.

Esta profesionalización empezó cuando el gobierno de Honduras, en mayo de 1946, negoció con el gobierno de los Estados Unidos el envío de una misión militar para que cooperara con el Ministerio de Guerra, Marina y Aviación, y con los oficiales del ejército para aconsejarlos en materia de entrenamiento, organización y Administración con el propósito de aumentar la eficiencia del ejército de Honduras".

Como consecuencia de la "Guerra Fría" iniciada en la posguerra, en 1954 se firmó el Convenio Bilateral de Asistencia Militar entre los Estados Unidos y Honduras. Ese convenio —estirado hasta lo increíble y violando nuestra constitución— es el que ha servido de Marco para la presencia de nuestro país de tropas norteamericanas y el establecimiento de "facilidades" militares que hacen Honduras una base norteamericana, despectivamente bautizada internacionalmente como el portaaviones "US HONDURAS".

El presidente Azcona, en su discurso para la ocasión, dijo haber "sentido profunda emoción esta mañana cuando he visto en los brazos vigorosos de los representantes del ejército nacional en arbolar el pabellón nacional, ese pabellón que deben elaborar los ejércitos, y estamos completamente seguros que en Honduras las fuerzas armadas y el ejército jamás se enarbolarán extrañas insignias como no sé el pabellón de Honduras".

Por supuesto, nuestro pabellón nacional no es una extraña insignia. El presidente agregó: "Hemos tenido que defender la soberanía y la integridad territorial cuando fuerzas externas han pretendido usurpar estos atributos sagrados de nuestra nacionalidad".

Por eso el ejército nacional se ha justificado históricamente, y se justifica hoy cuando nos vemos envueltos en un conflicto centroamericano que, sin ser específicamente en nuestra incumbencia, nos involucra por los efectos negativos que genera en perjuicio nuestro y el tono de fuerza que se quiere imponer en la región.

El jefe de las Fuerzas Armadas, general Regalado Hernández, habló de "formar patria". Enfatizó en que "hay que realizar la Unidad Nacional, hay que formar pueblo y darle sabias instituciones".

"El pueblo Hondureño debe comprender, entonces, que la seguridad nacional que nosotros preconizamos no puede divorciarse, por ningún concepto, del proceso económico y social de la nación.

Que las fuerzas armadas se preocupan permanentemente por la defensa de los intereses vitales del país. Que el bienestar común constituye el invaluable y permanente propósito a ser alcanzado por el Binomio pueblo-ejército.

También dijo el general regalado que las armas confiadas a las Fuerzas Armadas "son para defender al pueblo y no para oprimirlo. Son para garantizar derechos y no para sojuzgarlos, son para mantener libertades y no para suprimirlas".

Ojalá que estos conceptos pasen —como lo ha dicho el mismo jefe de las fuerzas armadas en otra parte de su discurso— "del papel escrito la realidad de los hechos, porque, De lo contrario tendremos careta de República, encubriendo el semblante del atraso, la miseria y la postración".

"TIEMPO". 14 DE DICIEMBRE DE 1987

EDITORIAL

LAS CENIZAS DE ZUÑIGA HUETE Y EL OCASO IDEOLÓGICO LIBERAL

Ni el presidente de la república ni los aspirantes a la candidatura del Partido Liberal a la presidencia de la República participaron en los actos para solemnizar la repatriación de las cenizas del doctor José Ángel Zúñiga Huete, 34 años después de su fallecimiento en México, como exiliado político.

Changel —como cariñosamente lo llamó el pueblo liberal en los 23 años de su liderazgo omnímodo del Partido Liberal (1930-1953) hasta su muerte— es el último ideólogo serio que ha tenido esta institución política, que actualmente no conoce ni su propia historia.

Desde el domingo anterior la ceniza del doctor Ángel Zúñiga Huete reposan en un mausoleo colocado en la plazoleta del edificio del Partido Liberal en Tegucigalpa, coronado por una estatua de la ilustre líder, a quién le llamaron, antes que a nadie, León del liberalismo por su recio carácter y su fama de polemista agresivo y combatiente.

Ha sido un acierto, a nuestro juicio, que no se haga cumplir al pie de la letra La voluntad del doctor Zúñiga Huete en cuanto al destino de sus restos mortales. Él habría externado, antes de morir, que su deseo era el que su cuerpo fuera incinerado y su cenizas regadas al viento.

El Partido Liberal —al que Changel le dio monolitismo en la oscura noche de 16 años de Dictadura cariísta— tiene ahí un símbolo. Pero ese símbolo necesita ser conocido y estudiado, no solo a través de las obras de este formidable historiador que nos dejó un excelente historia de Morazán, otra de D. Dionisio de Herrera, otra del Gral. José Trinidad Cabañas, un ensayo sobre el liberalismo, y cientos de artículos y panfletos políticos que lo caracterizaron en su dimensión humana y de estadista.

Las nuevas generaciones no conocen al doctor José Ángel Zúñiga Huete porque— a pesar de que el Partido Liberal es un partido histórico— se ha perdido en el liberalismo el hilo tradicional, que es, precisamente el conocimiento a la historia, debidamente interpretada, para prever y planificar el futuro.

De tal manera que el hombre que, desde el exilio, mantuvo el Partido Liberal unido como pocas veces en su historia, en una lucha sin descanso para liberar a nuestro país de un régimen totalitario, en el que los liberales eran perseguidos hasta el punto de crear para ellos las triple alternativa del encierro, el destierro o el entierro, no ha tenido siquiera el reconocimiento vivo de la juventud liberal reconociéndole respetuoso silencio, no obstante que Zúñiga Huete, como ideólogo renovador, fue quien se refirió al liberalismo como las "milicias eternamente jóvenes".

Es esto lo que nos debe llamar a reflexión, en un momento en que los hondureños tenemos necesidad imperiosa de sumergirnos en nuestra historia para extraer de ellas una relación coherente que posibilite el análisis objetivo del presente y las alternativas de contenido eminentemente nacional para construir nuestro porvenir.

Ciertamente, al desaparecer físicamente el doctor José Ángel Zúñiga Huete del escenario liberal hondureño, terminó una época y, lógicamente, empezó otra. La que terminó —y esto con la coyuntura de la posguerra de la Segunda Guerra Mundial— fue la era de los caudillos absolutos, capaces en un momento dado de resolver su ascenso al poder con el apoyo de las armas en manos de los militantes del partido. Esa es, al final del día, el corolario de la fallida sublevación armada del liberalismo en 1948.

La época que se inauguró, enseguida, fue la del dirigente carismático, con poder de oratoria, manejo de masas y con habilidades negociadoras con los distintos sectores que poco a poco se fueron formando, verbigracia las Fuerzas Armadas, el sindicalismo, el campesinado, el empresariado local e internacional.

En esa época, también, va pasando para llegar a otra, la del hombre de equipo político, integrador de diversas tendencias, pero, sobre todo con conocimientos económicos, administrativos y, al mismo tiempo, con habilidad política para entrar a un nuevo mundo de complejas relaciones sociales y de entramado internacional.

El análisis concreto de este tránsito político en nuestro país no ha sido planteado todavía, pero es necesario hacerlo. Que el retorno de los restos mortales de un líder liberal —a falta de líderes vivos con semejante estatura— sirva, al menos, para despertar ese interés en una organización política tan importante en nuestro país que semeja, hoy día, la imagen de un gigante sin cabeza.

"TIEMPO" 15 DE DICIEMBRE DE 1987

PL NO ES MANADA DE BORREGOS: AZCONA

*** *Su unificación se dará en la convención, asegura*

*** *Rompimiento del PUN no afecta mi administración, afirma*

TEGUCIGALPA.- El presidente José Azcona aseguró que el rompimiento del pacto Azcona-Callejista no afecta su administración al tiempo que expresó que su esperanza de que en la gran convención se alcanzara la unidad del Partido Liberal.

Azcona ofreció declaraciones anoche al llegar a la sede del Consejo Central Ejecutivo del Partido Liberal (CCEPL) para reunirse con los aspirantes presidenciales de su partido en búsqueda de un acuerdo para mantener la calma durante la gran convención prevista para el domingo.

La cita fue promovida por las autoridades del partido de gobierno que abogan por un ambiente de Concordia en la gran convención en que asumirán las nuevas autoridades presididas por Carlos Flores Facusé.

El mandatario, en su declaraciones TIEMPO, advirtió que los magistrados nacionalistas fueron electos constitucionalmente por un período de 4 años y deberán cumplir su periodo si no renuncian.

Azcona advirtió que su esperanza de que en la convención del fin de semana en Tegucigalpa se alcanza la unidad entre las corrientes del partido de gobierno, argumentando que "todo es posible".

Dijo que en este acto político yo no creo va a haber roces, yo creo que va a ser una verdadera fiesta la convención del partido yo creo que no hay enfrentamientos entre los precandidatos.

Apuntó que "el Partido Liberal siempre ha sido un partido alegre, entusiasta. Eso es inevitable que hay vivas para uno y otro precandidato, eso lejos de representar un aspecto negativo es positivo, si siempre las convenciones del partido han sido llenas de entusiasmo".

Interrogado sobre la idea de la convención de emitir una resolución de apoyo a su administración dijo que "este es un gobierno liberal y yo creo que el deber de los liberales es apoyarlo, sobre todo en aquellas medidas que vayan en beneficio del pueblo".

Dijo que no ha decidido si asistirá a la convención.

Sostuvo que la unificación total del partido de gobierno se alcanzará en las elecciones primarias donde se elija el candidato presidencial. "Ahí tendrá que salir la unidad del Partido, el Partido tendrá que ir unido a enfrentarse con el tradicional adversario que es el Partido Nacional".

Aseguró que mantiene su posición de neutralidad ante la lucha por la nominación presidencial de su partido. Azcona insistió en que "si va a haber unidad, es que aquí el Partido Liberal no es una borreguil manada, el Partido Liberal es de gente libre, de hombres libres pensantes y desde luego ahí (la convención) sostendrán las posiciones, los diferentes grupos, Lo importante es que ahí saldrá integrado el consejo central ejecutivo y se tomarán resoluciones que vendrán En beneficio del partido y de Honduras".

El mandatario asegura que el rompimiento del pacto azcona-callejista anunciado por Rafael Leonardo Callejas no afecta su administración.

"Yo lo he dicho muchas veces, a mí no me afecta eso".

Explicó que él entiende la posición de Callejas que busca una plataforma para lanzarse a la oposición en función de sus pretensiones presidenciales.

"Yo entiendo, yo comprendo la posición incluso del licenciado Callejas, él tiene que procurar hacer plataforma en la oposición para tratar de ganar las elecciones. Nosotros los liberales somos los que tenemos que impedírselo".

En lo que respecta la decisión de calleja de mantener el control de la Corte Suprema de Justicia a pesar del rompimiento del pacto dijo que "desgraciadamente, yo creo que se aprobó por 4 años a los magistrados Y si ellos no renuncian yo soy del criterio que eso es muy difícil".

Dijo que los planteamientos de los partidos de oposición "siempre duros" y que de ninguna manera "me molestan porque eso es normal, es lógico. A mí lo que me molesta es que haya críticas muchas veces infundadas dentro del partido".

Preguntando sobre aseveraciones de Callejas en el sentido de que el pueblo hondureño no puede soportar más de 9 años de gobiernos liberales, Azcona bastante sonriente dijo que "la desgracia de Honduras es que no haya habido nueve gobiernos liberales seguidos". (GP)

"TIEMPO" 16 DE DICIEMBRE DE 1987

AZCONA DESCARTA ENFRENTAMIENTO ENTRE PRECANDIDATOS LIBERALES

TEGUCIGALPA.- El presidente Azcona descartó enfrentamiento entre los precandidatos liberales en la convención efectuarse el próximo fin de semana en esta ciudad.

El mandatario participó en la reunión efectuada anoche en la sede del Consejo central ejecutivo del Partido Liberal, en lo que muchos observadores catalogan como un esfuerzo para contener las pasiones que pudieran deportarse entre los líderes de las distintas corrientes internas.

A juicio del presidente, , las divergencias siguen siendo un ingrediente especial dentro de las luchas internas del liberalismo, agregando que son producto del "enorme entusiasmo que se les imprime", máxime ahora que se trata de una convención que aglutinará delegados de todo el país.

Azcona manifestó que la convención debe derivar hacia un Franco apoyo a su gobierno, porque se trata de un régimen liberal y todos están obligados a impulsarlo, especialmente en aquellas medidas que van dirigidas a beneficiar al pueblo.

El presidente refirió que todavía no ha decidido si asistirá o no a la convención que se llevará a cabo el próximo fin de semana a una pregunta si en esa concentración se alcanzará la unificación de los liberales, contestó que ese objetivo se logrará en las elecciones finales para elegir a su sustituto.

Haz con la reiteró que mantiene absoluta neutralidad entre los precandidatos y eso lo ha demostrado en repetidas ocasiones saludando cordialmente a los miembros del Consejo central ejecutivo y los precandidatos, la mayoría de los cuales lucían alegres en espera del criterio que mantiene a quien se sigue considerando el gran elector del Partido Liberal.

"LA PRENSA" 16 DE DICIEMBRE DE 1987

AZCONA ESPERA LA RENUNCIAS

Funcionario de la secretaría de prensa de la casa presidencial informaron ayer del presidente José Azcona está a la espera de la renuncia de todo su gabinete de gobierno, lo que se concretará dentro de los próximos días.

La renuncias que se van a interponer son de cortesía, pues es costumbre que al final del año los funcionarios cercanos al presidente renuncian para que haga una evaluación de sus labores y, luego, tomar la decisión de confirmarlos o no en sus cargos, así dijo la fuente.

Agregó que la renuncias están siendo esperadas por el mandatario y que, Por consiguiente, llegarán a la Casa de Gobierno dentro de los próximos días.

No se quiso si quieren insinuar o si se ha notado en el presidente alguna disposición de Azcona de remover alguno de sus hombres de confianza, a pesar de las fuertes presiones que han recibido tanto de la libre empresa como de los sectores obrero y campesino.

El presidente Azcona ha manifestado reiteradas ocasiones que no ha pensado cambiar a sus hombres de confianza.

"LA TRIBUNA" 16 DE DICIEMBRE DE 1987

JOSÉ AZCONA AFIRMA
"PL" SALDRÁ UNIDO DE CONVENCIÓN

El presidente José Azcona afirmó que el anuncio del rompimiento del Pacto de Unidad Nacional (PUN) por parte del Partido Nacional no afecta el gobierno y que habría esperanzas de que la convención del Partido Liberal salga unificado ese instituto político.

Agregó que entiende la posición del presidente del Comité Central del Partido Nacional, Rafael Leonardo Callejas, Por cuánto tiene que procurar hacer plataforma en las oposiciones para ver si puede ganar las próximas elecciones. "Nosotros los liberales somos los que tenemos que impedírselo", afirmó.

Con relación a la Corte Suprema de Justicia, Azcona dijo que "desgraciadamente" los magistrados fueron electos por cuatro años y si ellos no renuncian los demás será muy difícil.

Recalcó más tarde que los magistrados "Fueron electos por 4 años y constitucionalmente no se les puede destituir".

Consultando si no le preocupaba que si el Partido Nacional se vaya a una oposición abierta el próximo año, manifestó que los planteamientos de la oposición siempre son duros en cualquier parte, "y las críticas que vengan no me molestarán Porque será normal y lógico".

Lo que sí le molesta apuntó, es que se den críticas infundadas dentro del liberalismo. "Del partido Nacional no me preocupan las críticas porque lo mismo que Acción Democrática y Democracia Cristiana, en Venezuela, Están en contra del gobierno y así en otras partes", dijo.

Con relación a lo manifestado por callejas no se puede soportar más gobiernos liberales y que 9 años son suficientes para este partido, Azcona contestó que "esa es precisamente la desgracia de Honduras, que no han habido nueve gobiernos liberales seguidos".

El gobernante asistió a la reunión "celebrada noche por el central ejecutivo y los líderes de las corrientes internas consideró que es posible que se logre la unidad del Partido Liberal en la próxima Gran Convención.

El mandatario estimó que en la convención No se producirán roces y que por el contrario será una verdadera fiesta liberal, sin enfrentamiento entre los candidatos.

Afirmó que la disputa registradas por las efervescencia que se produjo en las elecciones internas, no serán llevadas hasta el seno de la convención.

"Lo que pasa es que el Partido Liberal es alegre y entusiasta y es inevitable que hayan vivas para uno y otro precandidato", comentó.

"Eso, indicó, lejos de representar un aspecto negativo expositivo porque siempre las convenciones del Partido Liberal han sido llenas de entusiasmo".

Sobre un posible respaldo a su gestión de parte de la convención, Azcona dijo que su gobierno es liberal y que es deber de todos los liberales apoyarlo, sobre todas aquellas medidas que van en beneficio del pueblo.

Azcona expresó que todavía no ha decidido si asistirá o no a la convención Y aunque afirmó que en la misma se logrará la unidad, señaló que se debe tomar en cuenta que "el Partido Liberal no es un borreguil manada, sino un partido de gente libre y se expondrán las posiciones de los diferentes líderes y lo importante es que de esta convención saldrá el nuevo Consejo Central Ejecutivo".

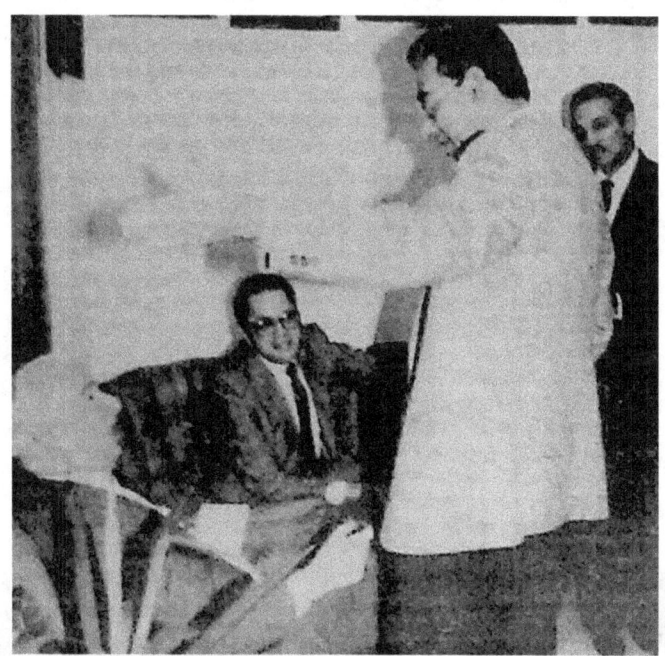

El presidente José Azcona y Carlos Roberto Flores, mientras dialogaban anoche en el central ejecutivo. Observan, Jorge Arturo Reina y Ramón Villeda Bermúdez. (Foto de Mario Fajardo).

"CCEPL" BENEFICIARÁ TODO EL PARTIDO

Dispuesto a suscribir documento Para apoyar al vencedor de las elecciones primarias

El máximo líder del Movimiento Liberal Florista y virtual presidente del Consejo Central Ejecutivo (CCEPL), Carlos Roberto Flores, se manifestó ampliamente satisfecho de los resultados de la reunión sostenida anoche con el presidente José Azcona, los precandidatos y la máxima dirigencia de ese Instituto Político.

Agregó que el consenso de los dirigentes es que la convención tiene que demostrar la integración de ese partido en todos sus niveles, "va a ser un espectáculo de unidad del liberalismo y se llegó a acuerdos verdaderamente positivos".

Flores Consideró que la lucha de los líderes del partido por alcanzar posiciones de dirección sea una división irreconciliable y más bien esa lucha lo que demuestra es la democracia, indicando que todas esas corrientes están unidas alrededor de principios doctrinarios y objetivos comunes y concordantes.

En el central ejecutivo se va a gobernar para beneficio de todo el Partido Liberal, señaló, se documentará todos los liberales y se trabajará por su capacitación política.

El líder liberal afirmó que está dispuesto a llegar al compromiso de que todos los coordinadores de los movimientos suscriban un documento donde se comprometen a apoyar al candidato y la fórmula vencedora del partido en las próximas elecciones primarias, " a través de un pacto de caballeros, un compromiso de honor".

Apuntó que el presidente de la república, José Azcona, no en sí por su alta investidura sino como militante del partido goza de mucho respeto de parte de todos los liberales y la posición de él no es de intervención porque no llegó a parcializarse a favor de determinado movimiento.

Momentos en que clausuraba la reunión. Aparecen, Carlos Roberto Flores,
Enrique Ortez Colindres, Jorge Roberto Maradiaga y Carlos Montoya
(Foto de Mario Fajardo).

" LA TRIBUNA". 16 DE DICIEMBRE DE 1987

Cuando el presidente Azcona interviene en los asuntos del partido es para mediar o conciliar, indicó, "su presencia le dio altura a la reunión Me parece que fue muy positivo que él estuviera aquí presente", aseguró Flores.

Sobre el apoyo que podría darle la convención al gobierno actual, dijo que acatarán la resolución en ese sentido y recordó que ya expresado su apoyo a la gestión administrativa de un gobierno liberal en todas aquellas acciones positivas que se traduzcan en el bienestar del pueblo hondureño.

Pero cuando esa conducta se aparte de la doctrina y el proceder no esté encaminado a los postulados serios de nuestra ideología, reiteró, "cuando las arbitrariedades se cometan de parte de funcionarios públicos, no podemos apoyar sin condiciones, tenemos que ejercer nuestro derecho a la crítica".

MAGISTRADO DEBE PERMANECER EN SUS CARGOS, OPINA PRESIDENTE AZCONA

***El presidente de la república, José Azcona Hoyo, dijo ayer que los magistrados de la Corte Suprema de Justicia Fueron electos constitucionalmente por cuatro años y, por consiguiente, deberán mantenerse en sus cargos.*

Carlos Montoya, titular del poder legislativo, ha dicho en sus últimas declaraciones que los magistrados nacionalistas deben renunciar para que pueda tener credibilidad del rompimiento del PUN que ha anunciado Rafael Leonardo Callejas.

La posición del mandatario en cuanto así deben o no renunciar los magistrados fue externada noche al asistir a una reunión con los dirigentes que en las elecciones internas del liberalismo ganaron delegados a la convención que se celebrará el fin de semana.

El mandatario dijo también que a él no le afecta el rompimiento del pacto con los nacionalistas, al contrario, entiende a Rafael Leonardo Callejas, quien tiene que hacer su propia plataforma para ver si puede ganar las elecciones.

La oposición de los nacionalistas no le preocupa, sostuvo el gobernante, porque esa debe ser su posición, "sí me preocupa el que a veces provenga desde el mismo interior del liberalismo".

Azcona Hoyo al responder sobre si existirá una unión entre todos los sectores que participarán en la convención dijo "Yo creo que todo es posible y no creo que existan roces entre uno y otro movimiento, será una fiesta".

En cuanto a la resolución que se emitirá en la convención Para apoyar a su gobierno, dijo que "era un deber el hacerlo porque la obligación de todo liberal es apoyarlo, sobre todo aquellas medidas que van en beneficio del pueblo".

El criterio del mandatario Es que la verdadera unificación de liberalismo se va a lograr Una vez que se produzcan las elecciones para la escogencia del candidato a la presidencia.

"El Partido Liberal no es una "borreguil manada, el Partido Liberal es de hombres libres, pensantes y desde luego en la Convención se encontrarán distintos criterios, Pero al final deberán salir unidos y apoyar al CCEPL", dijo Azcona Hoyo.

De acuerdo al mandatario no habrá confrontaciones porque las resoluciones que se aprobarán "irán ya estudiadas".

El mandatario dijo finalmente que existe la posibilidad de que asista como invitado a la convención que se instalará el fin de semana en esta capital.

"El Heraldo" 16 de diciembre de 1987

ASPIRANTES LIBERALES PROMETEN A AZCONA BUENA CONDUCTA EN CONVENCIÓN

Por Eduardo Maldonado/Redactor de El Heraldo

Ante la presencia del presidente de la república, José Azcona Hoyo, los líderes de las corrientes internas del liberalismo se comprometieron anoche a adoptar una conducta decorosa en la convención nacional que se celebrará el fin de semana en esta capital.

En la reunión se acordó que el objetivo básico de la convención será buscar la unidad granítica del liberalismo y emitir una resolución en la cual se le dará un total respaldo al gobierno que preside Azcona Hoyo.

La cita de los dirigentes fue convocada por las actuales autoridades del Consejo Central Ejecutivo, con el propósito de ponerse de acuerdo sobre cuáles serán los puntos que se tratarán en la Magna asamblea.

Ahí estuvieron Carlos Montoya, Carlos Flores Facussé, Jorge Roberto Maradiaga, Ramón Villeda Bermúdez, Enrique Ortez Colindres y Jorge Arturo Reina. No asistió William Hall Rivera.

Todos los aspirante presidenciales que tienen puesto ganados en la convención declararon a El Heraldo que su posición será la de formar una sola Alianza entre todas las corrientes para lograr la tan deseada unidad del Partido Liberal, que se encuentra fraccionado.

Su palabra fue empeñada en tal sentido ante la presencia del mandatarios Azcona Hoyo, quien dijo sentirse satisfecho por los acuerdos logrados en la larga sesión de anoche.

De lo expresado por cada uno de los participantes de la reunión, que duró unas tres horas, se deduce que la misma sirvió para "arreglar el tamal" que se desenvolverá durante la convención.

NO HABRÁ CONVENCIÓN EXTRAORDINARIA

Ramón Villeda Bermúdez informó a El Heraldo que uno de los acuerdos logrados anoche entre los líderes de cada una de las corrientes es que la convención del fin de semana será ordinaria y no extraordinaria, lo que indica que no se reformarán los estatutos de dicho instituto político.

La convención extraordinaria podría celebrarse en San Pedro Sula en una fecha posterior que determina el nuevo CCEPL, dijo RAVIBER, quién se mostró satisfecho por la reunión.

De acuerdo al informado, los representantes de cada uno de los movimientos tendrá una nueva reunión mañana para hacer la agenda y los últimos preparativos de la convención.

"EL HERALDO" 16 DE DICIEMBRE DE 1987

PLENO ENTENDIMIENTO LOGRAN LIBERALES

***Solo ordinaria será próxima convención; la extraordinaria dentro de seis meses

Los precandidatos liberales llegaron a un pleno entendimiento anoche en la reunión que realizaron con el presidente José Azcona y el Consejo Central Ejecutivo (CCEPL).

Los dirigentes de las corrientes internas liberales dialogaron más de dos horas, a partir de las 7:00 p.m., en la sede del CCEPL sobre temas atingentes estrictamente a la convención liberal que se desarrollará en Tegucigalpa este fin de semana y al final del encuentro todos salieron visiblemente satisfechos.

Azcona aclaró que asistirá a la reunión en su carácter de miembro del Partido Liberal "y le tocó romper el hielo entre los precandidatos, expresando las palabras preliminares" según informó Ramón Villeda Bermúdez.

Además participaron Carlos Roberto Flores, Carlos Montoya, Jorge Roberto Maradiaga, Jorge Arturo Reina, Ramón Villeda Bermúdez y Enrique Ortez Colindres, (solo faltó William Hall Rivera)y los miembros del CCEPL, Romualdo Bueso Peñalba, Pompilio Romero Martínez y Rodrigo Castillo Aguilar.

En la reunión se dispuso que este fin de semana solamente se celebrará la Convención Ordinaria, en tanto que la convención extraordinaria dentro de 6 meses, posiblemente en San Pedro Sula.

Asimismo, se acordó la integración de una comisión con miembros de todas las corrientes para que estudien todos los proyectos de y de resoluciones que podrán tomar la convención y se le dé el pensamiento necesario en forma previa.

Igualmente, se ampliará el número de miembros de la directiva de la Convención, con el fin de integrar en la misma a todas las corrientes de acuerdo con el volumen electoral obtenido en las elecciones del pasado 6 de septiembre.

Además se invitó formalmente al presidente José Azcona para que esté presente en la convención.

Un ambiente de armonía y jovialidad prevaleció en la reunión sostenida noche por el presidente José Azcona, los candidatos y los miembros del CCEPL. En su orden, Jorge Maradiaga, Rodrigo Castillo, Carlos Roberto Flores, el presidente Azcona, Jorge Arturo Reina y Ramón Villeda Bermúdez. (Foto de Mario Fajardo)

Durante la reunión se informó que todos los preparativos de la convención, el local donde se reunirá y de todo el apoyo logístico quedaría en central ejecutivo para la movilización, alojamiento y alimentación de los convencionales. Al final y de acuerdo con lo manifestado por Carlos Montoya, Ramón Villeda Bermúdez, y Jorge Arturo Reina, "hubo pleno entendimiento y unidad depósitos entre todos los asistentes a la reunión, considerándola como la más exitosa de las celebradas últimamente".

Las posibles confrontaciones que se podrían producir dentro de la convención fueron despejadas totalmente, estando de acuerdo todos en que deben cambiar los Espíritus de fraternidad liberal y de unidad, alrededor de los principios del Partido Liberal.

Se habló además sobre la forma cómo será conducida a la convención, para que la misma sea todo un éxito desde el punto de vista político y de buena imagen del Partido Liberal.

La comisión nombrada se reunirá mañana nuevamente con las dirigencias de las corrientes, para estudiar los documentos que ya estén elaborados.

La integración de una Comisión Política, paralela al Central Ejecutivo fue discutida también, la cual estaría integrada por miembros de las corrientes que no formen parte de ese organismo liberal y representante del partido que tengan una gran dimensión, capaces de aportar ideas y pensamientos.

Todos los propósitos de unidad del Partido Liberal Fueron demostrados por los precandidatos, concluyendo en un optimismo general y buenos deseos para que el máximo evento liberal se desarrolle de la mejor manera posible.

"LA TRIBUNA" 16 DE DICIEMBRE DE 1987

HOY EN LA CAPITAL...
PRESIDENTE AZCONA FIRMARÁ CONVENIO CON CERVECERÍA HONDUREÑA

TEGUCIGALPA.- Hoy a las 4 p.m el presidente de la república Ing. José Simón Azcona, estará firmando el convenio de ayuda económica, con ejecutivos de la Cervecería Hondureña, para los IV Juegos Centroamericanos que se realizarán en Honduras en 1990.
Estarán presentes en esta firma, los miembros del Comité Organizador, el Comité Olímpico Hondureño, el Ministro de Economía y Comercio, doctor Reginaldo Panting, el Asesor Económico de la Casa Presidencial, Lic. Carlos Falk.
La Cervecería Hondureña dará una ayuda de un millón 500 mil lempiras, que servirán para la preparación de los atletas hondureños, para los IV Juegos Centroamericanos.

"LA PRENSA". 17 DE DICIEMBRE DE 1987

REGRESA BUSBY... Y CON ÉL, EL HERMETISMO

TEGUCIGALPA.- El presidente José Azcona del Hoyo de dos horas ayer, con el embajador itinerante de los Estados Unidos para el área centroamericana Morris Busby, sobre aspectos referentes a la implementación de los compromisos contraídos el 7 de agosto en Guatemala por los cinco presidentes.

El encuentro También estuvo el ministro de Relaciones Exteriores, Carlos López Contreras y el embajador estadounidense acreditado en nuestro país, Everett Briggs.

Los dos funcionarios norteamericanos, incluido el canciller hondureño, salieron rápidamente por la puerta trasera de la Casa Presidencial y rechazaron todo tipo de encuentro con los periodistas.

Los resultados de las giras que ha hecho el diplomático norteamericano no son conocidas públicamente, pues ni los voceros, tanto del gobierno hondureño como de la Embajada Americana, son informados sobre el particular.

Para el caso, el director de servicio informativo de la Embajada Americana, Charles Barclay, sostuvo desconocer la procedencia de Busby al llegar al aeropuerto de Toncontín ni mucho menos Para dónde se dirigió luego de la entrevista con el mandatario hondureño.

"Solo sé que viene a platicar sobre el proceso de paz en Centroamérica", dijo el entrevistado, para luego agregar que la posición de Estados Unidos en cuanto a su preocupación de que Nicaragua no cumpla con los acuerdos, siempre se mantiene.

Esta es la quinta gira que realiza Busby al istmo centroamericano después que fue nombrado, en sustitución de Phillip Habbib, en agosto anterior.

El enviado especial norteamericano se entrevistó con el presidente
de la república, ingeniero José Simón Azcona Hoyo. (Foto Aulberto Salinas).

VUELVE ENVIADO DE REAGAN

El presidente José Azcona se entrevistó por tercera vez en poco menos de dos meses con el embajador especial de los Estados Unidos para Centroamérica, Morris Busby, sin que trascendiera, como de costumbre, el tema central tratado entre ambos.

De entrevista entre Azcona y Busby, en la que también estuvo presente el embajador norteamericano en Tegucigalpa, Everest Briggs, se prolongó por espacio de más de hora y media.

Busby y Briggs, abandonaron la Casa Presidencial a las 11:45 hora local y ambos solamente se limitaron a sonreír a los periodistas, cuando esto les preguntaban el motivo de la visita.

Del portavoz, en estos casos, el canciller Carlos López Contreras, quien también participó en el diálogo, después de la entrevista se encerró a platicar con el secretario privado del presidente, William Hall y enseguida salió sutilmente por la parte de atrás de la Casa de Gobierno para evitar ser abordado por los periodistas que lo esperaban en vano.

Se presumió que Busby diálogo de nuevo con el mandatario hondureño sobre los avances y repercusiones del acuerdo de paz suscrito por los presidentes centroamericanos en Guatemala en agosto pasado.

Busby jamás ha hablado con los periodistas hondureños.

El enviado especial norteamericano, Morris Busby, abandona ayer la presidencia en compañía del embajador Everett Briggs. (foto de Aquiles Andino).

"LA TRIBUNA" 17 DE DICIEMBRE DE 1987.

COMISIÓN LIBERAL BUSCARÁ CONCILIARA CORRIENTES ANTES DE LA CONVENCIÓN

un campo en que se iban a tirar los platos en la cabeza los candidatos, pero no va a ser así". TEGUCIGALPA.- El presidente José Azcona logró conciliar nuevamente las posiciones de los aspirantes presidenciales de su partido, esta vez frente a la gran convención a la que aparentemente llegarán con posiciones comunes frente a las resoluciones que se habrá de emitir.

Azcona, quien se ha mantenido al margen de la actividad política sectaria se reunió el martes en la noche por más de dos horas con Carlos Flores, Carlos Montoya, Jorge Maradiaga, Jorge Arturo Reina, Ramón Villeda Bermúdez, Enrique Ortez Colindres y las autoridades de su partido.

El mandatario también se reunió con líderes de corrientes de su partido previo a las elecciones internas del 6 de septiembre cuando se avizoraba una profundización de la lucha interna y no había un acuerdo para la fecha de los comicios.

La noche del martes los aspirantes acordaron crear una comisión que preparará conjuntamente los proyectos de solución que se introducirán a la gran convención.

Villeda Bermúdez dijo que la presencia del presidente en esta reunión es crea un ambiente de "cohesión" entre las corrientes representadas y qué "la diferencias artificiales han desaparecido".

Dijo que mediante esta comisión donde están representadas todas las corrientes se logrará evitar "discusiones infecundas" que retrasan la convención.

Carlos Montoya, que calificó la cita como "un éxito", dijo que de la convención "vamos a sacar una resolución sobre la unidad" y que acudirá "con los brazos abiertos abrazar a todos los liberales".

Flores Facussé dijo que los aspirantes presidenciales se reunirán posiblemente hoy en la tarde para conocer el trabajo de la comisión que se encarga de elaborar las resoluciones.

Maradiaga dijo que se fijó en forma preliminar acuerdos para emitir un voto de respaldo al gobierno, la cotización obligatoria para los aspirantes a cargo de elección popular y cargos públicos, y que la bancada en el Congreso Nacional Acá te las directrices del Central ejecutivo.

El presidente del Consejo central ejecutivo del Partido Liberal (CCEPL) Romualdo Bueso Peñalba dijo que "la convención se perfilaba como un evento de unidad".

ASISTIRÁ AZCONA

El presidente Azcona en esta reunión confirmó su asistencia a la gran convención como el invitado principal de este evento político que reunirá 822 delegados entre propietario y suplentes.

El centro social metro de la capital servirá de escenario a esta gran convención que tendrá como punto principal la asunción al poder de las nuevas autoridades encabezadas por Carlos Flores Facussé.

La convención emitirá también varias resoluciones antes de concluir esta cita ordinaria.

CONVENCIÓN EXTRAORDINARIA EN SAN PEDRO SULA

Maradiaga dijo que se acordó convocar a una convención extraordinaria en los primeros seis meses del próximo año en la ciudad de San Pedro Sula para efectuar las reformas estatutarias del Partido Liberal.

Inicialmente se había pensado convertir la convención que se desarrollará el sábado y domingo en Tegucigalpa en extraordinaria, aunque convocada en calidad de ordinaria. (GP)

EMBAJADOR ESPECIAL NORTEAMERICANO EN NUEVA ENTREVISTA CON AZCONA

TEGUCIGALPA.- Morris Busby, embajador especial del gobierno de Estados Unidos para Centroamérica, cumplió ayer en Tegucigalpa una de sus acostumbradas visitas silenciosas.

Durante 2 horas, el emisario del presidente Ronald Reagan estuvo reunido con el presidente José Azcona Hoyo y el canciller Carlos López Contreras, en casa de gobierno.

Como lo acostumbra, el señor Busby salió de la casa de gobierno, acompañado del embajador norteamericano en Honduras, Everett Briggs, y otros miembros de la misión diplomática, sin ofrecer entrevistas a la prensa.

En otras ocasiones cuando ha venido el llamado "súper embajador", el doctor López Contreras, aunque sea evadiendo responder con claridad las preguntas sobre la visita, ha dado explicaciones, pero ayer el canciller salió por una puerta posterior del edificio de gobierno.

Fuentes de la Embajada de Estados Unidos, que parecieron no disponer de mayores detalles acerca del arribo de Busby, indicaron que la visita obedece el constante intercambio de opiniones acerca de la situación en Centroamérica.

El enviado especial de Estados Unidos para Centroamérica, Morris Busby (centro), visitó ayer en la casa de gobierno al presidente José Azcona Hoyo. En compañía del embajador Everett Briggs.

De conformidad a lo dicho por la Fuente, en este tipo de reuniones el presidente Azcona expone sus puntos de vista acerca de los avances en relación al acuerdo de paz "Esquipulas II", y luego intervienen su óptica el "súper embajador". Político opositores del gobierno diplomáticos consideran, por el contrario, que el emisario de la Casa Blanca llega con instrucciones para el líder del gobierno hondureño. Al gobierno de Honduras se le señala en algunos sectores de la comunidad internacional como obediente a la política de la administración Reagan con relación al conflicto en Centroamérica, y sobre todo con respecto a la ayuda a los contrarrevolucionarios nicaragüenses. Morris Busby ocupa el cargo de embajador especial desde que renunció Philips Habib, después de la firma del acuerdo de Esquipulas II el 7 de agosto, supuestamente porque la administración estuvo en desacuerdo con su recomendación de reiniciar un diálogo directo de Estados Unidos-Nicaragua. (NL)

"TIEMPO" 17 DE DICIEMBRE DE 1987

COMPLETO HERMETISMO RODEA NUEVO DIÁLOGO AZCONA-BUSBY

El más completo hermetismo rodeó ayer la plática que, por espacio de dos horas, sostuvieron el enviado especial del gobierno de Estados Unidos para Centroamérica, Morris Busby, y el presidente José Azcona Hoyo.

La cita se llevó a cabo en el despacho del mandatario en presencia del canciller Carlos López Contreras y el embajador de los Estados Unidos, Everett Briggs.

Ninguno de los asistentes se atrevió a enfrentar a los periodistas, sino que ingresaron y salieron de la Casa de Gobierno por la puerta trasera, la cual ha sido bautizada por los reporteros como "la entrada de los Césares", en alusión a los antiguos emperadores romanos.

Busby llegó a la capital hondureña en forma simultánea al arribo de los dos primeros aviones de combate F-5 que la administración norteamericana proporcionará a las Fuerzas Armadas para que mantengan la superioridad aérea en el área.

La visita del negociador para Centroamérica se produce también en momentos en que el ejército Popular sandinista de Nicaragua ha anunciado que incrementará el número de sus efectivos militares en previsión de una supuesta invasión por parte de los Estados Unidos.

Extraoficialmente se dijo que la administración Reagan habría redoblado sus esfuerzos para que el presidente José Azcona Hoyo insista ante sus colegas del istmo en la necesidad de proteger los intereses de seguridad de los Estados Unidos en la zona.

"El Heraldo" 17 de diciembre de 1987

"Adiós", fue la única palabra que pronunciaron ayer el embajador itinerante, Morris Busby (izquierda) y el embajador de Estados Unidos Everett Briggs, al momento de abandonar La Casa de Gobierno (foto Alejandro Serrano).

209

PRESIDENTE AZCONA CONFIRMA PRESENCIA EN LA CONVENCIÓN DEL PARTIDO LIBERAL

TEGUCIGALPA.- El presidente de la república, ingeniero José Simón Azcona confirmó su presencia en la convención del Partido Liberal, que se realizará el 19 y 20 del presente mes.

Azcona dijo que los liberales son alegres y por ende realizarán un evento político de grandes dimensiones, a fin de que sus correligionarios se den cuenta que la unidad es un hecho.

Manifestó el funcionario que los nacionalistas tienen derecho a criticar su gobierno, y que eso no le preocupa ya que en todas partes del mundo los partidos de oposición hacen lo mismo.

A criterio de Azcona el problema se presenta cuando las críticas mal intencionadas salen de su partido, Pues solo se deteriora la imagen del gobierno y especialmente del partido.

Callejas tiene derecho a hacer oposición para ganar adeptos a su causa y eso es razonable por lo que se debe tomar en cuenta que él es el momento en que los liberales debemos unificarnos.

Señaló que confía en la unidad del Partido Liberal, pues todos los precandidatos presidenciales se encuentran anuentes a lograr ese objetivo, como única alternativa para triunfar en el futuro.

Afirmó Azcona que su presencia en la casa del Partido Liberal obedeció a su función como liberal y no como presidente de los hondureños, pues cree en los dirigentes liberales que pretende la unidad del partido.

El mandatario afirmó que la unidad del liberalismo a partir del próximo año es un hecho, y que la convención servirá de marco para que sus correligionarios limen asperezas políticas.

Dijo que la presencia de Carlos Roberto Reina en la convención del partido es importante, ya que como liberal tiene derecho a estar enterado de las actividades de la institución política.

Considera que después de las elecciones internas del Partido Liberal, para la escogencia de los candidatos, a cargo de elección popular, los liberales consolidarán la unidad y ganarán otro periodo presidencial más, finalizó.

"LA PRENSA" 17 DE DICIEMBRE DE 1987

SEGÚN CARLOS MONTOYA...

REUNIÓN DE AZCONA Y PRECANDIDATOS CONSOLIDA LA PLATAFORMA DE UNIDAD

TEGUCIGALPA.- (por José Danilo Izaguirre). El presidente del Congreso Nacional, Carlos Montoya, calificó de productiva la reunión de los precandidatos presidenciales con el ingeniero José Azcona, ya que se respaldó la plataforma única de unidad en el partido.

Manifestó que independientemente de las aspiraciones de los precandidatos presidenciales, se tendrá que respaldar la administración Azcona, en los últimos años como alternativa de triunfo en 1989.

Señaló que lo importante es respaldar al presidente Azcona, sacar el Partido Liberal unificado que fue lo que se planteó en la reunión en presencia del mandatario hondureño.

Independientemente que sea el presidente de los hondureños tiene la responsabilidad de estar al lado de su partido en las buenas y en las malas, sin inclinar la balanza para determinado candidato.

Eso precisamente fue lo que hizo el ingeniero Azcona que llegó con los brazos abiertos para consolidar la unidad al igual que al movimiento ALCOM, que en todo momento buscó la unidad y el triunfo.

Señaló que la presencia de Azcona le da fortaleza al Partido Liberal en su aspiraciones de unidad, independientemente del esfuerzo que hacen todos los presidenciables por lograr ese objetivo, sostuvo Montoya.

El doctor Ramón Villeda Bermúdez sostuvo que hay consenso entre los precandidatos presidenciales para lograr la unidad del Partido Liberal, sobre todas las cosas pues, todos creemos que llegó el momento de unificarnos si queremos ganar.

Manifestó Villeda Bermúdez, que la presencia del ingeniero Azcona en la reunión de los precandidatos fue fecunda, ya que el mandatario inyectó cohesión y armonía entre los liberales.

Calificó de artificial de las diferencias entre los presidenciables en la campaña anterior y como tales tendrán que desaparecer antes de enfrentarse en su tradicional rival político, pues todos están convencidos de sus deberes con su partido.

Dijo que el Partido Liberal tiene que adecuar sus estatutos y San Pedro Sula, es el lugar más apropiado para consolidar una integración de los liberales en todo el país.

Afirmó que a partir de hoy se integran las comisiones de las distintas corrientes para adaptar los estatutos del partido a la reforma de la ley electoral; como una demostración que los liberales quieren la unidad.

Sostuvo que se llegó un compromiso entre todos los precandidatos presidenciales, el presidente Azcona las actuales autoridades del partido en llegar unificados a la convención.

No queremos que el ganador comprometa los intereses del partido por sus ambiciones personales, y que en el futuro se convierte en un triunfador pírrico en las futuras elecciones presidenciales, subrayó.

Romualdo Bueso Peña, presidente del Consejo Central Ejecutivo del Partido Liberal; dijo que están satisfechos de los resultados de la reunión con el presidente José Azcona y los precandidatos presidenciales, pues se denota que la presencia de Máximo líder del liberalismo, les da fortaleza a las pretensiones del partido.

Señaló que indudablemente Azcona representa el liderazgo del Partido Liberal, cuando puse de manifiesto su deseo de la unidad del instituto político y la terminación de los insultos.

Dijo que como partido disciplinado los liberales tienen que estar unificados, y borrar la imagen que se perfilaba de una convención llena de revanchismos y diferencias políticas.

La importancia que tomó la reunión se puede calificar como el camino inicial de una lucha unificadora, que está puesta de manifiesto entre los precandidatos presidenciales del partido en el poder, concluyó.

"LA PRENSA". 17 DE DICIEMBRE DE 1987.

PRESIDENTE AZCONA PIDE CUENTAS A CRANIOTIS POR PAGO DE UN MILLÓN A ABOGADO

El presidente José Azcona se reunió ayer con el titular de la Corporación Nacional de Inversiones (CONADI), Jorge Craniotis, para pedirle explicaciones sobre los jugosos ingresos que, por servicios profesionales, ha recibido el abogado Óscar Raúl Matute en esa institución.

En la reunión también estuvo presente el abogado Matute, quien Durante los últimos meses recibió cerca de un millón de lempiras de parte de CONADI por llevarle algunos asuntos legales relacionados con la privatización de las empresas, según informó la emisora H.R.N.

El abogado Matute laboraba anteriormente como asesor legal de la empresa nacional portuaria (ENP) durante el tiempo que Craniotis fue su gerente, donde recibió un adelanto de sueldo por la suma de 25 mil lempiras al comenzar a trabajar, hecho que fue cuestionado por el sindicato.

Al asumir la presidencia de CONADI, Craniotis ha favorecido a Matute, concediéndole casi todos los trabajos de asuntos legales, que le ha permitido ganar en 1987 cerca de un millón de lempiras.

El presidente de la junta directiva de CONADI y viceministro de economía, Darío Hernández, salió en defensa de Matute diciendo que ha cobrado de acuerdo al arancel que fija el Colegio de Abogados para todos los trabajos legales y en algunos casos ha recibido menos.

Sin embargo, Hernández no pudo explicar por qué solo Matute está siendo favorecido por CONADI, pues a los demás abogados no les dan contratos.

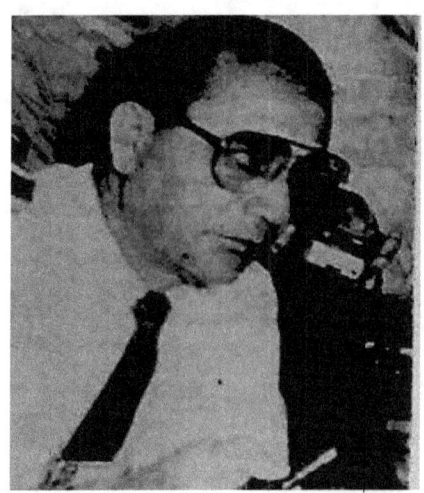

JORGE CRANIOTIS

212

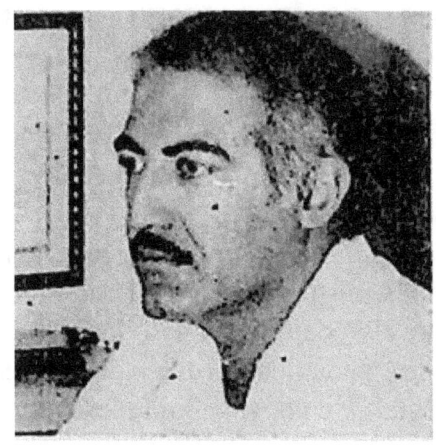

ÓSCAR RAÚL MATUTE.

COCA-COLA Y COMITÉ DE CUARTOS JUEGOS FIRMARÁN CONVENIO HOY

Este día será firmado el convenio de cooperación entre la firma Coca-Cola y el comité organizador de los Cuartos Juegos Deportivos Centroamericanos, acto que tendrá lugar a partir de las 4 de la tarde en la casa presidencial en presencia del mandatario ingeniero José Azcona Hoyo.

El programa de ayuda económica asciende a la cantidad de 1 millón, quinientos cincuenta mil lempiras, independientemente de otros que en el futuro se establezcan.

Estos fondos servirán para ayudar a la preparación de nuestros deportistas en todas las ramas, contratación de personal técnico, administrativo y todo lo inherente al montaje de estos Juegos Deportivos Centroamericanos.

El comité de los cuartos juegos en pleno estará presente, así como funcionarios de la firma Coca-Cola y otros representantes de los diferentes gentes deportivos.

"LA TRIBUNA". 17 DE DICIEMBRE DE 1987

NO ENTREGA COMPLEMENTO DE SUBSIDIOS
ENOJADOS ESTÁN ALCALDES CON EL PRESIDENTE AZCONA

Malestar y preocupación existe en la mayoría de los alcaldes con el presidente de la república, José Azcona Hoyo, porque hasta ahora no ha autorizado la entrega de 4 millones de lempiras en carácter de subsidio para las municipalidades del país.

El Congreso Nacional emitió una resolución en la que se establece que el gobierno otorgará 8 millones de lempiras en subsidios a las distintas municipalidades del país.

Según informó el vicepresidente el Poder Legislativo, Jacobo Hernández, el mecanismo para la entrega de dicho dinero era que las comunidades que salieran beneficiadas con más de 10,000 lempiras recibirían la mitad de la ayuda y en noviembre se les entregaría la otra parte.

La misma resolución explica que en el caso de aquellas municipalidades que necesitaran todo el dinero para terminar algún proyecto podían solicitar un préstamo al Banco Municipal Autónomo y cancelarlo una vez que El Ejecutivo les diera el complemento.

Hernández Cruz explicó que muchos alcaldes obtuvieron dicho crédito en el BANMA y ahora están en problemas porque no pueden pagar el capital ni los intereses.

Los primeros 4 millones de lempiras fueron entregados a los diputados a mediados del presente año para que fueran distribuidos a los alcaldes, mecanismo que por cierto fue criticado por algunos sectores.

Jacobo Hernández dijo que existe temor de que esos 4 millones de lempiras se pierdan o se congelen, porque debe recordarse que el presupuesto es anual.

Según informó al diputado nacionalista, el otorgamiento de esos 4,50 se encuentran retenidos hasta segunda orden en casa presidencial y aseguró desconocer los motivos de esa decisión.

La mitad de la partida de los 8 millones debió entregarse en el mes de noviembre, pero el mandatario José Azcona Hoyo no autorizado el desembolso.

Hernández Cruz
"EL HERALDO". 17 DE DICIEMBRE DE 1987

"ESCRITURISTAS"

Se conoce por amigos y adversarios, que durante los dos años del actual régimen, las aguas pútridas de la corrupción han descendido sustancialmente, lo cual aún le concede un grado apreciable de credibilidad.

Igualmente, se reconoce la integridad personal del ciudadano presidente de la república, hasta ahora no desmentida por sus actos, los directos suyos, en relación con los asuntos públicos, los bienes del Estado a él confiados y, en general, los manejos de recursos asignados a su despacho y demás oficinas directamente dependientes de él.

Sin embargo, Azcona debe pelar bien los ojos, para detectar cualquier irregularidad en los cuadros subalternos de su gobierno que puedan afectar su bien ganada reputación.

Siempre nos hemos preguntado sobre esos pagos excesivos por servicios legales en que incurre el gobierno y si efectivamente son necesarios o si más bien constituyen una forma disimulada de favorecer a determinados amigos.

Las instituciones descentralizadas y las demás oficinas del gobierno, que tienen dentro de su organización departamentos legales bien equipados, ¿necesita en realidad, de contratar los servicios de abogados, doctores o bufetes para que les lleven los casos legales?

¿Por qué, si hay abogados, notarios y asesores en las instituciones esas, tienen que pagar jugosas sumas de dinero para que un particular les transmite una escritura, muchas de ellas cajoneras, para las que solo tienen que poner a la secretarias a llenar espacios en una máquina de escribir?.

¿Cuánto gasta el estado en esa diligencia y servicio jurídicos? Escuchamos una emisora en su sección "Reporte Confidencial", divulgar alguno de estos usos pagos que en una de las instituciones descentralizadas realizan a determinados Buffetes.

Hablar de 40 mil lempiras o de 300 mil lempiras por dar uno de esos "servicios profesionales" es como quien dice "aquí tienes un peso para que vayas a la pulpería y me compres unos King-bee".

¡Qué barbaridad! Esa suma exageradas que le cobran al estado por esos trámites que realizan esos licenciados suertudos. Y no solo es eso, sino que dicen que más bien hay que estarle agradecido por el favor que hacen de no cobrar lo que estipula el arancel. Así que cuando la CONADI, o BANADESA, COHDEFOR, cualquier otra esta instituciones paga digamos 250 mil lempiras a determinados doctor en cuestiones legales, también tiene que decirle Muchas gracias por la significativa rebaja que dio. En otras palabras, el gobierno no gasta ni malgasta en estas cosas, sino que economiza dinero.

Bendito sea Dios. Y ¿Quiénes son los beneficiados con estos dineritos que se echan a la bolsa sin mosquearse mucho? ¿Será que cuando existen uno de estos contratos se ofrecen en licitación pública para ver qué bufete, o qué licenciado qué doctor ofrece los mejores servicios y más baratos? O ¿cómo hacen para decidir a quién le van a solicitar el servicio y someterlo al sacrificio de pagarle 100 o 200,000 lempiras por uno de esos trabajitos?

¿Cómo será, también, que en esto de conseguir escrituras en algunas instituciones públicas unos pocos son los afortunados? Como si hubiese una especialidad en la conseguida. Dos o tres escrituritas de estas al año y acostarse a dormir tranquilo por el resto de la vida. ¿o será que solo determinado especialistas en derecho saben cómo hacer esos trabajitos tan complicados y que el resto de Los profesionales que hay en el país son unos pobres incapaces que no califican por ineptos?

¿Cuánto gana el presidente de la República? ¿Unos 12 mil lempiras mensuales? ¿O sea 144 mil al año? ¿Para qué se está penqueando tanto ahí señor presidente? Sí con una escritura de esas, no se necesita ni ser político, ni cachimbearse tanto en que llegue el partido; solo hay que entenderle al trámite, como en la jerga legal, suelen decir los abogados.

"LA TRIBUNA". 17 DE DICIEMBRE DE 1987

www.ingramcontent.com/pod-product-compliance
Lightning Source LLC
Chambersburg PA
CBHW082145120626

46553CB00010B/2771